清华大中小学人工智能通识教育系列

人工智能通识

（高中版）

王 东　李蓝天 主编

清華大學出版社
北 京

内 容 简 介

《人工智能通识（高中版）》是“清华大中小学人工智能通识教育系列”的高中分册，包括人工智能概述、人工智能基础、人工智能应用、人工智能前沿四单元。本书着重培养学生对人工智能基础思想和关键技术的深入理解与应用创新能力，建立人工智能与其他学科交叉融合的前沿视野。

本书既可以作为教师授课的教材或参考资料，也可以作为学生自学的读本。为方便教师开展教学活动，本书配套了完整的教学课件和教学设计方案。本书还配套了实践手册，设计了多种形式的综合实践活动，鼓励学生以探究小组等形式进行深入的研究、发现与创新。

图书在版编目（CIP）数据

人工智能通识：高中版 / 王东，李蓝天主编. --北京：清华大学出版社，2025. 3. --（清华大中小学人工智能通识教育系列）. -- ISBN 978-7-302-68845-7

Ⅰ. G634.671

中国国家版本馆CIP数据核字第2025NK4260号

责任编辑： 刘翰鹏
封面设计： 常雪影
责任校对： 袁　芳
责任印制： 杨　艳

出版发行： 清华大学出版社
网　　址： https://www.tup.com.cn，https://www.wqxuetang.com
地　　址： 北京清华大学学研大厦 A 座　　**邮　　编：** 100084
社 总 机： 010-83470000　　**邮　　购：** 010-62786544
投稿与读者服务： 010-62776969，c-service@tup.tsinghua.edu.cn
质量反馈： 010-62772015，zhiliang@tup.tsinghua.edu.cn
课件下载： https://www.tup.com.cn，010-83470410
印 装 者： 涿州汇美亿浓印刷有限公司
经　　销： 全国新华书店
开　　本： 185mm×260mm　　**印　　张：** 19.5　　**字　　数：** 313 千字
版　　次： 2025 年 4 月第 1 版　　**印　　次：** 2025 年 4 月第 1 次印刷
定　　价： 59.00 元

产品编号：111561-01

序

我们正在进入一个生成式人工智能的新时代，我们称之为第三代人工智能。这个时代的特点是，人工智能的范式将发生转变，从而带来人工智能日新月异的发展。这将从根本上改变各行各业的面貌，从而导致我们未来生活和工作方式的巨大变化。对于即将生活在这一时代的青少年，急需培养他们对人工智能的正确认知和全局视野，感受科学的魅力，学习科学家精神，激发学科学、爱科学的热情。“清华大中小学人工智能通识教育系列”丛书的出版及时满足了这一需求。

在《人工智能通识（小学版）》中，编者引用偃师的故事来说明古代中国人对智能机器的梦想，可是这个梦想直到1946年计算机出现之后才变得可能。果然，十年之后，1956年在美国达特茅斯会议上，科学家们组织了一场关于智能机器的研讨会，人工智能从此诞生。在全世界广大科学家和工程师的艰苦努力下，60多年之后，OpenAI公司推出了ChatGPT大语言模型，宣告人类进入了生成式人工智能的新时代。

本套丛书全面地介绍了以下四方面有关人工智能的内容。

第一，正确认识人工智能。人工智能是干什么的？当前主流学派的做法是，利用机器（主要是计算机）模拟人类的智能行为，即为人类的思考、感知、动作和情感等智能行为建立计算模型，让计算机表现出与人类相似的行为，因此称它为“行为主义的人工智能”。这一学派并不去追求机器的工作原理与大脑的工作原理相一致，而是关注行为上的模拟。由此可见，他们是在探索一条硅基智能的道路，这种硅基智能与人类的碳基智能并不相同。目前，大家普遍的疑问是："根据这一学派做出来的人工智能机器会思考、有感情和有意识么？"对于这个问题目前有两种不同的答案，一种是"有"，另一种是"没有"。哪一种答案对？应该说这两种答案都对。肯定的答案来自于行为主义的立场，从机器行为上看，它确实表现出会思考、有情感，有时甚至表现出有意识。但如果从另一个人工智能学派——内在主义的立场出发，他们认为由于机器内部的工作原理与人类大脑的工作原理完全不同，因此机器不具备人类意义上的思考、感情和意识等。只有当我们对人工智能有了这样全面与正确的认知，才有可能正确地使用它。

第二，人工智能的发展历史。人工智能是探索无人区，经历过三个发展阶段。第一代人工智能提出了以知识驱动为基础的推理模型，第二代人工智能提出以数据驱动为基础的机器学习模型。这两种模型的局限性在于，只能在特定领域中解决特定的任务，属于专用人工智能，不符合人工智能发展的最终目标——通用人工智能。科学家们经过坚持不懈地努力，于2022年11月推出ChatGPT大语言模型，我们得到了一个在开放领域中具有强大语言生成能力的模型。换句话讲，在语言（对话）上机器做到了与领域无关，向通用人工智能迈出了一步，预示着人类进入第三代人工智能新时代。我们是怎么做到这一点的？①利用一个巨大的人工神经网络（又称为转换器），这个神经网络有1750亿个参数；②经过大量文本的预训练，总共训练了45TB的文本（相当于2000万部《红楼梦》）；③采用"预测下一个词"这样一种新的学习方法。通过这三种方法，让ChatGPT掌握了人类的语言。正如奥地利哲学家维特根斯坦所说："我的语言界限，就是我的世界界限"，表明机器一旦掌握了人类的语言，就打开一个满是可能性的世界，使人工智能成为改变人类未来的科技。

第三，人工智能的应用及其对各行各业的影响。人工智能有着广泛的应用，比如人脸识别、语音识别、机器翻译、各式各样的机器人等，这些中小学生都会有亲身的体验。至于人工智能对各行各业的影响，丛书也涉及到许多，比如人工智能对科学研究的影响，一个典型的代表是AlphaFold。AlphaFold利用人工智能中的深度学习技术，通过蛋白质已知的氨基酸序列预测它的三维结构，到目前为止已经预测了2亿种蛋白质的结构。大家知道，在过去60年中，人类利用试验方法也只预测了17万种蛋白质，可见利用人工智能技术可以极大地提高科研的质量与效率。利用生成式人工智能技术辅助艺术创作，包括绘画、音乐和视频等。人工智能将引起“教”与“学”方式的重大变化，从而导致传统教育模式的转变，将极大提高教育的质量与效率。此外，人工智能也会改变未来的医疗和健康。不少科学家预计，利用人工智能技术，未来机器将会诊断人类的所有已知疾病，找到有效的治疗方法，特别是找到治疗各种疑难疾病，如治疗恶性肿瘤等疾病的药物等。

第四，人工智能伦理与治理。人工智能技术既给我们带来了巨大的机会，同时也带来了不少的风险，人工智能的伦理问题就是其中之一。人工智能伦理包含两方面的内容，一是使用人工智能技术带来的风险，可以说是由误用产生，如数据安全、责任认定、对技术的过度依赖、造成失业等。另一个是由使用者滥用引起，包括深度伪造、把人工智能技术用于战争等。这些都会对社会伦理与法律提出挑战，需要加以治理。因此人工智能的治理也包含两方面的内容，一是对机器的治理，避免机器输出不符合伦理、道德等标准的有害内容，防止被误用。另一个是对使用者的治理，防止人工智能技术被滥用。其中还涉及发展与治理的关系，我们既要积极地去发展和利用人工智能技术，另一方面又要努力地去避免人工智能造成的负面影响。

“清华大中小学人工智能通识教育系列”丛书针对上述四项内容分别为小学生、初中生和高中生提供丰富的教学资源，包括教材、教学用PPT、实践手册、在线参考文献等，为有关教师开设人工智能通识课提供了有力的支撑。

清华大学计算机系

前 言

人工智能是一门既古老又年轻的科学。人工智能源于人类对智能机器的渴望，相关的探索可以追溯到两千年前亚里士多德关于人类思维规律的研究。然而，直到1956年的达特茅斯会议之后，人工智能才正式登上历史舞台。今天，人工智能正以前所未有的力量改变着世界，不仅在视觉、听觉、语言、动作这些传统人工智能领域取得长足进展，而且与各个基础学科交叉共融，引发了新一轮技术变革。可以预见，未来人工智能将越来越强大，成为推动人类进步的基础力量。

人工智能的强大源于它对人类智能的模拟。我们今天所有的文明成果都基于人类区别于其他生物的独一无二的智能，如果这种智能可以被机器所模拟，可以预见将会给社会带来颠覆性的变革。从这个角度看，近年来人工智能领域那些让人震惊的成就也许只是智能时代来临前的满城风雨，真正让人期待的智能风暴也许就在不远处的地平线上。

人工智能时代的到来要求所有人都应具备人工智能的基础素养，特别是青少年学生。这些基础素养至少包括三个方面。首先是人工智能的世界观，即如何认识人工智能，它起源于哪里，当前处于什么阶段，未来会走向何方。其次是人工智能的价值观，即如何全面认识人工智能，既要理解它带来的机遇，也要了解它的潜在风险；既要有拥抱人工智能的开放心态，也要清楚如何合理、合规地使用人工智能。最后是人工智能的方法论，即人工智能有哪些基本原则和基础方法。

基于这一思路，我们编制了这套“清华大中小学人工智能通识教育系列”丛书，其根本目的是帮助青少年建立人工智能的基础素养。为实现这一目标，本丛书从大中小贯通培养的视角来设计基础教育阶段的人工智能通识课程。

本丛书将基础教育阶段的人工智能通识教育分为“兴趣培养”“体系构建”和“知识拓展”三个阶段，分别对应小学、初中、高中三个学段。“兴趣培养”阶段重点在于激发学习兴趣，培养科学精神；“体系构建”阶段强调对人工智能的整体认知，构建知识体系，培养全局视野；“知识拓展”阶段关注具体应用背后的关键技术，特别是人工智能在各学科中的前沿应用，为学生选择未来的专业方向提供指导。中国科学院院士张钹教授对丛书的知识体系进行了指导，并对丛书内容进行了审核。

本书是“清华大中小学人工智能通识教育系列”丛书的高中分册，着重培养学生对人工智能基础思想、关键技术的深入理解和应用创新能力，建立人工智能与其他学科交叉融合的前沿视野。本书配套了实践手册，设计了多种形式的综合实践活动，鼓励学生以探究小组等形式进行深入的研究、发现与创新。

全书分为4个单元，具体如下。

第1单元“人工智能概述”：讨论人工智能的基本概念、历史起源和发展历程，强调人工智能从知识方法到学习方法，再到大模型的这一历史演进趋势，引导学生建立人工智能历史观，建立对人工智能发展方向的正确判断。同时，强调人工智能带来的风险与伦理挑战，引导学生对人工智能社会影响的辩证思考能力。

第2单元“人工智能基础”：讨论人工智能发展过程中的主流学派和典型技术，深入讨论当前主流的深度学习技术，特别是大模型技术的最新进展，在帮助学生建立人工智能的基础知识框架的同时，让学生了解最新技术进展。

第3单元“人工智能应用”：介绍“传统”人工智能领域的基本方法和最新进展，包括机器视觉、机器听觉、自然语言处理、机器人技术、信息检索等。引导学生思考不同领域要解决问题的特殊性，了解不同历史时期科学家们所提出的思路与方法，学习当前主流方法的基本原理。

第4单元“人工智能前沿”：介绍人工智能与数学、生物、化学、材料、医学等学科的交叉融合。这是人工智能的最新成就，这些工作正在相关领域引发智能革命，必将对整个社会产生颠覆性的影响。学习这些前沿进展，不仅可以开拓视野，让学生了解在各个领域正在进行的革命性变化，更重要的是为学生未来选择专业和就业方向提供参考。

本书既可作为高中教师和学生的参考读物，也可用于高中人工智能通识课教学。为了支持教师开设通识课程，本书配套了丰富的教学资源，包括教学用PPT、实践手册、在线参考文献等。教师可以基于本书内容和这些教学资源设计自己的课程。

根据实际教学条件，教师可以因地制宜设计具有本校特色的教学方案。对于较少接触人工智能、建议按本书顺序设计两学期（每周两节）或四学期（每周一节）课程，每学期2/3的学时教师授课，1/3的学时组织分组研讨活动。对于已经有人工智能教学基础的学校，可以将本书内容作为知识框架，结合已有教学设计，形成互动性更强的教学方案。对于教学安排比较紧凑的学校，也可以对本书内容进行浓缩，融入信息科技或科学课堂，为学生提供人工智能的基础知识和前沿进展。

不论哪种设计，我们都鼓励教师仔细设计符合学生特点的小组研讨活动。高中阶段的学生们对知识有强烈的渴望，应该鼓励他们主动探索科技前沿，并通过小组研讨的方式交流分享，养成开放、合作的科学家精神。本书配套的实践手册中为教师提供了一些研讨课题，教师可依此为参考设计符合教学实际的课题。

本书汇聚了众多专家学者和一线教师的心血。毛丽旦等老师和同学参与了书稿审读工作。文中言老师任本书的美术总指导，张文馨、刘田田、吴翠如等老师参与了绘图工作。蔡云麒、徐艳秋、张航瑜、苏婷、杨澜、黄雪纶、齐晴、王瑗、李鹏琦、袁浚铭、张清茹等老师参与了课程资源制作。谭洪政、利节、李刘浩、邱伟松等老师参与了课程实践和推广工作。卜辉、杨艳铮、刘爱霞等老师参与了组织与服务工作，王文精、卞伟、张天厚、刘田田、宫俊波等老师参与了大量策划、推广工作。

人工智能通识教育刚刚起步，不仅在我国还没有形成标准的体系，在世界范围内也没有成熟的方案可以参考。我们希望“清华大中小学人工智能通识教育系列”丛书能够成为一套样本，为我国乃至全球教育工作者提供系统性、可操作的参考框架。

限于编者水平，书中难免存在不足之处，恳请广大读者批评指正。

编 者

2025年4月

目　录

1
第 1 单元
人工智能概述　/ 1

2

第 2 单元 人工智能基础 / 69

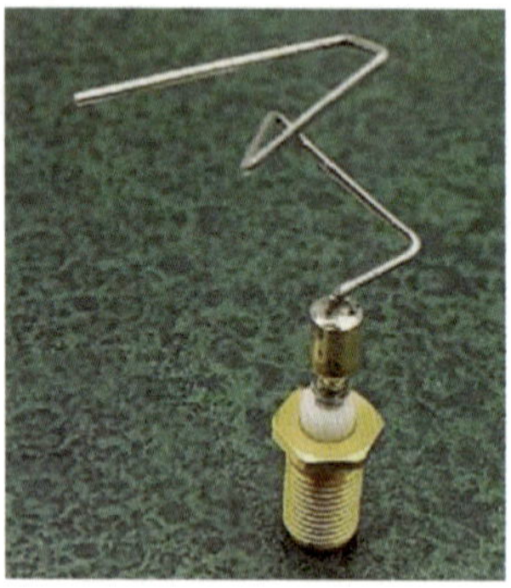

3

第 3 单元 人工智能应用 / 158

4

第 4 单元
人工智能前沿 / 230

1

第 1 单元

人工智能概述

1.1 什么是人工智能

学习目标

（1）理解人工智能的基本概念，包括其研究目标、实现方式，以及与其他学科的区别。

（2）认识智能机器的发展历程，了解古今中外对智能机器的设想与实践。

（3）区分人工智能、自动化和机器智能等相关概念，掌握它们之间的核心差异。

（4）掌握现代人工智能的主要特征，包括自主学习、大数据驱动、模型与程序分离等特点。

（5）了解人工智能的典型应用场景，分析其对人类社会的影响，并思考其带来的积极与负面效应。

人工智能(artificial intelligence, AI),直观理解就是人工制造出来的智能。随着技术的进步,人工智能越来越频繁地出现在我们的生活中。典型的例子包括乘坐高铁时的刷脸进站、家里能听会说的智能音箱、餐厅里导引和送餐的机器人等。那么,究竟什么是人工智能?人工智能的研究目标是什么?与其他学科相比有什么特点?科学家们又是如何实现人工智能的呢?本节将对这些问题进行简要探讨,更深入的知识将在后续内容中展开。

1 智能机器的梦想

人们很早就希望制造出聪明的机器来帮助自己做事。传说我国春秋时期的巧匠鲁班曾经用竹子做了一只会飞的鸟,能在天上飞三天。与鲁班同时代的另一位巧匠偃师,则制作了一个与人极其相像、能歌善舞的人偶。三国时期蜀国的丞相诸葛亮也是一位了不起的发明家,据说他在北伐魏国时曾制造了一种名为"木牛流马"的运粮工具,可以在山间自动行走,不吃不喝,昼夜不停地运粮。

无论是偃师造人还是木牛流马,都只是传说,并无事实考证。然而,正是这些传说反映了人们对于智能机器的向往,这种向往也成为驱动科学家不断探索的动力。随着技术的进步,一些真正的自动化机器逐渐被研制出来。公元1世纪,亚历山大里亚的著名数学家兼工程师希罗在其著作《自动装置的制作》一书中描述了一个全自动的木偶剧院。通过杠杆、滑轮等设备之间的相互作用,这家剧院可以上演一出完整的戏剧。

加扎利(1136—1206)是一位杰出的阿拉伯博学者,集发明家、机械工程师、工匠、艺术家、数学家和天文学家于一身。他最著名的著作是《精巧机械装置的知识之书》,书中描述了50种机械设备的制造方法。在加扎利之前,虽然也有很多作者写过类似的书,但大多对技术细节语焉不详。与之不同的是,加扎利在《精巧机械装置的知识之书》中详细描述了每一个发明的制作细节,只要跟着他的步骤就能复现出同样的机器来。正因如此,加扎利被一些人称为"现代工程之父"。

《精巧机械装置的知识之书》中记录了很多有趣的自动机械装置,如水钟、提水机等。其中的机器人乐团(图1-1)尤其引人注目,他设计了一个翻斗储水箱,每半个小时储水箱装满,随后翻转,将水倾倒进第二个水箱。第二个水箱底部带有小孔，水流从小孔喷出，冲击叶片带动轮轴转动。这种转动通过一组转轮传导到机械玩偶的手部，让他们拨动风琴或敲击鼓面完成演奏。

图1-1 加扎利发明的机器人乐团
注：左侧四位是由水力驱动的音乐机器人。

② 从自动化到人工智能

前文中提到的各种自动化机器虽然精巧，但很少有人认为它们具有了真正的“智能”。无论设计得多么精巧，这些机器都是基于机械原理实现的。因此，它们所展现出的“智能”实际上是一种机械自动化：自动化程度越高，表现出来的“智能”程度越高。在人类历史上，这种自动化机器起到过非常重要的作用，例如蒸汽机的出现极大地提高了工业生产的效率，内燃机的出现引发了农业机械化的浪潮，电力的出现则让自动化机器越来越普及。然而，自动化程度再高，其智能能力仍是单一的、有限的，难以与人类丰富、高超的智能相提并论。科学家们很早就意识到了这一点，并开始思考如何让机器拥有更强大的、类似人的智能。这便是人工智能思想的源头。

然而，要厘清“人工智能”这一概念并非易事。让我们首先讨论什么是“智能”（intelligence）。通俗地理解，智能是指生物所具备的一般性精神能力，包括推理、理解、计划、解决问题、抽象思维、表达意念和语言、学习能力等方面。

许多动物具有一定的智能，例如可以控制肢体的动作，可以追踪猎物或逃离风险，甚至表现出一定的学习、组织、规划的能力。人类的智能显然更加高级和全面，尤其在抽象思维方面具有优势。模拟动物的智能，尤其是人类的智能，使机器具备类似的能力，这正是人工智能研究者的初心和使命 。美国计算机学家约翰·麦卡锡（图1-2）是“人工智能”一词的提出者。他曾这样定义人工智能：“人工智能是制造智能机器的科学与工程，特别是智能的计算机程序。”显然，人工智能的这一目标要比制造自动化的机器更高，实现起来也困难很多。

图1-2　约翰·麦卡锡（1927—2011）

同时，要认识到人工智能有其特殊的实现方式，即通过“计算”来实现智能。在长期的探索中，人们逐渐意识到，要想让机器拥有人类的智能，首先需要理解人类的思维过程。研究表明，人类的思维过程可以表示为计算过程。这意味着只要机器能够完成同样的计算，就可能复现出同样的思维过程。这种用计算来实现智能的思想成为人工智能的一个重要特点。现在，计算机是使用最常见的计算工具。

综上所述，人工智能是探讨用计算机模拟人类智能行为的科学。这一定义可以从两个方面来理解。一方面，人工智能的实现手段主要是“计算”，主要工具是计算机。基于物理过程实现的功能通常不作为人工智能的研究对象。如加扎利制造的吸水机、希罗设计的木偶剧院等，都是用机械方式实现的，不存在计算成分，因此不能算作人工智能。另一方面，人工智能起源于对“需要动脑子”的工作即“智能行为”的模拟，如感知、记忆、动作、推理等。汽车在路上跑、吊车移动吊臂这些简单功能一般不被视作智能行为。

值得说明的是，智能行为是智能过程的结果或外在表现，而非智能过程本身。为什么要强调对智能行为的模拟呢？因为人类的智能过程极为复杂，我们至今无法完全了解其具体细节，因此直接模拟人类智能的内部过程并不容易。而且，人工智能的目标是制造更强大的智能机器，这种机器只要表现得足够智能就可以了，并不需要完全复现人类的智能过程。事实上，受到生物属性的限制，人类的智能过程未必是实现智能机器的最优方案。基于上述原因，目前对于智能行为的模拟是研究界的主流。尽管如此，探讨人类智能的内在过程也具有重要意义，它可以为人工智能研究者提供关键性的启发。因此，理解、模拟、复现人类的智能过程也是人工智能的一个重要研究方向。

③ 区分几个易混淆的概念

1）智能机器与人工智能

一般来说，拥有一定智能的机器可称为智能机器。智能机器是一个较为主观的概念，人们常常对新奇的功能感到智能，而对那些习以为常的功能则不再觉得多么智能。例如，我们家里常用的电吹风、电饭锅、电风扇、计算器，在刚刚被发明的时候无一不是让人震惊的智能机器，但现在很少有人认为它们是智能的。因此，智能并没有绝对标准，我们通常会说某台机器的智能程度如何，而不是轻易断言它是否拥有智能。

智能机器可以通过多种途径实现，包括机械设计和电路控制等。人工智能采用的是计算方式，这是众多实现方法之一，也是目前最受关注的方法。同时，人工智能技术通常与其他方法配合，共同实现智能机器。因此，我们一般也不会断言某台机器是不是人工智能的，而更倾向于判断它是否包含人工智能的成分，以及这部分成分的智能程度如何。

2）自动化与人工智能

自动化（automation）和人工智能是两个不同范畴的概念。自动化更多关注实体机械的外在表现，如机械臂的操作或机器人行走。自动化既可以通过机械设计或物理方式实现，也可以通过人工智能的计算方式实现。典型的如各种不同智能等级的机器人，既能用简单的弹簧机制来产生动作，也可能通过人工智能方法实现爬山、开门、踢足球等复杂行为。与自动化相比，人工智能更关注的是对人类智能行为的模拟，其应用场景十分广泛，自动化和机器人只是其中之一。即便在自动化和机器人领域，人工智能主要解决的也是那些复杂、高级的功能，如抓取过程的自动规划、抓取技巧的自主学习等。

3）机器智能与人工智能

顾名思义，机器智能即机器所具有的智能，人工智能则是人造出来的智能。在大多数场合下，这两者含义相似，常常互换使用，只不过“人工智能”更强调模拟人类的智能行为，目的是把人类的智能复制到机器上。相对地，机器智能并不一定局限于模拟人类，只要其行为方式表现得像有智能即可。随着人工智能技术的进步，“模拟人类”这一点可能会逐渐淡化，因为机器可能从多个方面获得各种智能，其中一些很有可能是人类所不具备的。

4）人工智能与互联网、大数据

人工智能是模拟人类智能行为的科学，关注的是感知、动作、推理、学习、规划、决策、想象、创造、情感等人类特有的智能行为及其实现方法。许多技术本身并不属于人工智能，但和人工智能有很强的相关性，是人工智能生态的重要组成部分，如互联网和大数据技术。互联网是一种信息流通工具，大数据关注的是数据的生产、存储和应用。这些工具和技术对现代人工智能的发展起到了重要的促进作用，为构建强大的人工智能系统提供了有力支持。与此同时，人工智能也在这些领域得到了广泛应用，反过来推动了互联网和数据科学的进一步发展。正是这种协同进步，使人类社会正在迈入智能时代。

4 现代人工智能的特征

人工智能的发展，本质上是知识、数据、算法和算力四个要素相互作用的结果。在人工智能的早期阶段，数据和算力都比较匮乏，因而基于知识的人工智能方法成为主流。随着数据的积累和计算资源的丰富，更多的人工智能研究转向机器自主学习。总结起来，现代人工智能的主要特征可以总结为自主学习、大数据驱动、模型与程序分离三个方面。

1）自主学习

现代人工智能在很大程度上依靠机器的自主学习。传统的人工智能方法多基于知识灌输：人类专家将知识告诉机器，再让机器基于这些知识进行推理。这种知识型方法设计复杂，且难以超越人类知识的极限。现代人工智能以大规模学习为核心，基于知识设计学习框架，让机器在这一框架内自主学习，从而有机会突破人类知识的极限。这便是“机器学习”的思路。如今，机器学习方法已经非常强大，不仅能从历史积累的数据中学习，还能在实际环境中边工作边学习，实时进行自我更新。

2）大数据驱动

基于学习的现代人工智能通常需要大量数据。例如，美国OpenAI公司在2022年年底推出的ChatGPT系统，训练所用文本数据量相当于175万本《红楼梦》。近年来，人们发现通常训练所用的数据越多，人工智能系统的能力通常越强。目前，人工智能几乎使用了人类所积累的全部公开数据源，正在整合各个专业领域的数据。可以预期，随着对专业领域数据的梳理与使用，人工智能将在各行各业都取得更大的突破。

3）模型与程序分离

模型与程序分离是现代人工智能系统的典型设计。这里的模型是指机器内部的学习结构，即存储知识的方式。神经网络是目前的主流模型，它通过模拟人类大脑的神经结构来实现知识的表示与存储。基于这一模型，人工智能的设计者不必再为机器的每一步具体行为编写程序，而是让机器依靠模型中积累的知识自主决策。

自主学习、大数据驱动、模型与程序分离三者彼此关联，共同定义了现代人工智能系统的构建方式、知识来源和运行架构。

⑤ 人工智能的应用与影响

1）传统人工智能领域

刷脸支付：目前人脸识别技术已经达到较高精度，可在手机或支付终端实现刷脸支付，不用带现金也可以结账。相关的技术也应用在高铁进站、抓捕逃犯等各种场景中。

语音助手：目前，许多智能手机中都自带语音助手。通过语音对话，语音助手可以帮助我们完成简单任务，如拨打电话、订机票等。这一技术还应用在地图导航中，通过语音控制导航系统，让司机专心开车，减少事故的发生。

推荐系统：各类新闻和视频网站会依据用户的浏览偏好，自动推荐可能感兴趣的内容。类似地，购物网站也会根据用户的购买行为进行推荐，减少用户自行搜索的麻烦。

自动驾驶：目前自动驾驶技术越来越成熟，一些公司开发的无人驾驶汽车已经在一些科技园区和货运码头试运行。可以预期，未来无人驾驶的汽车、飞机、轮船会越来越普及。这些无人驾驶设备不仅能够节省人力成本，还可以通过设备间通信来协调行驶的路径和速度，从而大幅提升通行效率并增强交通安全。

送餐机器人：送餐机器人已经在很多餐厅出现，外形可爱，代替人类服务员送餐。它们遇到行人时会主动避让，还可以通过语音与客人进行交流。这类服务机器人也出现在一些酒店里，帮助服务员给客人送物品。

2）人工智能的学科交叉融合

近年来，人工智能不断突破了传统的视、听、言、行等应用范围，逐渐与更多专业领域交叉融合，极大地推动了社会生产力的提升。一些典型应用领域如下。

医疗健康：人工智能在读取医疗影像、辅助病理分析等方面已有显著进展，其准确度已经超过了不少人类医生。人工智能还可以辅助医生进行疾病诊断和治疗方案的制定，使诊断更准确，治疗方案更完善。除此之外，人工智能还可以帮助医院优化就医流程、监测慢性病人的病情、优化ICU的资源配置。更进一步，人工智能正在帮助科学家们加快新药研发、研制癌症疫苗、预测传染病的传播趋势。可以想象，在不久的将来，人工智能将在保护人类健康方面做出越来越大的贡献。DeepMind团队开发的AlphaFold可以通过氨基酸序列预测蛋白质的三维结构，从而获知蛋白质的功能，如图1-3所示。这一成果可以帮助人们理解生命过程，加速新药设计，因此获得了2024年的诺贝尔化学奖。

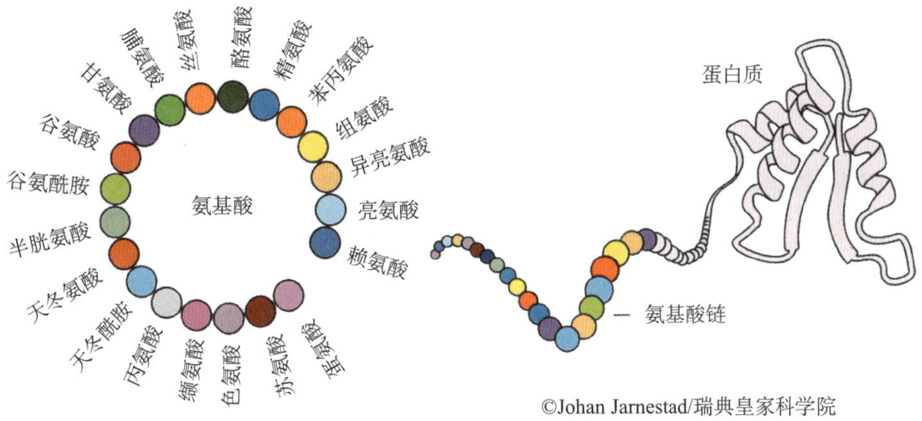

图1-3　DeepMind团队开发的AlphaFold可以通过氨基酸序列预测蛋白质的三维结构

天文学：天文学已进入大数据时代，人工智能成为天文学家们处理和分析海量观测数据的得力助手。首先，人工智能可以帮助天文学家选择天文台站的位置，充分考虑地理环境、大气条件、城市光污染、人造卫星干扰等多重因素，给出合理的选址。另外，人工智能还可以帮助天文学家分析望远镜数据，从中找出人眼很难发现的新天体、新现象、新规律。例如，目前对引力波的探测就是通过人工智能技术辅助进行的。除此之外，人工智能还可以帮助天文学家调校望远镜、监控设备工作状态、提升天文图像的质量等。

金融分析：人工智能可依据历史数据和市场变化因素来预测金融市场的走向，也可以预测某只股票的涨跌趋势。在保险领域，人工智能可以分析用户的信息，预测理赔概率，从而给出合理的保险价格。

城市交通管理：人工智能可以帮助交警合理设置红绿灯时长，缓解路口拥堵。通过红绿灯网络和导航系统，可以分流车辆，设计绿灯路段，不仅可以提高通行效率，还可以为特殊车辆的通行开辟快速通道。此外，通过历史交通数据，人工智能还可以分析交通网络中的关键节点，提供改造建议。

教育教学：人工智能能帮助教师查找资料、设计授课流程、评估教学效果、提出改进建议。教师还可以利用人工智能分析学生的学习情况，设计个性化的教学方案。人工智能还可以作为智能助教，回答学生的问题，给出解题思路，推荐相关资料，提出学习建议，成为学生的学习伙伴。

可以看到，人工智能的发展已深刻地改变着我们的生产和生活方式。它带来了显著的效率提升，也促进了社会生产力的进一步发展。同时，也应看到人工智能带来的潜在风险，如隐私泄露、信息伪造、对传统岗位的冲击等。这些问题应该引起足够的重视，及早制定应对策略。

⑥ 如何学习人工智能

人工智能并非单一技术，而是由庞杂的技术体系组成，这对初学者来说是个不小的挑战。此外，人工智能发展迅速，进一步加大了学习的难度。总体来说，学习人工智能应注意以下几点。

（1）打好基础：人工智能涉及较多数学知识，需要有一定的数学功底。随着人工智能与各个基础学科交叉融合，与其相关的学科基础也不能忽视。

（2）关注核心概念：应关注核心概念，如机器学习、人工神经网络等。通过这些概念的学习建立对人工智能的基础认知，然后再学习具体的算法。

（3）动手实践：人工智能是一门理论与实践相结合的科学，因此在掌握基础知识的前提下完成一些简单的实验，对加深理解有很好的帮助。

（4）关注前沿：人工智能是一个快速发展的领域，每天都有新的进展出现。要养成主动了解相关前沿的习惯，以便及时跟进最新的发展方向。

（5）讨论与交流：现代人工智能的突破离不开研究者们的分享与合作精神。在人工智能的学习中也应重视与他人的讨论与交流，通过小组协作等方式更好地掌握知识、激发创新思路。

小结

人工智能是用计算机模拟人类智能行为的科学。与其他学科相比，人工智能有独特的目标，即实现类似人的智能机器；有独特的工具，即用计算机来模拟人类的智能行为；有独特的方法，即将知识和数据相融合，通过学习获得完成任务的技能。目前，人工智能已经在我们的日常生活中广泛应用，并且已经和很多基础学科交叉共融，在各个专业领域大显身手，成为现代社会生产生活的基础工具。

1.2 人类智能的起源

学习目标

（1）理解人类智能的生物学基础，认识大脑进化过程中智能发展的关键特征与机制。

（2）了解人类智能进化的过程，认识从古猿到现代智人演化中的关键节点，包括直立行走、使用工具、语言产生等关键环节。

（3）探讨合作在智能进化中的重要性，理解群体合作、互信与共情如何推动人类智能的发展。

（4）认识文明形成与发展的过程，理解知识共享与累积（棘轮效应）如何促使人类社会产生“阶跃式”进步。

（5）思考人类智能的演化对人工智能发展的启示。

从20万年前烈日炎炎的非洲大陆到今天星光闪耀的现代都市，人类经历了一段漫长的文明之旅。在这段旅程中，人类与自然斗争，慢慢学会了建造城堡和高楼，创作出了动人的诗歌和音乐，发明了能够移山填海的机械，甚至把目光投向了遥远的宇宙，探索几十亿光年之外的奥秘。为什么人类拥有如此强大的智能？我们的智能是如何在历史长河中一步步进化而来的？本节将探讨人类智能的起源和发展之谜，回顾人类从原始社会的合作狩猎到现代文明的演进之路。

① 人类发展简史

为了理解人类智能的起源，首先需要回顾地球上生命的进化历程（图1-4）。大约45亿年前，地球从环绕早期太阳旋转的吸积盘中形成。距今42亿～40亿年前，地球表面温度逐渐降低，地壳凝固，大气与海洋形成。大约在40亿年前，最早的生命以简单的有机分子形式出现。随着时间的推移，这些原始的生命形式逐渐演化成更加复杂的单细胞生物。大约5.8亿年前，海洋中出现了最早的动物，如海绵和水母。随后，生命形式不断多样化，出现了更复杂的生物，如节肢动物和软体动物。大约5.3亿年前，地球经历了寒武纪大爆发，生物多样性迅速增加，各类生物不断进化，涌现出了大量新的物种。目前地球上约有870万种生物，包括650万种陆地生物和220万种海洋生物。目前，有记录描述的物种大约有180万种。

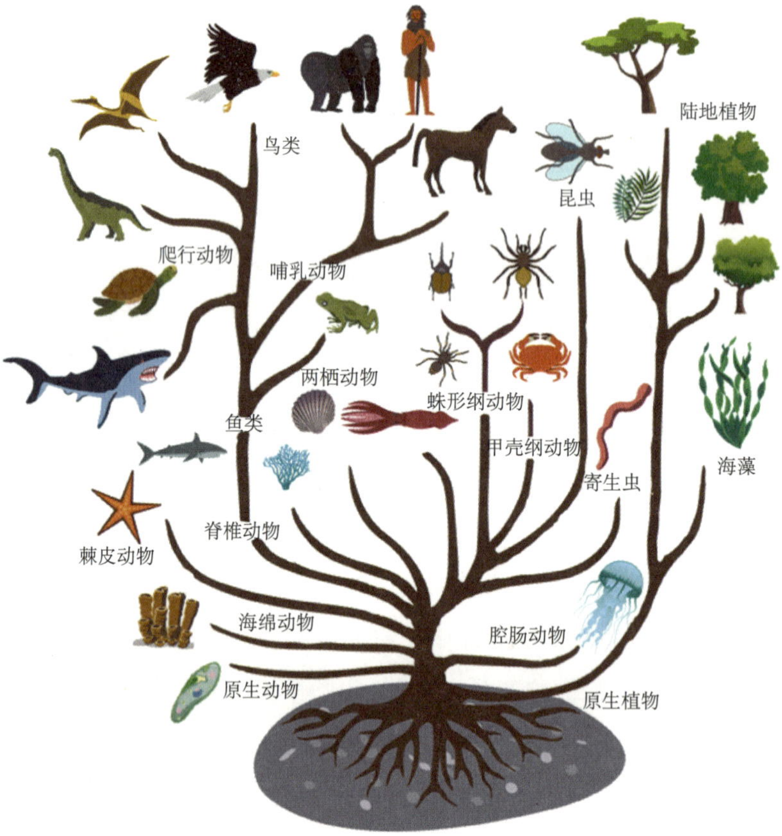

图1-4　地球生物进化树

如果把地球的生物进化过程浓缩成一天，那么人类的出现只相当于这一天的最后一秒。约600万年前，在非洲的某个地区，因为环境的变化，森林退化成草原，一群古猿不得不从树上来到地面，开始习惯直立行走。直立行走使他们能够更好地观察远方，同时解放出双手，做更多精细的事情。大约400万年前，这些古猿逐渐演变成一个新的种群，称为“南方古猿”。南方古猿是人类最早的祖先。

大约200万年前，一支被称为“能人”的古猿开始用双手制造石器，这是人类进化的重要一步。能人不仅能制造工具，还初步拥有了语言能力。大约180万年前，能人逐渐进化为直立人。直立人是第一个真正直立行走的人类祖先，可以制作更复杂的石器，并开始用火煮食肉类。随着时间的推移，直立人开始向非洲以外的地区扩散。大约40万～30万年前，一支被称为“智人”的人类种群在非洲出现，他们具有更大的脑容量和更复杂的认知能力，因此在与其他古人类的竞争中逐渐占据了优势，成为现代人类的直接祖先。智人开始使用语言、制造复杂的工具、进行艺术创作，奠定了现代人类文明的基础。人类进化示意图如图1-5所示。

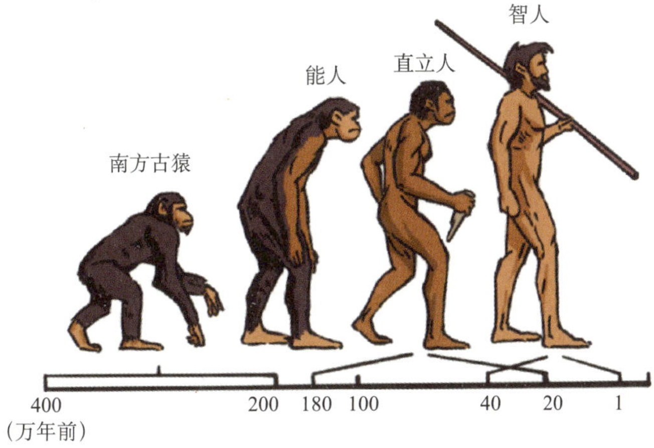

图1-5　人类进化示意图

② 人类为什么这么聪明

人类大约出现在200万年前。对地球生物演化而言，200万年是非常短暂的，人类如何在这么短时间内就进化出了无与伦比的人类文明呢？

科学家们认为，人类聪明的根本原因在于人类拥有一个强大的大脑。研究表明，大多数动物的大脑重量与身体重量通常呈正比增长，如图1-6所示。这一脑容量的增长主要是为了满足控制身体的需求，而非提升智力。如果某种动物的大脑重量与身体重量的比值更高，那么多余的脑容量将用于更高级的思维活动，从而表现出更高的智力水平。

我们可以通过大脑重量占身体重量的比例（脑化指数，encephalization quotient，EQ）来衡量一种动物的聪明程度。通常脑化指数越大，动物的聪明程度也就越高。计算表明，成年人的大脑大约为1.4千克，占身体重量的2%，如

图1-7所示，几乎是所有动物中比例最高的。

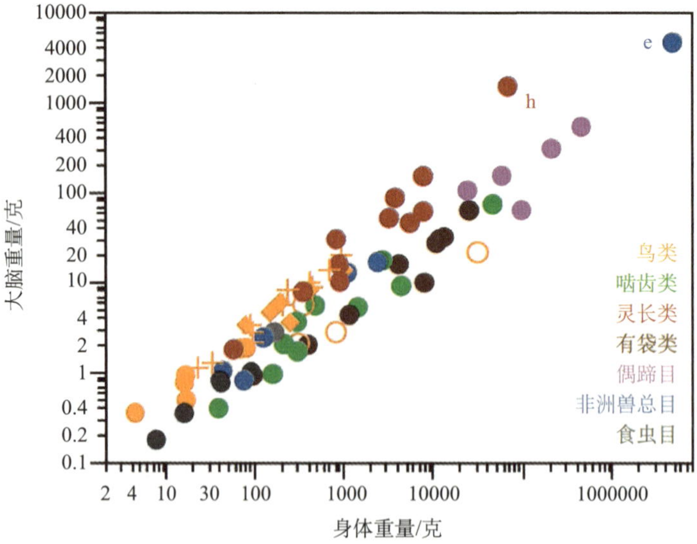

图1-6 动物大脑重量与身体重量关系图

h—人类；e—非洲象

图1-7 不同动物的脑化指数

总结来说，人类是通过头脑而不是四肢或牙齿来获得生存优势的。这一选择使我们的头脑越来越聪颖，智力也越来越强大。现在看来，这一选择是非常明智的：那么多庞然大物都消失在历史长河中，而人类成了这个星球的主宰。

一个有趣的问题是，为什么只有人进化出了这样强大的大脑，而处于相似进化起点的人类近亲们（如大猩猩、黑猩猩）却没有做到这一点呢？近年来，科学家们发现人类有一种其他灵长类动物不存在的基因，称为ARHGAP11B，这一基因可以促进神经系统的发育。科学家们猜测，这一基因的存在可能是基因突变的结果。这一突变使人类拥有更大的脑容量（是黑猩猩的3倍），从而获得了更强的竞争优势。科学家们通过实验发现，如果将ARHGAP11B基因注入小鼠的大脑，小鼠的脑容量会显著增加，且神经元的密度也大幅提升。这表明，这些基因在促进大脑发育方面发挥了重要作用。

③ 人类智能阶跃之谜

虽然脑容量的大小在一定程度上可以解释人类智能的物质基础，但无法解释人类智能的全貌。首先，自南方古猿开始，人类的脑容量确实呈现出增长的趋势，这与人类越来越聪明的趋势相符。然而，自智人以来，人类的脑容量实际上是减小的，但无疑人类是越来越聪明的。这该如何解释呢？此外，海豚的脑化指数（5.3）和人类（7.5）相差不大，但其智力水平和人相比显然是天差地别的，也没有进化出人类这样的文明社会。

最难以解释的是，人类所发展出来的智能，不仅远超包括自己近亲在内的所有生物，还远远超出了自身的生存需要。这是件令人惊奇的事情：几乎所有动物的智能都是以生存需要为边界的，只要能够满足温饱、可以活下去就可以了，不会想到变得更聪明。人类却是例外，我们从未满足于温饱，而是一直在持续不断地探索自然，为整个族群创造更好的生存环境。

1）合作激发智能

科学家们对人类智能的阶跃之谜进行了长期研究。一些研究者认为合作是人类智能开始飞跃的起点，其中迈克尔·托马塞洛（图1-8）的研究具有代表性。他在《人类思维的自然史》一书中对此做了详细阐释。

图1-8　迈克尔·托马塞洛（Michael Tomasello）

设想这样一个场景：我们的祖先因为环境变化，无法再依靠采集果实生存，他们不得不开始捕猎。然而，他们没有强大的身体和尖利的牙齿，奔跑速度也没有优势。为了生存，他们必须进行合作，一起捕捉跑得更快或更强大的动物。在这种合作中，他们需要制定策略、分工协作、彼此配合、共同承担风险，也需要不断交流、沟通并改进方案，从而锻炼了大脑的各种能力，激发了智能的快速提高。

特别是，人们在合作的过程中产生了语言。语言的使用不仅锻炼了人的记忆力，还提升了人们抽象思维的能力。通过使用符号化的语言，人们可以建立抽象的概念（如“时间”“智力”等），并讨论概念间复杂的因果关系。生物学研究也表明，语言需求可能推动了人类大脑区域的扩展和功能分化；语言的概念体系也强化了听觉、视觉、运动等多条神经通路的协作，从而带动整体认知能力的提升。

2）互信与共情

合作是很多群居动物共有的特性，但只有人类的合作激发了智能的飞跃，这又是为什么呢？这是因为人类的合作更加深刻，包括合作养育婴儿、分享狩猎经验等。这些行为不仅是为了自身利益，更是为了整个群体的利益。

这种深层次的合作本质上源于人与人之间深刻的认同感，即每个人会把其他人视为与自己具有同样思考方式的个体。这种认同感奠定了人类“共情”的心理基础，即通过换位思考理解他人的处境与苦难。当原始人看到一只野兽追赶另一个原始人时，即便互相不认识，他也会力所能及地提供帮助。因为他会设身处地着想，想到自己被野兽追赶时的恐惧和面临的可怕后果。这种设身处地为他人着想的心理称为共情。因此，我们的祖先愿意帮助他人、信任他人、分享成果、分享经验，必要时甚至为他人和集体做出牺牲。

人类之所以能够养成这种无私的品质，可能是因为当时的生存环境极其恶劣，只有具备这种特质的个体和群体才能更好地生存下来。而那些过于自私自利的人则在自然选择中被早早淘汰了。因此，生存下来的人类天然具有互信互爱的高贵基因。

今天，我们看到很多人忘我地工作并不是为了自己有多好的生活，而是为了社会的发展做出自己的贡献。这正是源于他们对自己的国家和社会有深刻的认同感，对和自己同类的其他人有天然的信任感。他们知道自己的付出会受到尊重，自己的成果会让更多人受益，因此殚精竭虑、无怨无悔。人类的这种“认同种群、服务他人”的天然情感倾向解释了为什么人的智力会远远超出生存的需要：很多人在努力学习、勤奋工作的时候，目标不仅是个体的生存，还有国家、社会和整个人类的进步。这是其他动物难以想象的行为模式。

3）人类文明的诞生

互信让人类的先辈们乐于合作，并带动了人类个体智能水平的提升，这一步虽然重要，但还不能实现人类智能的阶跃。真正起到决定性作用的是这种互信与合作，推动了人类作为一个整体的累积式演进，从而建立起璀璨的人类文明。这是比人类个体智能提高更重要的事，是人类智能阶跃式进步的真正开端。

首先，基于人与人之间的互信，人们愿意把自己的经验和知识分享给他人，而获得这些经验与知识的人也倾向于相信对方没有欺骗自己，故而乐于学习和接受。获得他人的传授之后，人们也愿意在前人的基础上继续贡献。这样就形成了一种“棘轮效应”，每一代种群所创造的成果得以保存并被后代持续改进，一点点积累起来，保证了文明的齿轮始终是向前进的。

正是基于这种积累和改进，人类慢慢发展出了文字、宗教、艺术乃至现代科学。新生的人类在新的知识环境中不断学习并创造出更优秀的智力成果，一步步推动文明的进步，反过来也促进了自身的头脑与能力的持续进步。因此，人类的智能已经不仅是单一的思维能力，而是通过一代代积累所获得的知识与视野。人类文明的技术演进如图1-9所示。

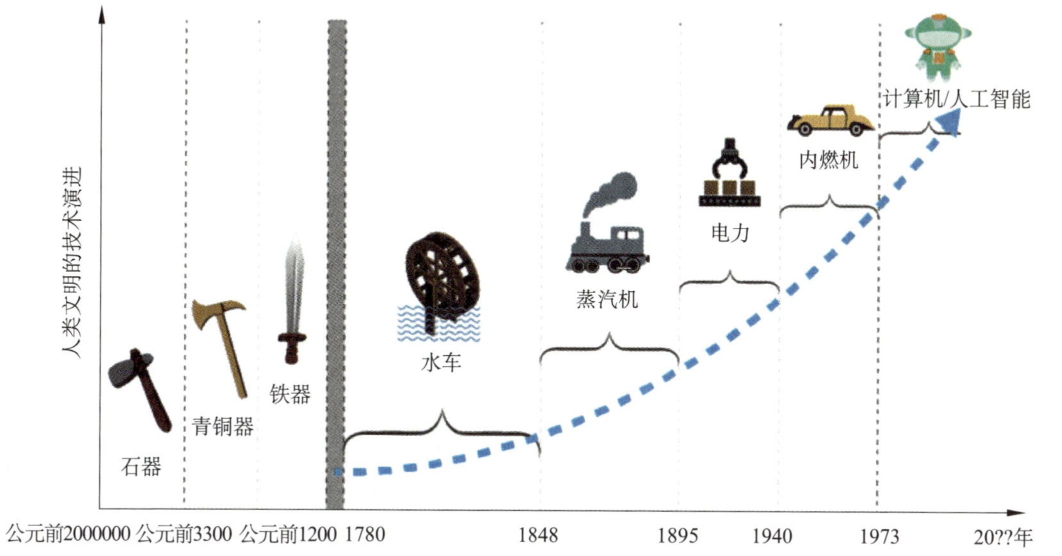

图1-9　人类文明的技术演进

小结

从生物进化到文明演进，人类智能的发展是一个充满奥秘而精彩的过程。在这一过程中，起到关键作用的是人类对同伴的天然认同感，由此产生了人与人之间的互信与共情，这成为人类互相合作乃至形成社会和国家的基础。人与人之间的合作是深刻的，不仅满足了个人的生存需要，而且超出了个体私利，以接纳、创新的心态为整个种群贡献自己的力量，从而铸就了今天伟大的人类文明。

关于人类智能起源的探讨让我们对人工智能的发展有了更深刻的认识。首先，智能需要有物质基础，人类的大脑就是人类智能的物质基础。今天，人工智能的一个基础思路就是借鉴人类大脑的工作方式，通过模拟大脑中的神经元网络实现了强大的智能。其次，作为人类整体，个体的智能只是起点，更重要的是个体之间的认同、合作与群体积累。这也启发人工智能的学者们开始思考如何开启机器智能的群体演化之路。未来，机器也会互相合作，共同探索，开启人工智能的新篇章。

1.3 人工智能的起源：数理逻辑

学习目标

（1）理解形式逻辑的基本概念，掌握亚里士多德的三段论及其在推理中的作用和局限性。

（2）认识思维数学化的历史意义，了解霍布斯、莱布尼茨、布尔等人的贡献，特别是布尔代数的基本原理。

（3）认识数理逻辑的建立过程，了解弗雷格、罗素、希尔伯特、哥德尔等人对逻辑体系完善的贡献。

（4）思考人工智能的核心目标，理解“模拟人的思维能力”这一研究初心及其面临的挑战。

人工智能是一门既古老又崭新的科学。作为一门独立学科，它的历史只有六七十年，但它的源头可以追溯到两千多年前亚里士多德所建立的逻辑学。逻辑学总结了人类的思维过程，形成了理性的思维框架，从而为机器模拟人的思维过程提供了理论基础。20世纪40年代以后，电子计算机出现，人工智能有了强大的计算工具，才最终实现了模拟人类思维的梦想。今天的人工智能已经超越了对逻辑思维的模拟，开始全面模拟人类的感知、认知、联想、创造等各种复杂的智能行为。人工智能始于逻辑推理，成于逻辑演算，并拓展到了全面的人类智能。本节将以“思维”和“计算”作为两条主线，来回顾人工智能的历史起源以及这一过程中那些站在地平线上的伟人。

① 开端：形式逻辑

要理解人工智能的起源，我们首先要回到2300多年前的古希腊，了解伟大的哲学家亚里士多德和他所构建的逻辑学。逻辑学研究的是人类的思维规律，这是让机器复制人类智能的第一步。

亚里士多德（Aristotle，公元前384—公元前322）是古希腊著名的哲学家和博学家，柏拉图的学生、亚历山大大帝的老师。他在众多领域做出了开创性工作，包括逻辑学、伦理学、政治学、经济学、天文学、物理学、心理学、生物学、地质学等。亚里士多德是人类历史上极具天赋的伟人，是古希腊科学发展的代表性人物。至今哈佛大学的校训依然是“与柏拉图为友，与亚里士多德为友，与真理为友”，他“吾爱吾师，吾更爱真理”的名言至今激励着一代代学子勇往直前，打破权威，探索未知世界。

亚里士多德在他的著作《工具论》中提出了今天我们称为“三段论”的思维规律。如图1-10所示，三段论通过一个大前提和一个小前提进行推理。例如，大前提是“所有人都会死亡”，小前提是“苏格拉底是人”，因此可以推理出“苏格拉底会死”。亚里士多德认为，所有理性的人都会承认这一推理过程是正确的、毋庸置疑的。因此，如果大前提和小前提是正确的，那么结论必然是正确的。

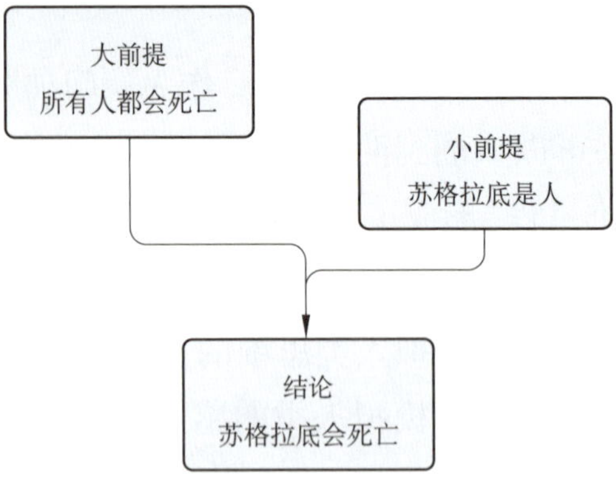

图1-10　三段论举例

三段论看似简单，但它将思维形式（过程）和思维对象（内容）区分开来，是人类对自身思维规律的第一次理性总结。亚里士多德的工作奠定了形式逻辑的基础，使我们能够用理性的方式理解人类的思维，也为人工智能模拟人的思维过程提供了可能性。

值得强调的是，三段论是一种推理工具，它只保证推理过程是正确的，但并不保证推理结果是正确的。例如下面的推理：

大前提：所有的鸟都会飞

小前提：企鹅是鸟

结论：所以企鹅会飞

显然，企鹅是不会飞的。是三段论错了吗？不是，是因为大前提错了，并不是所有的鸟都会飞。这体现了思维形式（过程）和思维对象（内容）之间的独立性。思维形式保证“如果大前提和小前提都成立，则结论成立”，但并不保证大前提和小前提本身的正确性；大前提和小前提是思维的对象，其正确性需要独立验证。

总而言之，三段论把思维形式和思维对象进行了区分，这是人类认识自我的历史性飞跃。从此以后，人类才开始科学地认识自己的思维，梳理思维规律，填补思维漏洞。这奠定了逻辑学的基础，也为哲学和科学的发展奠定了理性思维的基石。同时,逻辑学的诞生,也为机器模拟人类思维提供了可能性,成为人工智能最初的起点和源头。

② 进阶:思维的数学化

亚里士多德的形式逻辑多以自然语言表述,容易产生歧义。例如,“如果你获得馈赠,那么你应该感谢”,这里“应该”到底是强制要求,还是道德上的劝说?在自然语言中并不完全清晰。

思维的数学化就是用符号表示事实和命题,用符号演算表示思维过程。如果这些符号定义精确,演算规则清晰可靠,那么任何人面对同样的符号和演算规则无论过程多么复杂,都会得出一致的结论。这就是思维数学化的意义。

英国哲学家托马斯·霍布斯(图1-11)在其著作《利维坦》一书中提出,人类的思维可以表示为一个数学计算过程,简单地说,“推理即计算”。随后,德国哲学家戈特弗里德·莱布尼茨(图1-12)在《发现的艺术》(1685)一书中同样主张用数学来表达思维。他写道:“如果人们发生了争执,那么很简单。来,让我们来算算,看看谁是对的。”

图1-11 托马斯·霍布斯(1588—1679)

图1-12 戈特弗里德·莱布尼茨(1646—1716)

思维数学化的目的是对思维过程进行精确、无歧义地描述。然而,直到19世纪,数学家乔治·布尔才发明了描述思维的数学工具——布尔代数,用数学符号来表示事实,用逻辑运算来表示思维推理,奠定了现代计算机科学和人工智能的基础。

③ 完善：数理逻辑的确立

图1-13　乔治·布尔（1815—1864）

1854年，英格兰数学家乔治·布尔（图1-13）出版了《思维规律》一书，完成了逻辑符号化的开创性工作。他用符号代表事实，用符号演算表示从既有事实到未知事实的推理过程。这一体系被后人称为布尔代数。布尔的工作证明了基于明确定义的符号和运算规则，可以表达形式逻辑的推理过程，从而模拟人的思维。因此，他在《思维规律》一书的序言中写道："本书论述的是探索心智推理的基本规律。"

在布尔的演算系统中，事实用字母表示，如 q、p、r。这些字母只有"是"和"否"两种取值，分别表示事实成立或不成立。布尔将"是"和"否"分别表示为1和0。进一步，布尔定义了×和+两种演算，分别表示逻辑中的"并且"和"或者"两种关系；定义了符号-，表示逻辑中的"非"；定义了符号=，表示逻辑上的"推论"。基于这些定义，就可以确立一系列演算规则，如图1-14所示。这些演算规则与算术中的加法和乘法规则类似，只不过布尔在这里定义的是逻辑演算，而不是数量演算。

例如，用p表示"明天下雨"，q表示"明天刮风"，r表示"明天下雪"，则命题"明天下雨或刮风，且下雪"就可以表示成$(p+q)\times r$。根据图1-14中第五个演算规则，可以对$(p+q)\times r$进行推论，得到$(p\times r)+(q\times r)$，即"明天下雨且下雪，或者刮风且下雪"。

$$p\times q=q\times p$$
$$p+q=q+p$$
$$p\times(q+(-q))=p$$
$$p+(q\times(-q))=p$$
$$p\times(q+r)=(p\times q)+(p\times r)$$
$$p+(q\times r)=(p+q)\times(p+r)$$

图1-14　布尔演算规则

布尔开创了用符号和符号演算表示逻辑过程的先河。随后，弗里德里希·弗雷格（图1-15）在《概念文字》一书中进一步完善了布尔的演算系统。他定义了"任何""存在"这样的量词，极大地扩展了布尔代数的表达能力，不仅可以表示我们基本的逻辑推理过程，还可以通过逻辑演算完成“三加五等于八”等更通用的计算。后来，经过阿佛列·怀特黑德（图1-16）、伯特兰·罗素（图1-17）、大卫·希尔伯特（图1-18）、库尔特·哥德尔（图1-19）等数学家的努力，数理逻辑正式确立。

图1-15　弗里德里希·弗雷格（Friedrich Frege，1848—1925）

图1-16　阿佛列·怀特黑德（Alfred Whitehead，1861—1947）

图1-17　伯特兰·罗素（Bertrand Russell，1872—1970）

图1-18　大卫·希尔伯特（David Hilbert，1862—1943）

图1-19　库尔特·哥德尔（Kurt Gödel，1906—1978）

数理逻辑的建立，为形式化、精确地描述人类的思维提供了坚实的理论支撑，也成为人工智能学科的第一块基石。

小结

人工智能是用计算机模拟人类智能行为的科学。人工智能起源于人类对自身思维规律的探索，这一探索最早可以追溯到古希腊时代，当时一大批智慧的先贤们开始了对世界的理性思考。比如，毕达哥拉斯对“数”的看重，认为稳定、完美的世界应该表示为分数，比如行星的轨道、音乐的音阶。苏格拉底对“普遍定义”进行了深入探讨，认为普遍定义是一种必然的、确定性的知识，只能通过理性的思维活动来触达。柏拉图对于“理念世界”

有更深刻的认识。它认为存在一个完美的理想国度，我们的世界只是这个理想国度的投影，只有通过智能才能达到这个理想的世界。亚里士多德继承了这些前辈们对于理性思考的重视，并开始研究这些理性背后的思维规律。这是逻辑学的起点，也是人类对自身的思维能力的第一次系统性总结。亚里士多德以后，科学家们沿着他开创的道路继续探索，完成了逻辑形式化、数学化的伟业，最终建立起了数理逻辑，成为人工智能的第一块基石。

通过学习人工智能的起源，我们可以清晰地看到这门学科建立的初衷，理解它区别于其他学科的独特之处，从而建立清晰的学科边界。事实上，人工智能从一开始建立，其目的就是为了模拟人的思维能力，即人们“动脑子”的能力。这是一个非常宏大的目标，因为人类之所以能远远超出其他物种成为万物之灵，根本上就是因为我们有聪明的头脑。如果机器真的能模仿人类的动脑能力，意味着人能做到的事机器都可以做到，包括发展出新的科学技术。从这个角度上看，人工智能在目标上是超越现有学科的，是“科学之上”的科学。当然，这一目标的实现也是极为艰难的，直到今天也没有完全实现。这也是人工智能在历史上饱受质疑甚至嘲讽的原因，甚至在人工智能已经取得了辉煌成就的今天，质疑和观望也依然存在。无论如何，模拟人的思维能力就是人工智能研究者的最初动因和终极理想。

1.4 人工智能的起源：计算机的诞生

学习目标

（1）理解图灵机的基本概念与工作原理，认识其在计算理论和人工智能发展中的重要性。

（2）认识数字电路的基本原理与逻辑门的概念，理解香农如何将布尔逻辑应用于计算机电路的设计。

（3）了解计算机诞生的历史过程，认识ENIAC和冯·诺依曼存储程序结构的关键意义。

（4）明确计算机与人工智能之间的关系，理解计算机如何支持人工智能的发展。

数理逻辑的建立奠定了人工智能的第一块基石，使得人类的思维可以用计算的方式来模拟。然而，实现这种模拟还需要一种强大的计算机器。历史上，人们设计了很多计算机器，比如中国古代的算盘。但是，这些机器并不是通用的计算机器，只能用于特定的计算任务。这一问题直到英国数学家、逻辑学家艾伦·图灵提出图灵机模型后才解决。图灵机模型成为计算机的理论模型，后来经过艾伦·图灵、香农、冯·诺依曼等科学家的努力，最终研制成功通用电子计算机，为人工智能的发展奠定了第二块基石。

① 图灵机模型

图1-20　艾伦·图灵

1936年，年仅24岁的英国科学家艾伦·图灵（图1-20）提出了一种称为图灵机的计算模型。这一模型展示了通过简单的读/写操作可以处理极为复杂的逻辑演算。

艾伦·图灵的基本思想是用机器来模拟人们用纸笔进行数学运算的过程。他把这样的过程看作下列两种简单的动作：①在纸上读出或写上某个符号；②把注意力从纸的一处移动到另一处。在这一计算过程，下一步要采取什么样的动作，依赖于纸上当前所关注位置的符号和当前思维的状态。

为了模拟人的这种运算过程，图灵设计了这样一台假想的机器，该机器由以下几个部分组成。

- 无限长的纸带：纸带被划分为一个接一个的小格子，每个格子上包含一个来自有限字母表的符号（一般为二进制数0或1）。纸带上的格子从左到右依次被编号，纸带的两端可以无限伸展。

- 读写头：读写头在纸带上左右移动，能读出纸带上当前格子的符号，也可以往格子里写入符号。
- 状态寄存器：用于保存机器当前所处的状态。可能状态的总数是有限的，并且有一个特殊的状态，称为停机状态。
- 控制规则表：规定在每个状态下，读写头在读取特定符号后所采取的行动，包括读什么符号、写入什么符号、向哪个方向移动读写头、更新状态等。这个规则表定义了机器运行的方式，更改了规则表也就改变了机器的运行方式。从现代眼光来看，这个规则表即这台机器的程序。

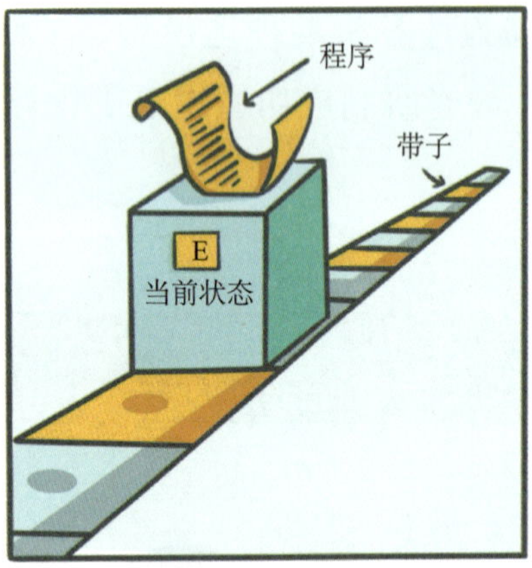

图1-21　图灵机

根据图灵导师阿隆左·邱奇的建议，这台假想的机器被称为图灵机（图1-21）。

表面上看，图灵机非常简单，那么这种机器的计算能力如何呢？或者说，它能计算哪些函数呢？图灵和其他研究者很快发现，图灵机非常强大，人们所设计的各种复杂的计算模型最后发现都弱于或等价于图灵机。注意，这里的“强大”不是指计算的速度有多么快，而是指图灵机所能代表的计算函数非常广泛，可以涵盖任何可以想象到的计算过程。为此，斯蒂芬·克莱恩（Stephen Kleene）提出了著名的邱奇-图灵论题：一切直觉上可计算的函数都可用图灵机计算。值得说明的是，这是个论题而非定理，并没有严格的证明，直到今天人们还没有发现超越图灵机的计算模型，因此被科学家们普遍接受。

图灵机这种强大的计算能力具有重要意义，它意味着科学家们不用再尝试构造各种复杂的计算机器了，只要把图灵机实现，就能计算所有可计算的函数了。这就为通用计算机器奠定了理论基础。事实上，在现代计算机科学中，可计算函数也是由图灵机定义的，由于图灵机能够处理所有“直觉上可计算”函数。因此，图灵机能计算的函数就被认为是可以被计算的函数。

② 数字电路

1937年，年仅21岁的麻省理工学院研究生克劳德·艾尔伍德·香农（图1-22）提交了他的硕士论文《继电器和开关电话的符号分析》。在这篇据称是“有史以来最重要的硕士论文”中，香农提出基于布尔逻辑设计电路的新方法。香农的研究表明，用电子开关的组合可以模拟布尔运算，从而实现复杂的逻辑演算过程。具体来说，香农利用继电器和开关设计出了一种可以执行逻辑运算的“数字电路”系统（图1-23），这种系统以开关的“通”或“断”来表示布尔逻辑中的0或1，通过开关电路的组合实现与、或、异或等基本逻辑操作，而这些逻辑操作组合起来就可以实现各种复杂的运算，包括各种控制过程和加、减、乘、除等数学计算。

图1-22　克劳德·艾尔伍德·香农（1916—2001）

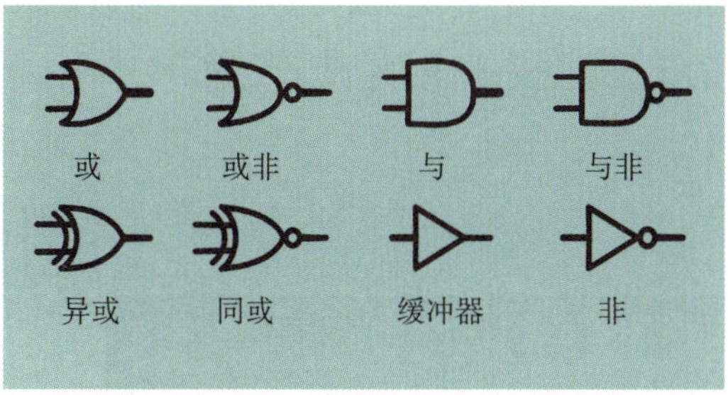

(a)

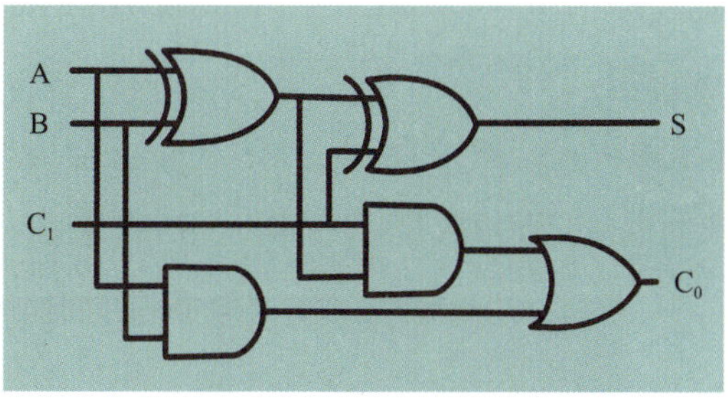

(b)

图1-23　可以执行逻辑运算的“数字电路”系统

香农的工作将逻辑运算和数字电路联系起来，为数理逻辑的硬件实现奠定了基础。原则上说，只要设计好了逻辑演算过程，就可以用相应的门电路来实现它。从简单的交通信号灯控制电路到复杂的超大规模集成电路，都离不开这一原理。

值得说明的是，图灵机与香农的数字电路理论密切相关。图灵机定义了一种机械计算过程，读写头在纸带上的读取、写入、移动等操作都可以视作逻辑运算。因此，图灵机的基本组件都可以用数字电路实现。另外，加、减、乘、除等数学计算过程也可以表示为逻辑操作，同样可以用数字电路实现。因此，图灵机定义了通用计算机的计算方式，而香农的数字电路理论则提供了实现这些计算的物理方式。这两个理论共同奠定了现代计算机的基础。

需要强调的是，数字电路技术应用广泛，并不局限于用来实现计算机。事实上，在很多应用中只需要实现简单的控制逻辑即可（如交通信号灯的控制），并不需要实现一个完整的通用计算机。

③ 计算机的诞生

在图灵和香农理论的启发下，科学家们开始尝试设计和建造电子计算机。1943年，英国科学家设计并建造了Colossus计算机，用来破解德军密码，这是世界上第一台可编程电子数字计算机。Colossus的成功展示了电子计算机在处理复杂计算任务上的巨大潜力，但尚未实现通用性。1946年，第一台通用电子数字计算机ENIAC（electronic numerical integrator and computer）（图1-24）在美国宾夕法尼亚大学诞生。这台计算机是由宾夕法尼亚大学的约翰·莫奇利（John Mauchly）和约翰·皮斯普·埃克特（John Presper Eckert）主持设计，重达27吨，耗电150千瓦，占地167平方米，是一个庞然大物。ENIAC采用十进制运算，每秒可执行大约5000次加法操作、385次乘法操作、40次除法操作。这一计算速度远比

图1-24　第一台通用电子数字计算机ENIAC

注：图中女士正在通过插拔的方式对ENIAC进行“编程”，改变它的计算任务。

现在的手机要慢，但却开启了通用计算机时代。

1945年前后，以约翰·冯·诺依曼为代表的科学家们逐渐确立了计算机设计的基础原则，明确使用二进制计算，并将程序作为一种特殊的数据存储在存储器中，在需要运行的时候将程序读取出来，因此称为存储程序结构。这种结构的优点是可以很方便地对程序进行修改，而不必像ENIAC那样通过插拔电缆来实现。从此以后，编程才变得简单起来。

此外，冯·诺依曼等还将计算机明确分成运算器、控制器、存储器、输入设备和输出设备五大组件。计算机通过输入设备读入数据，由控制器读取指令，并送入运算器中计算，最后由输出设备输出结果，如图1-25所示。这一模块化设计奠定了现代计算机体系结构的基础。

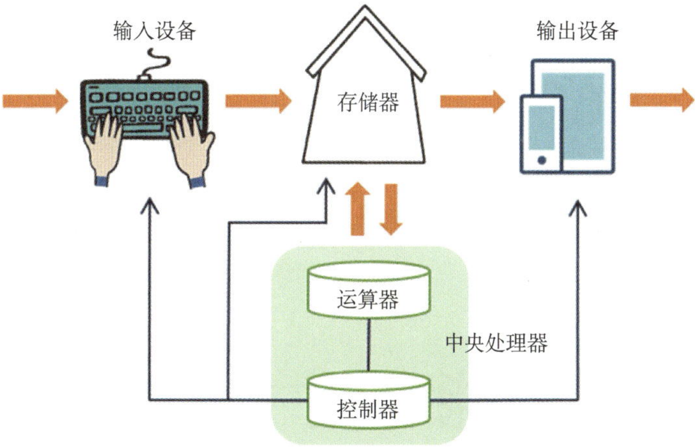

图1-25 现代计算机的基础架构

1948年，第一台基于存储程序结构的计算机Manchester Baby在曼彻斯特大学研制成功。这台计算机的设计初衷并非建造一个实用的计算引擎，而是用于测试一种称为“威廉斯管”的存储设备。1949年，第一台实用的基于存储程序架构的电子计算机 EDSAC（electronic delay storage automatic calculator）在英国剑桥大学问世。EDSAC由莫里斯·文森特·威尔克斯教授领导设计和制造，并于1949年投入运行。从此以后，计算机飞速发展，推动人类社会进入信息时代。

小结

计算机的诞生是人类科技史上一次革命性的事件，而图灵是这场革命的揭幕人。他所设计的图灵机模型不仅论证了通用计算机的可行性和它强大的计算能力，同时也为计算机的实现提供了原型。香农是这场革命中的另一位关键人物，他提出的用门电路实现逻辑演算的思路奠定了数字电路的理论基础，也为用电子电路实现通用计算机提供了思路。在这些理论的指引下，经过无数科学家的努力，在20世纪40—50年代，通用电子计算机诞生，开启了人类历史的新篇章。

计算机的出现是人工智能诞生的第二块基石。自从有了计算机，人工智能的先驱者们“用计算模拟人类思维”的理想就有了强大的工具。于是，让机器模拟人类智能的想法再次浮现在图灵天才的头脑中，我们将在下一节具体介绍。

1.5 图灵：人工智能之父

学习目标

（1）了解图灵的生平与重要贡献，认识他在计算机科学和人工智能领域的奠基作用。

（2）掌握图灵机的工作原理及其对计算理论发展的重要意义。

（3）认识图灵对机器智能的早期思想，理解他提出的机器学习、强化学习、演化学习等概念的早期雏形。

（4）掌握图灵测试的基本原理，理解其在人工智能领域的重要意义。

（5）思考图灵的影响力，了解图灵奖的设立背景及其对计算机科学和人工智能发展的推动作用。

艾伦·图灵，英国数学家、逻辑学家、计算机学家，被誉为“计算机科学之父”和“人工智能之父”。他不仅对现代计算机科学的诞生起到了奠基性的作用，也对人工智能的诞生作出了重要贡献。本节将与读者一起回顾这位伟人的非凡人生，重温他在人工智能领域的三大贡献：图灵机及其可计算理论、对机器智能的开创性思考与实践，以及提出的图灵测试。

① 少年天才

1912年6月23日，艾伦·图灵出生于英国伦敦。他从小就展现出非凡的天赋。在图灵读小学时，他的老师曾说过：“我见过不少聪明勤奋的孩子，然而，艾伦是个天才。”1926年，图灵被父母送到伦敦的谢伯恩公学寄宿就读。在谢伯恩公学的学习岁月中，图灵表现出对科学的浓厚兴趣，并自学了爱因斯坦等科学家的著作。

1931年，图灵考入剑桥大学，由于成绩优异，获得了数学奖学金。在剑桥大学，他的数学能力得到了充分的发展，被授予数学一等奖。1934年，他提交了毕业论文《论高斯误差函数》，提出了一种证明中心极限定理的新方法。这一论文使他当选为国王学院的研究员（fellow），并于次年荣获英国著名的史密斯数学奖，成为国王学院声名显赫的毕业生之一。

② 贡献一：图灵机

1936年，年仅24岁的图灵发表了一篇划时代的论文《论可计算数及其在判定问题上的应用》。这篇论文旨在证伪希尔伯特提出的可判定问题，即是否存在一种通用算法能够判断任意数学命题的真伪。为此，图灵提出了图灵机这一通用计算模型，开启了计算机科学的先河（见1.4节）。

在图灵机的设想中，有一条可供读写的无限长纸带，让它虽非真实的机器，却能在功能上与一台真实的机器几乎等效。按照图灵的设计，设计出一台现实的物理计算机并不存在理论上的困难。特别有价值的是，通过修改图灵机的控制规则表（即程序），图灵机可以完成所有可以想象到的计算。这意味着，只要可以实现图灵机，就可以得到一台通用的计算机器，应对所有领域的复杂计算。因此，图灵机的提出大大激发了人们设计通用计算机的信心。不仅如此，图灵机中所引入的存储区、程序、控制器等概念直接启发了冯·诺依曼等的存储程序结构设计，奠定了现代计算机架构的基础。

对人工智能而言，计算是最基本的支柱，没有计算机的诞生，也就没有人工智能的开端。从这一点上看，图灵为人工智能的发展准备了必要的计算工具。

③ 年轻的密码学家

1936年9月，图灵远赴美国，在普林斯顿大学攻读博士学位，师从数学家阿隆佐·邱奇。1938年6月，图灵获得普林斯顿数学系博士学位，他的论文基于序数的逻辑系统，介绍了序数逻辑和相对计算的概念。同年，图灵婉拒了冯·诺依曼的挽留，毅然回到英国，投身对抗法西斯德国的战斗。

回国后不久，图灵就参与到政府的密码破译项目中，和全国各地顶尖的数学家们一道在白金汉郡的布莱切利公馆破译德国密码。图灵破解了升级版的Enigma密码机（图1-26），并探索出了一套高效的破译算法。据估计，图灵的工作使战争的结束时间提早了两年，挽救了上千万人的生命。

④ 贡献二：机器智能的最初思考与实践

1948年，图灵成为曼彻斯特大学的讲师；1951年，当选为英国皇家学会会员。同年，图灵发表了一篇题为《智能机器》的报告，首次提出了机器智能的可能性，并探讨了若干具体实现方式。这篇开创性的报告被视为人工智能正式登上历史舞台的先声。

在报告中，图灵认为可以设计一个通用机器，像教育儿童那样教它一步步成长，这是机器学习的朴素思想。他还提出，可以通过奖励和惩罚来对机器进行“教育”，这是强化学习的基本思路。所谓强化学习，是指通过间接的奖励信号来进行学习的方法，就像小时候学习走路，父母并没有告诉我们如何迈步，但当我

(a) 德国军队使用的 Enigma 密码机

(b) 图灵设计的密码破译机 Bombe

图1-26 Enigma密码机与密码破译机Bombe

们每一次尝试成功后，父母会给我们各种鼓励，这样就慢慢学会了走路。

图灵甚至提出了通过模拟生物进化来实现智能的方法，成为演化学习思想的最初萌芽。生物进化是自然选择的结果，包括人的进化。生物进化在智能的产生过程中扮演着重要角色。图灵认为，模仿这一过程是一种让机器产生智能的可能方案。

图灵的《智能机器》报告展示了他对机器智能的深刻见解和远见卓识。他提出的许多概念和方法成为人工智能研究的基础，并在后来的发展中得到了广泛应用。

总结一下，图灵的天才思想是人工智能发展之初的第一笔精神财富，直到今天依然指导着后人。从这一点来说，图灵为人工智能的发展奠定了最初的思想基础。

⑤ 贡献三：图灵测试

1950年，图灵发表《计算机器与智能》一文，提出了图灵测试这一假想实验。图灵测试是判断机器是否具有人类智能的一个标准。其基本思想是通过人与机器之间的对话来判断机器是否拥有了智能。图灵测试的基本形式如图1-27所示。

（1）测试员：一名人类测试员 C。

（2）被测试者：一名人类 B 和一台机器 A。

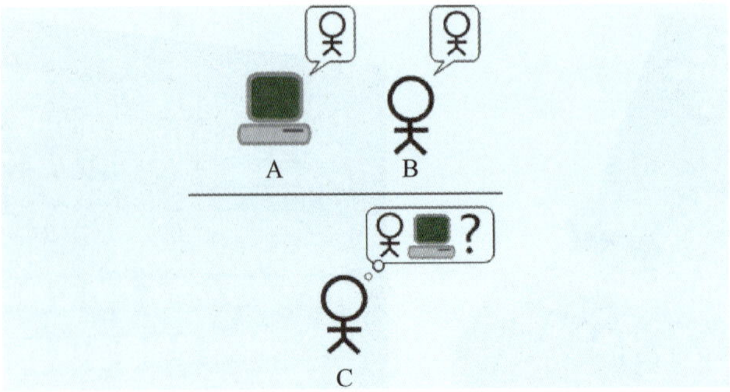

图1-27　图灵测试示意图

（3）对话形式：测试员 C 通过键盘与被测试者 A/B 进行自然语言对话，测试员不知道谁是人类，谁是机器。

（4）测试时间：通常设定为5分钟。

（5）判断标准：如果测试结束后，有30%以上的测试员误认为它是人类，则认为该机器通过了图灵测试，具备了智能。

图灵测试的重要意义在于它为“机器智能”提供了一条实践可行的衡量标准，从而让研究者摆脱了“智能”定义上的争执，设定了人工智能研究者努力的方向。从这一点来说，图灵为人工智能的发展指明了方向。

⑥ 百年影响

2012年，在图灵诞辰百年之际，《自然》杂志称他为有史以来最具科学思想的人物之一。2021年，英格兰银行发行的新版50英镑纸币上印有图灵的头像，表达对这位伟人的敬仰。

为了纪念图灵，全球计算机专业的权威组织——美国计算机协会（ACM）于1966年设立了图灵奖（图1-28），用以表彰在计算机领域作出卓越贡献的学者。该奖项被誉为计算机界的诺贝尔奖。

自1966—2024年，全球共有78位科学家获得图灵奖，涵盖编译原理、程序设计语言、计算复杂性理论、人工智能等领域。2000年，清华大学教授姚期智（图1-29）因在计算理论、密码学等方面的基础性贡献获图灵奖，这是目前唯一获此殊荣的华人科学家。

图1-28　图灵奖奖杯

图1-29　2000年图灵奖得主姚期智先生

小结

图灵提出了图灵机模型，为计算机的诞生奠定了理论基础，同时也为人工智能准备了计算工具。他关于机器智能的最初设想，为人工智能的发展奠定了思想基础。他提出的图灵测试，从可验证的视角定义了智能，为人工智能的发展指明了方向。图灵的贡献不仅奠定了计算机科学的基石，还对人工智能的诞生和发展产生了深远影响，是人工智能当之无愧的奠基人。

1.6 人工智能的开端

学习目标

（1）了解人工智能早期研究的内容与方法，包括对弈算法、定理证明和早期神经网络等关键探索。

（2）认识达特茅斯会议的历史意义，明确该会议对人工智能学科形成的推动作用。

（3）思考学术交流与跨学科合作在科学进步中的重要性，理解其如何促进人工智能的发展。

1954年，艾伦·图灵离世，但他点燃的机器智能的火种却并未熄灭。就在图灵离世后的两年，一群年轻的科学家在美国达特茅斯学院数学系的一幢小楼里组织了一次长达两个月的讨论会，在这次会议上，人工智能作为一门新科学正式登上历史舞台，从此开始了近七十年的风雨历程。这就是人工智能史上著名的达特茅斯会议，也是被学者们公认的人工智能的开端。

① 风起云涌

20世纪50年代，通用计算机刚刚诞生，其强大的计算能力引起了研究者的广泛关注。另外，随着数理逻辑的发展，“思维即计算”的理念已经深入人心。受图灵机器智能思想的启发，利用计算机来模拟人类思维、实现类似人的智能机器，极大地激发了年轻学者的研究热情。

受此影响，一批新的研究成果涌现，包括克劳德·香农的对弈算法、赫伯特·西蒙和艾伦·纽厄尔的“逻辑理论家”定理证明系统、马文·闵斯基的SNARC神经网络学习机。

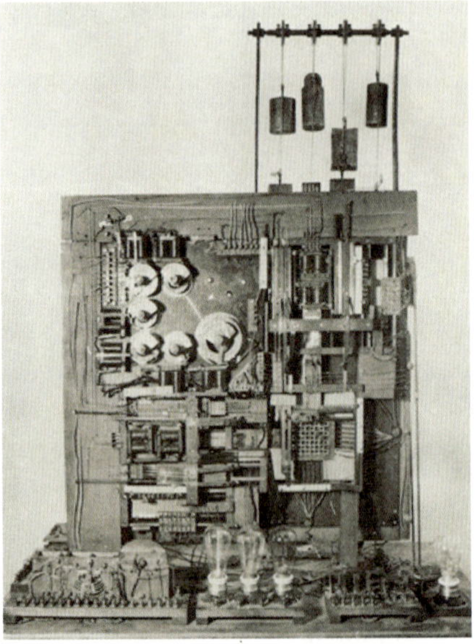

图1-30 莱昂纳多·托雷斯发明的第一代自动对弈机器El Ajedrecista

1）对弈算法

对弈一向被认为是需要很强的智能才能完成的游戏，如下象棋、围棋等。因此，对弈机器一直承载着人类的智能梦想。最早的自动对弈机器由西班牙发明家莱昂纳多·托雷斯于1910年发明，可以与人下国际象棋，如图1-30所示。

计算机发明后，许多科学家（包括图灵）开始研究对弈算法。其中，克劳德·香农的研究最为深入。1950年，克劳德·香农在一篇论文中深入探讨了一种称为 MinMax 的走棋算法，并给出了优化方案。同年，香农还设计了一台电动走棋机器，如图1-31所示。

2）定理证明

图1-31 克劳德·香农设计的电动走棋机器

随着数理逻辑的发展，人们逐渐认识到，基于少量基本原理和若干推理规则，可以推导出一个庞大的数学体系。典型的如欧几里得的几何学体系，基于五条公设即可推导出整个几何学。这启发了早期人工智能的学者们尝试用机器来完成定理证明。

1955年，赫伯特·西蒙和艾伦·纽厄尔开始探讨机器定理证明的可能性，最后由来自兰德公司的计算机程序员约翰·克里夫·肖完成了程序编写。他们把这个程序命名为逻辑理论家。逻辑理论家是一个树搜索程序，根节点是基础假设，通过设计好的推理原则进行扩展，直到扩展到要证明的结论。基于这一方案，逻辑理论家证明了《数学原理》前52个定理中的38个。逻辑理论家的诞生具有重要的历史意义，是思维即计算这一哲学思想的有力证明。正因如此，西蒙和纽厄尔在1975年共同获得了图灵奖。

3）神经网络

科学家们很早就知道，大脑是人类的智能中枢，而大脑由大量神经元组成。这些神经元是同质的，互相连接起来产生智能。若能在机器中模拟大脑神经元的连接机制，或许就能复现人类的智能。

1951年，当时还是普林斯顿大学数学系研究生的马文·闵斯基设计了一个名为 SNARC 的人工神经网络，如图1-32所示。这个网络包括40个“神经突触”模块，从随机状态开始运行，并通过操作员的反馈进行训练。SNARC成为早期神经网络研究的代表性成果。

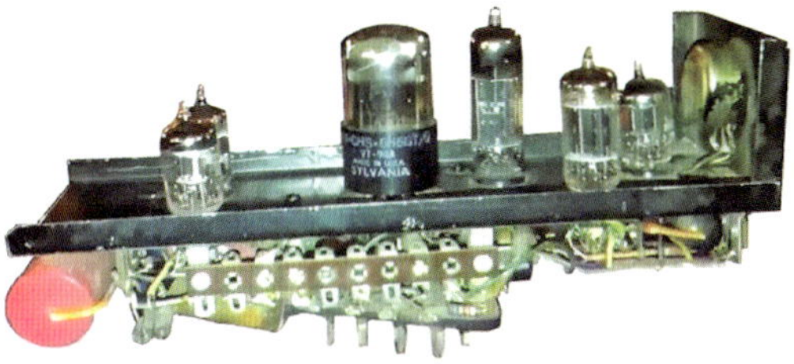

图1-32 马文·闵斯基设计的 SNARC 神经网络学习机

② 达特茅斯会议：AI 的开端

1955年9月2日，约翰·麦卡锡（达特茅斯学院数学助理教授）联合克劳德·香农（贝尔电话实验室数学家）、马文·闵斯基（哈佛大学数学与神经学初级研究员）和纳撒尼尔·罗切斯特（IBM信息研究经理）向洛克菲勒基金会提出申请，希望举办一次为期两个月、约10人参加的讨论会。在申请中，麦卡锡等人首次提出人工智能的概念，为一门新学科的诞生埋下了种子。

图1-33　达特茅斯会议旧址

这次会议开始于1956年6月18日，大约在8月17日结束，持续了近两个月，前后约有47人参加。会议地点设在达特茅斯数学系的一座教学楼内（图1-33）。其间，有时会有人做主讲报告，更多时候是自由讨论。这次会议本质上是一次长时间的头脑风暴。

依麦卡锡等人的申请，本次会议上讨论的内容非常广泛，包括：

（1）如何对计算机进行编程？

（2）如何让计算机理解和使用自然语言？

（3）能否用神经网络来表达概念？

（4）如何定义计算效率和复杂性？

（5）如何实现机器的自我改进？

（6）如何实现对象的抽象表示？

（7）如何体现随机性和创造性？

达特茅斯会议上这些问题的提出，直接引导了此后数十年人工智能的研究方向。

除了发起人麦卡锡、香农、闵斯基、罗切斯特（图1-34），本次会议吸引了赫伯特·西蒙、艾伦·纽厄尔、阿瑟·塞缪尔、雷·所罗门诺夫、约翰·纳什等。这些人在接下来的几十年里都是人工智能领域的领军人物，完成了一次又一次创举和突破，例如麦卡锡的LISP语言、塞费里奇的机器感知理论、塞缪尔的机器学习方法、所罗门诺夫的贝叶斯推理等。

图1-34　达特茅斯会议的部分参会者

注：从左到右分别为塞费里奇、罗切斯特、纽厄尔、闵斯基、西蒙、麦卡锡、香农。

这次会议的意义不仅在于确立了"人工智能"这一概念，更在于确立了人工智能的若干重要研究方向和实现方法，标志着人工智能正式走上历史舞台。

2006年，在达特茅斯会议50周年之际，摩尔、麦卡锡、闵斯基、塞费里奇和所罗门诺夫（从左至右）重聚达特茅斯学院（图1-35）。50年前意气风发的年轻人已经年过古稀，但他们开创的"人工智能"这门学科却风华正茂。

图1-35　2006年达特茅斯会议50周年重聚

小结

任何一门新学科的诞生都不是一蹴而就的，人工智能的火种从亚里士多德时代就已经埋下了，经历2000多年的积累，才在图灵的脑海里渐渐成熟，之后才有了1956年的达特茅斯会议。可以看到，人工智能是一门既古老又年轻的科学，它经历了长期孕育，但正式诞生也不过70年的时间。了解这一历史脉络有助于我们全面、客观地认识人工智能。

达特茅斯会议标志着人工智能的诞生。这是一场自由的学术讨论，一群年轻的科学家勇敢地接过图灵“智能机器”的火炬，在美国点燃了新学科的熊熊烈焰，也开启了人工智能半个多世纪的风雨历程。从达特茅斯会议的申请和举办过程，我们看到了在历史转折时期那些年轻的科学家们敢于打破窠臼、创建新学科的勇气。我们也应该从中汲取力量，激励自己在未来的学习和探索中敢于突破，勇于创新。

达特茅斯会议也告诉我们学术交流的重要性，特别是在新学科来临之时，更需要不同学科的研究者广泛而深入地交流。目前，人工智能再次处于变革的十字路口，人工智能正深度渗透到各行各业，更需要研究者抱有开放的心态，广泛沟通，互相学习，才能把人工智能推向新的高度。

1.7 人工智能发展史(1)

学习目标

（1）了解人工智能早期发展的历史阶段，包括“黄金十年”“第一次低潮期”“回暖期”“第二次低潮期”的特点。

（2）认识符号方法的核心思想，理解定理证明、专家系统等知识驱动方法的应用场景与局限性。

（3）认识感知器模型和早期神经网络的探索成果，理解它们遇到的技术瓶颈。

（4）探讨专家系统的局限性以及第五代人工智能项目失败的原因。

1956年的达特茅斯会议之后，人工智能作为一门新学科登上了历史舞台。然而，正如其他所有新生事物一样，人工智能的发展之路也并不平坦，充满了艰辛与曲折。本节将带领大家回顾人工智能的早期发展历程，在这段时间里基于知识的人工智能占据主导地位，人们把知识总结出来教给机器，机器再基于这些知识进行推理。知识是用符号表示的，因此这一类方法也称为“符号方法”。同时，人工神经网络的研究也开始取得成果，为现代人工智能的飞跃打下了基础。

① 黄金十年（1956—1974）

达特茅斯会议之后的十余年被称为人工智能的“黄金十年”，是人工智能发展史上的第一次高潮。这一时期，研究者们在定理证明、对话机器人、神经网络方面取得一系列让人振奋的进展。这些成就使人们开始相信，创造出与人类具有同等智能水平的机器并非难事。

在这十余年里，大量资金投入人工智能研究中，很多著名大学建立了人工智能研究机构，包括马文·闵斯基所在的麻省理工学院、艾伦·纽厄尔和赫伯特·西蒙所在的卡内基-梅隆大学，以及约翰·麦卡锡在斯坦福大学创建的人工智能实验室和唐纳德·米奇在英国爱丁堡大学创建的人工智能实验室。定理证明、ELIZA机器人和感知器模型是三个代表性成果。

1）定理证明

达特茅斯会议以后，定理证明取得进一步进展。继赫伯特·西蒙和艾伦·纽厄尔的“逻辑理论家”定理证明程序之后，1959年，王浩在IBM 704计算机上用9分钟计算时间，证明了罗素和怀特黑德所著《数学原理》中的所有定理。1965年，罗宾逊提出了归结法。这种方法通过构造矛盾来反证命题的正确性，类似于我们熟知的“反证法”。定理证明成为人工智能研究者的第一个重要成果，展示了符号演算在解决复杂逻辑推理问题上的潜力。

2）ELIZA机器人

1966年，约瑟夫·维森鲍姆在麻省理工学院（MIT）开发了一个名为ELIZA的机器人程序（图1-36）。这个程序通过一个名为DOCTOR的脚本，能够与人类以类似心理学家的方式进行交谈。

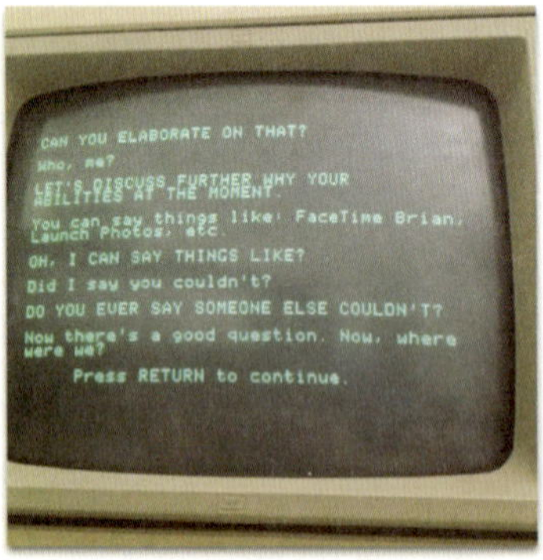

图1-36 维森鲍姆开发的ELIZA对话机器人

ELIZA的工作原理是基于转换规则，当程序检测到文本中的某些关键词时，会应用这些规则。例如，当用户输入一句话时，ELIZA会识别出关键字，然后按照预定的规则将句子重新组合成一个新的句子，仿佛在进行真正的对话。

维森鲍姆在关于ELIZA的文章中提到，计算机看起来像是在表演魔术，但一旦揭开这个程序的内部工作原理，就会发现它只不过是一些聪明的编程技巧的集合。维森鲍姆详细解释了ELIZA的工作方式，表明程序并非真的理解了人类的语言，而是巧妙的编程使它看起来像是在理解。尽管ELIZA的背后只是一些非常简单的问答模板，但人们依然认为它非常智能。

3）感知器模型

定理证明和ELIZA对话机器人都属于符号方法，通过符号演算来实现特定的功能，这在当时是主流方法。除此之外，一些“非主流”研究也在悄然进行，其中最值得注意的是关于神经网络的研究。

受人类大脑工作机理的启发，1943年，美国计算神经学家沃伦·麦卡洛克和沃尔特·皮茨提出了人工神经网络模型（ANN）。1951年，马文·闵斯基设计了第一个神经网络计算机 SNARC。1958年，康奈尔大学的弗兰克·罗森布拉特设计了一个称为感知器的单层神经网络，并在一台称为Mark 1的专用硬件上成功实现（也被称为感知机）。感知器采用麦卡洛克和皮茨提出的神经元结构，不同的是神经元之间的连接是可学习的。在罗森布拉特的实验中，感知器通过学习学会了识别图片中的字母，如图1-37所示。

图1-37　罗森布拉特的Mark 1感知器正在识别字母C

② 严冬到来（1974—1980）

20世纪70年代，人工智能的研究开始降温。研究者们错误评估了任务的难度，对未来过于乐观却无法产生预期的成果。失望情绪开始蔓延，研究经费资助也随之削减，人工智能走入低谷。

首先，符号方法遇到瓶颈。符号系统需要严格定义，很难描述大规模、开放式问题。另外，实际问题中存在大量不确定性，无法完全用符号演算来解决。其次，人们发现除了那些最简单的情况，许多问题的解决需要近乎无限长的时间。这意味着人工智能中的许多算法在实际应用中会因为计算时间过长而难以实现。

其次，被人寄予厚望的感知器模型受到打击。马文·闵斯基（Marvin Minsky）与西摩尔·派普特（Seymour Papert）在1969年出版的*Perceptrons*（《感知器》）一书中，对感知器进行了深入的分析，指出感知器模型有很大局限性，只能解决线性可分的问题（可以简单理解为用一条直线或平面即可进行完美划分的任务），无法处理线性不可分的问题，而实际问题大多是线性不可分的。因此，感知器一度被视为“鸡肋”，神经网络研究陷入停滞。

③ 短暂回暖（1980—1987）

1）专家系统

20世纪80年代，研究者意识到通用符号方法的局限，不再追求通用的问题解决方案，转而关注受限领域的应用。受此思潮影响，以专家系统为代表的基于经验知识型的人工智能走上历史舞台。

1965年，美国计算机学家爱德华·费根鲍姆和遗传学家约书亚·莱德伯格等合作，开发出了世界上第一个专家系统程序DENDRAL。DENDRAL中保存着化学家的知识和质谱仪的知识，可以根据给定的有机化合物的分子式和质谱图，从几千种可能的分子结构中挑选出一个正确的分子结构。它展示了基于专家知识解决复杂领域问题的可能性，为基于知识的人工智能打开了新大门。

与定理证明等基于规则的人工智能不同，专家系统是一种基于经验的人工智能。它不再寻求类似人脑那种通用的问题求解系统，而是专注于领域知识的构建和如何应用这些知识解决实际问题。从此以后，人工智能进入知识工程时代。

2）反向传播算法与多层感知器（MLP）

自1969年闵斯基等出版《感知器》一书后，人工神经网络的研究几乎陷入停滞。1986年，大卫·鲁梅尔哈特（David Rumelhart）、杰弗里·E.辛顿（Geoffrey E. Hinton）和罗纳德·J.威廉姆斯（Ronald J. Williams）等利用反向传播（backpropagation，BP）算法解决了多层神经网络（图1-38）的训练问题。多层神经网络引入了一个或多个隐藏层，突破了感知器模型“只能处理线性可分问题”的局限性。自此，沉寂了十多年的神经网络重获新生，在手写体数字识别等领域取得令人瞩目的成就。

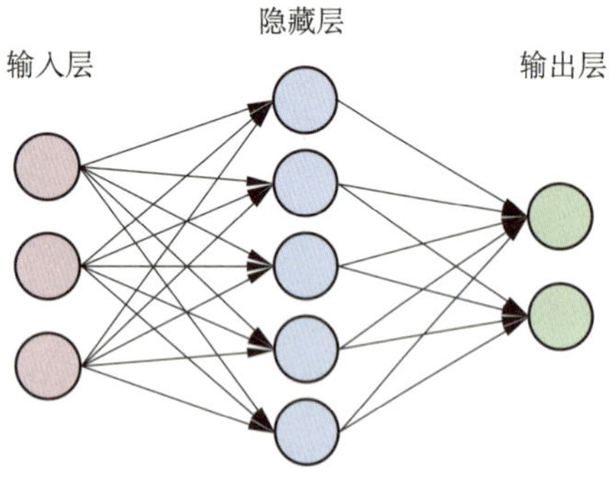

图1-38　多层神经网络

④ 二次低潮（1987—1993）

在20世纪80年代后期—90年代初期，人工智能经历了第二次低潮。尽管在此之前，专家系统一度被视为人工智能的未来，但其局限性很快显现。主要困难在于专家系统知识库的构造与维护成本极高，不仅从专家那里收集知识困难，更新和扩展知识也十分困难，因为新旧知识经常会发生冲突。例如，由匹兹堡大学开发的疾病诊断系统CADUCEUS，仅构建其知识库就耗费了近十年。随着这些问题的显现，人们对人工智能的热情再次受挫，导致对人工智能的投资大幅削减。

此后，人们开始反思传统人工智能中对符号逻辑的过度依赖。罗德尼·布鲁克斯（Rodney Brooks）是这一反思的代表人物之一，他在《大象不下棋》一文中对符号方法提出质疑。他认为，人工智能的研究不应仅仅局限于符号逻辑，而更应关注更为基础的智能行为，例如感知、运动和与环境的交互。他以大象不会下棋但依然能够很好地生存为例，强调直接与环境交互的重要性。这种观点后来发展为“行为主义”思潮，推动了大量仿生昆虫的研究。这些研究表明，通过简单的感知、反馈规则，而不是复杂的逻辑推理，也能实现足够聪明的智能行为，开启了人工智能研究的新方向。

与此同时，日本在20世纪80年代初启动了雄心勃勃的第五代计算机（图1-39）

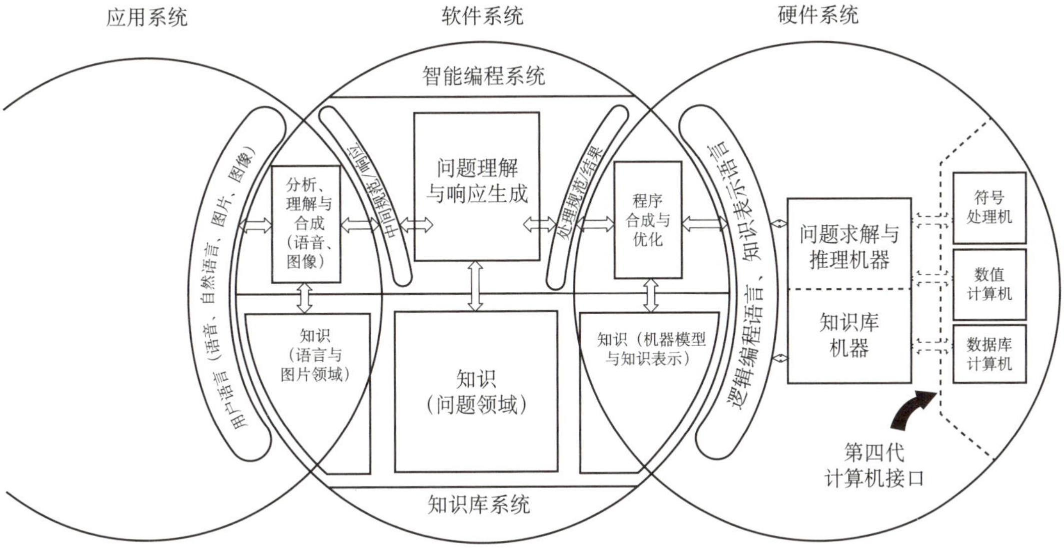

图1-39　日本“第五代计算机”概念图

项目受挫，也使人工智能的研究者再次受到质疑。第五代计算机项目旨在开发出能够与人类进行自然交流并具备人类推理能力的智能机器。然而，到20世纪90年代初，人们发现这一宏伟目标过于超前，可能无法实现。在技术上，该项目仍然依赖于逻辑推理和专家系统，而这些方法的局限性逐渐显现。再加上日本经济泡沫的破裂，导致项目未能达到预期目标。与其他人工智能项目类似，第五代计算机计划的期望值远高于技术能够实现的水平。最终，这一计划的失败也成为人工智能进入第二次低谷的重要原因之一。

小结

早期的人工智能以知识为典型特征，不论是数学定理等通用知识，还是专家的经验知识，都是机器的智能来源。研究者将这些知识表示成符号系统，利用机器的高速计算能力进行推理，因此也称为符号方法。与此同时，人工神经网络方法也取得了长足进展，虽然不是主流方法，却为现代人工智能的大发展奠定了基础。

早期人工智能的发展充满了曲折。这主要是因为人工智能的愿景过于美好，而当时不论是计算机的性能还是人工智能理论的发展都无法支撑这些愿景。当这些期望无法实现时，难免会引起失望情绪的蔓延。幸运的是，人工智能发展的总趋势始终是向前的，每一次退潮都不是回到原地，而是站在更踏实的起点上，去掉浮华，继续前进。

1.8 人工智能发展史（2）

学习目标

（1）理解人工智能复苏和变革的历史背景，理解数据积累、计算能力提升对人工智能发展的推动作用。

（2）理解机器学习的核心方法，掌握概率统计模型与神经网络的发展及其在20世纪90年代后的突破。

（3）了解人工智能的重要突破，包括深蓝击败人类棋手、DARPA无人驾驶挑战赛、IBM沃森问答系统等关键历史事件。

（4）理解深度学习革命的关键，认识AlexNet、AlphaGo等重要技术突破，及其在科学领域的应用。

（5）理解大模型时代的特点，了解Transformer架构、ChatGPT、DALL·E等生成式人工智能的工作原理与未来影响。

20世纪90年代以后，人工智能开始复苏。一个重要的变化是机器学习成为主流技术。传统基于知识的方法依赖人整理的知识，因此无法突破人的上限。机器学习方法从数据中直接学习知识，因此可以突破人的局限性，学习到强大的技能。与此同时，随着互联网的普及，数据开始快速积累，计算机性能也稳步提高，这些基础资源的累积为大规模机器学习提供了可能性，推动了以大模型为代表的现代人工智能的诞生。

① 务实与复苏（1993—2011）

在经历了20世纪80年代末—90年代初的低潮后，人工智能领域逐渐回归务实路线，研究者们不再过度地强调“模拟人类智能”这一终极目标，而是将重心转向解决特定领域的实际问题，例如语音识别、图像识别、自然语言处理、机器人动作等。这一务实转变推动了人工智能的逐步复苏。另外，数据的积累和计算机性能的提升使机器学习逐渐成为主流方法。

1）数据的积累和硬件的提升

20世纪90年代以后，数据开始快速积累。随着互联网和移动互联网的普及，人们开始在网络上制作、共享大量数据，包括大量新闻网页、知识分享社区、社交媒体、公开论文库等。研究人员对于“共享”“开源”也有了新的认识，以前收藏在自己硬盘中的数据被共享出来，研究成果也越来越基于公开的数据集。这些都促进了数据的快速积累。

另外，计算机的性能在这一时期也有了长足进步。摩尔定律指出，集成电路上可容纳的晶体管数目，每隔约两年便会增加一倍。虽然只是一个经验预测，但近几十年的发展证明这一规律基本上是成立的。集成电路规模的增加直接推动了计算机速度的提升和内存容量的增加，进而为人工智能的发展提供了强大的计算资源。一些过去难以实现的人工智能算法变得可行，特别是以神经网络为代表的那些依赖大量数据才能完成训练的机器学习系统。

2）机器学习方法

机器学习是指让机器从数据中自主学习知识和规律的方法。图灵在《智能机器》一文中就曾提出让机器自主学习是实现智能机器的根本方法；美国科学家亚瑟·塞缪尔正式提出了机器学习的概念。然而，在人工智能发展初期没有那么多的数据，计算机的处理能力和内存都不足，机器难以进行有效学习。进入20世纪90年代以后，随着数据积累和计算机硬件的进步，机器学习才真正展现出其强大潜能。在这一时期，概率统计模型和神经网络成为当时两大主流的机器学习方法。

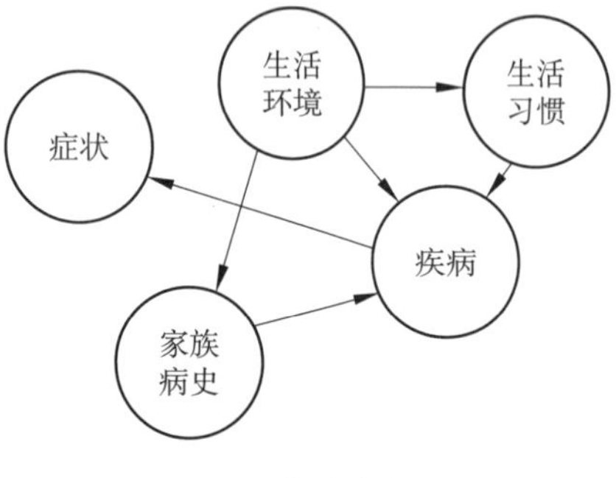

图1-40　医学诊断概率模型

概率统计模型可以认为是符号系统的扩展，和传统符号系统不同的是，它用概率来描述事件的不确定性和彼此间的关联性。例如，在医学诊断中，可以建立一个由症状、疾病、病史等各个事件组成的概率模型，如图1-40所示，并通过数据学习确定这些概率关系的具体大小。有了这一模型，可以根据症状、病史、生活环境等特征推断出最可能的疾病。

人工神经网络是另一种主要的机器学习方法。如前一节所述，人工神经网络模拟大脑的工作机制，通过将神经元互联成网络来实现功能。虽然每个神经元都很简单，但当这些神经元以复杂的方式连接在一起后，就可以实现极为复杂的功能。神经网络的研究者相信，只要网络结构足够复杂，就可以模拟任何复杂的函数，最终实现对人类智能的模型。这一思路称为“连接主义”。

与早期神经网络的研究相比，20世纪90年代以后的研究对神经网络进行了更细致的设计，并用更大量数据进行训练。与概率统计模型相比，神经网络中的节点并不对应具体事件，节点间的连接也不具有概率意义，这使它的结构更加灵活，学习能力也更加强大。然而，这一时期的数据积累还不足以支撑它的灵活结构，因此只能处于边缘地位，成为机器学习工具箱中众多工具中的一个。这一状态直到2011年深度学习革命到来之后才发生了变化。

3）代表性成就

1997年5月11日，由IBM开发的深蓝（Deep Blue）计算机战胜国际象棋世界冠军加里·卡斯帕罗夫（Garry Kasparov）（图1-41），震惊了世界。深蓝采用搜索算法寻找对自己最有利的走棋步骤，并基于其强大的计算能力和庞大的存储能力实现了超过人类顶尖棋手的思考能力。深蓝的胜利具有标志性意义，表明在规则明确的棋类游戏中，机器有可能超过人类顶尖棋手。这一事件引发了全球对人工智能能力的广泛讨论，激发了人们研究人工智能的热情。

图1-41　1997年IBM“深蓝”在国际象棋比赛中战胜当时的世界冠军卡斯帕罗夫

2005年，斯坦福大学开发的一台无人驾驶汽车Stanley（图1-42）在美国国防高级研究计划局（DARPA）举办的无人驾驶汽车挑战赛中赢得了第一名。这台无人驾驶汽车自动行驶了132英里（合212.43千米），穿过三条狭窄的隧道，完成了上百个急转弯，最终耗时6小时54分完成了比赛，勇夺冠军。DARPA 挑战赛激发了全球研究者对无人驾驶技术的兴趣，推动了这一领域的快速发展。

图1-42　斯坦福大学的Stanley无人驾驶汽车赢得2005年DARPA无人驾驶挑战赛

2011年，IBM开发的沃森（Watson）人工智能系统在美国电视节目《危险边缘》（*Jeopardy*!）中击败了两位人类冠军选手（图1-43）。沃森能够快速理解用自然语言提出的问题，并通过查找知识库获知答案。据IBM介绍，Watson的知识库包括Wikipedia、电子词典、小说、话剧和Gutenberg开放的免费电子书，可以同时启动数百个搜索进程寻找答案，并对答案的可信度进行评分。Watson系统极为强大，由90台服务器和2880个处理单元组成。沃森的成功展示了自然语言处理技术的巨大进步，也让人们再次震惊于人工智能的巨大潜力。

图1-43　2011年IBM沃森在“危险边缘”问答挑战赛中战胜人类选手

② 深度学习时代（2011—2020）

2011年之后的十年是深度学习全面兴起的时代。深度学习以深度神经网络（包含多个隐藏层的神经网络）为基础建模工具，通过多层神经元模拟人脑的信息处理能力，能够从大量数据中自动学习和提取高级特征，表现出了超越传统方法的优异性能。

早在1986年，反向传播算法提出已证明多层神经网络在原则上是可行的。然而，实际情况并不乐观，多层神经网络因为结构复杂，训练起来异常困难，往往达不到预想的精度。直到2006年，杰弗里·辛顿提出了一种预训练方法，才训练出了超过浅层网络的多层神经网络，开启了深度学习的新篇章。在此之后，大量学者转到这一方向，从基础理论、网络结构、训练准则、训练过程等多个角度进行了深入研究。人们发现，深度神经网络具有强大的学习能力，特别是在大数据场景下表现优异，取得了远超传统方法的性能。这一时期的典型成就包括图像识别中的突破、围棋高手AlphaGo，以及在科学领域中的扩散和融合。

1）图像识别中的突破

2012年，杰弗里·辛顿及其团队在ImageNet大规模图像识别挑战赛中首次应用深度学习技术，他们训练了一个称为AlexNet的8层卷积神经网络，将识别错误率一举降低了10%。这一突破标志着深度学习方法在计算机视觉领域的崛起。从此以后，图像识别全面进入深度学习时代，经过五年的研究，在ImageNet上的图像识别错误率降到2.25%，甚至低于人类的识别错误率（5.1%），如图1-44所示。

AlexNet的成功不仅是机器视觉领域的里程碑，也是深度学习的里程碑，极大地鼓舞了研究者的信心。不久以后，深度学习在人脸识别、语音识别、自然语言理解等各个领域跨步前进，创造了一个又一个辉煌的战果，开启了人工智能的新篇章。

2）人机对弈的新进展

2016年，谷歌旗下的 DeepMind 公司开发的 AlphaGo 围棋程序在专业比赛

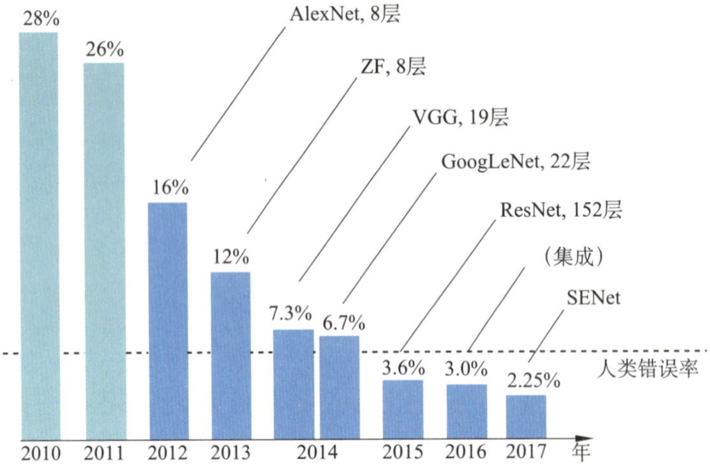

图1-44 深度学习在ImageNet上的图像识别性能

中击败了韩国棋手李世石九段(图1-45),震惊了全球。2017年,AlphaGo 再次以3 : 0战胜当时的世界冠军中国棋手柯洁九段(图1-46)。AlphaGo成功的背后是深度学习,把整个棋盘局势送入神经网络,网络从局部落子开始分析,一点点扩大到全局,从而获得由局部到整体的立体视野,形成对局势的判断和落子策略。AlphaGo首先学习了大量人类棋局,并通过自我对弈的方式自我学习,最终训练成了围棋国手。

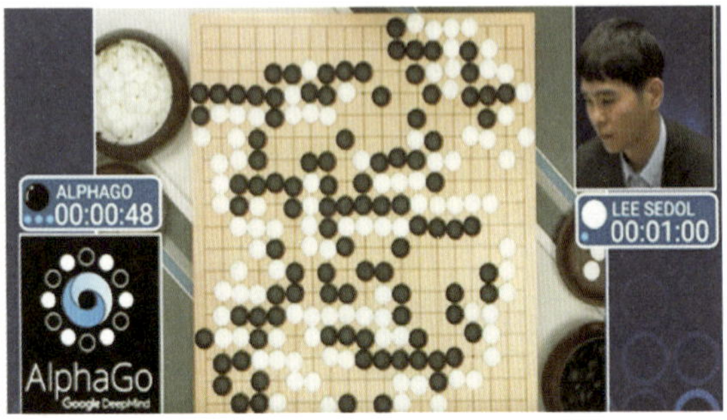

图1-45 AlphaGo对战韩国棋手李世石九段

图1-46 AlphaGo对战中国棋手柯洁九段

AlphaGo的成功让人们对人工智能的能力有了全新认知,也唤起对其潜力的极大期待。人们相信,如果人工智能在围棋这种高强度的智力活动都可以战胜人类,那么在其他领域也一样会取得惊人的成就。

3）科学领域的交叉融合

AlphaGo的成功激发了人们对人工智能的想象空间，研究者开始将深度学习方法应用到物理、材料、化学、医学、天文学、地质学、生物学等各个领域，结合深度神经网络强大的学习能力和各学科积累的知识和数据，拓展各个学科的知识边界，取得了一系列令人惊讶的成果。DeepMind的AlphaFold系统是人工智能学科融合的代表。

AlphaFold的核心功能是预测蛋白质的三维结构。蛋白质是生命活动的主要执行者，而蛋白质的功能是由其结构决定的。在AlphaFold之前，科学家们通过生化实验来解析蛋白质的结构，解析一种蛋白质往往就要花几年甚至十几年时间。AlphaFold是一个神经网络系统，通过学习大量已经得到解析的蛋白质，实现从氨基酸序列到蛋白质结构的预测。突破发生在2020年AlphaFold的第二个版本，AlphaFold2的预测误差降低到一个原子大小。这项技术彻底改变了分子生物学研究，以往需要花费大量资金和时间才能完成的工作，现在只需要在计算机前等上几分钟就能得到结果。2024年5月8日，AlphaFold3 发布，不仅可以预测蛋白质结构，还可以预测离子、核酸和蛋白质等生物分子相互作用的结果，如图1-47所示，为理解生命过程和研制新药打开了新的大门。

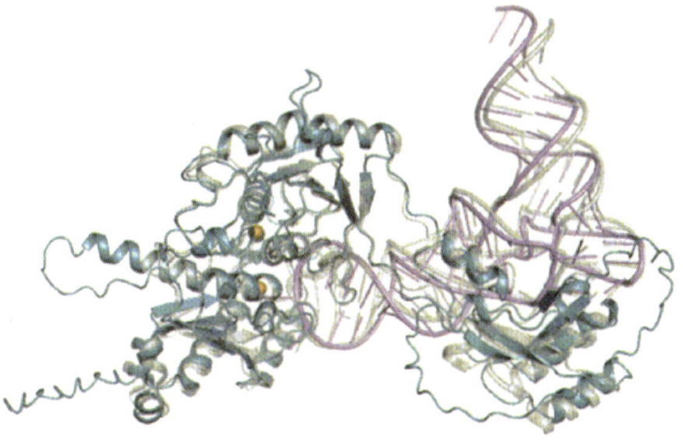

图1-47 AlphaFold3 预测生物分子相互作用得到的反应物的空间结构

注：图中蓝色部分是蛋白质分子，粉红色部分是核酸子，黄色小球是离子，灰色部分是实验得到的结果，彩色部分是AlphaFold3预测的结果。

2024年，AlphaFold主要研究人员、DeepMind公司的德米斯·哈萨比斯（Demis Hassabis）和约翰·M. 朱珀（John M. Jumper）获诺贝尔化学奖，可谓实至名归。

③ 大模型时代（2020 年至今）

进入21世纪的第二个十年，人工智能又迎来了另一次历史性突破。这一突破的基础依然是深度学习，不同的是，这次研究者利用神经网络学习到了数据中的顺序性。顺序性是自然界的基础规律，一句话、一张图片、一段视频，它们都是有顺序的。句子中的顺序性体现了人类语言的内部结构和表达逻辑，图片和视频中的顺序性体现了自然界的物理规律。研究者很早就知道学习顺序性的重要意义，但一直没有找到一种合适的模型。

2017年，谷歌的研究者提出一种称为Transformer的神经网络架构，可以对长序列进行学习。2018年，OpenAI的研究者基于Transformer提出了一种称为GPT（generative pretrained transformer）预训练语言模型，这一模型可以通过很长的历史信息预测这一个词。GPT模型用40GB文本数据训练，参数达1.17亿，历史信息包括512个Token（每个英文单词依长度不同包含1～3个Token）。因为模型体积和训练数据都很庞大，人们形象地称之为大语言模型（LLM）。人们很快发现这种大语言模型具有强大的语言理解能力和生成能力，不仅可以和人顺畅地聊天，还可以写小说、做翻译、提出建议、润色论文等，表现出强大的智能。2022年年底，OpenAI发布了ChatGPT为商用名的GPT-3.5版本，其强大的能力引起轰动，两个月内注册用户达到1亿。

图1-48 GPT-3.5生成的“会飞的房子”

我：你是个科学家，写一个50字的短文，描述一个会飞的房子。

LLM：在高效能源与反重力技术的驱动下，会飞的房子悬浮于空中，自主航行。它们配备智能导航系统，可避开恶劣天气，追随阳光和清新空气，让居住环境随着人类需求动态变化。

使用LLM根据此描述生成的“会飞的房子”如图1-48所示。

此后，众多研究机构和商业公司加入大模型研究，人工智能进入大模型时代，智能水平迅速提高。例如，OpenAI在2024年9月发布的OpenAI o1在推理能力上有了大幅提高，在物理、化学、生物等学科测评中达到了博士生水平。2025年，DeepSeek AI发布的DeepSeek R1系统达到o1的推理水平，而且开源了模型。

除了在理解和生成人类语言方面取得惊人进展，深度学习还在图像和视频生成领域取得巨大成功。2021年，OpenAI发布DALL·E，可以生成逼真、高清的图片；2024年2月，OpenAI发布Sora，可以生成长达1分钟的高清视频，其逼真效果令人震惊。类似的技术也可以生成音乐。例如，2023年谷歌提出了一种MusicLM模型，在学习了20万～30万小时的人类音乐后，可以生成流畅的乐曲。近年来，一款称为Suno的音乐生成软件甚至可以为歌词谱曲，并用人声演唱出来。

无论是DeepSeek、GPT、DALL·E，还是Sora，都基于庞大的神经网络，因此统称为大模型。这些模型还有一个共同点，都是通过输出内容来完成任务的，因此也称为生成式人工智能。目前，研究者正试图将文本、音频、图像等多种信息交由一个统一的模型处理，这种模型称为多模态大模型。如OpenAI在2024年4月发布的GPT-4o就是个集视、听、读、写为一身的多模态大模型，这种模型可以和人通过语音、视频等方式自由交流，就像一个聪明的朋友，什么问题都可以向它请教。

小结

人工智能技术近十年来取得了飞速发展，这一进步可以归因于三个主要因素：海量数据的积累、强大的计算能力和深度学习算法。这三个因素共同推动了当前的人工智能技术革命。

海量数据的积累：数据是现代人工智能的基础。没有大量的数据作为支撑，人工智能就失去了学习的知识源头。现代社会的数据量呈爆炸式增长，从社交媒体、电子商务、传感器到医学成像和天文学观测，数据无处不在。这些海量数据为人工智能提供了丰富的训练素材，帮助机器学习模型不断学习和优化。

强大的计算能力：强大的计算能力能够让机器处理和学习大量数据。随着科技的进步，计算机芯片性能不断提升，为人工智能的发展提供了有力支持。特别是高性能图形处理单元(graphics processing unit，GPU)的出现，特别适合以神经网络为主干的现代人工智能模型，极大地推动了人工智能的进步。

深度学习算法：深度学习是现代人工智能的核心技术。深度神经网络具有强大的学习能力，只要计算资源足够，就可以从大量数据中学习到人们还没有发现的新规律、新方案，这是当前人工智能迅猛发展的根本原因。

当前人工智能技术还在快速发展中，没有人能精确预测它在下一个五年会发展成什么样子。不过有些事情是可以确定的：首先，它将以通用智能体的形态逐渐渗透到我们生活的方方面面，不管是学习还是工作；其次，它将在很多领域带来深刻变革，特别是在基础科学领域，将会带来一系列颠覆性的变革。让我们拭目以待。

1.9 人工智能伦理：近期风险

学习目标

(1)掌握人工智能带来的近期风险，了解数据安全、信息伪造、AI依赖及就业冲击等现实问题。

(2)理解数据安全面临的诸多挑战，包括人脸识别隐患、大数据杀熟、隐私泄露和非法数据采集等问题。

(3)了解深度伪造(DeepFake)技术的威胁，探讨其潜在风险及应对措施。

(4)探讨AI依赖问题，分析教育、科研等领域过度依赖AI可能带来的负面影响。

(5)认识人工智能对就业市场的冲击，理解岗位替代与创造的趋势，并思考应对策略。

人工智能技术正加速渗透到我们生活的方方面面，对人类社会带来了颠覆性的影响。这些影响绝大部分是正面的，但也带来潜在的风险。特别是随着人工智能技术的进步，逼近甚至超过人类智能水平的智能机器必然会出现在我们身边，如何处理人与人工智能的关系，建设智能时代的伦理体系，需要认真研究。总体上看，人工智能引发的风险可以分为两种：一种是已经显现出来的、现实的风险；另一种是还没有到来，但可能会带来长远影响的远期风险。本节集中讨论人工智能的近期风险。

① 数据安全

现代人工智能的广泛应用离不开对数据的采集与分析，但也因此带来对数据安全方面的担忧。人工智能系统随时随地在采集我们的个人信息，从网站浏览历史到网店购物交易记录，从刷脸支付到语音通话。一些应用在不通知用户的情况下采集用户信息，导致个人信息有被滥用的风险。这些汇聚起来的海量数据如果保管不善，可能会集中泄露，带来严重的后果。

以人脸识别技术（图1-49）为例，大量应用程序使用人脸进行身份认证，如果这些信息被非法采集，就有可能被用于非法用途。例如人脸信息可能被不法分子用来进行仿冒攻击，闯入用户私人场所或盗取银行账号，造成安全隐患和财产损失。鉴于这些问题，很多国家和地区已经明令禁止人脸识别技术的随意使用。在我国，很多城市的酒店已经取消了“强制刷脸”的要求，防止用户隐私泄露。一些地区对商场、超市安装监控摄像头也做出了更为严格的规定，防止不必要的人脸扫描。

图1-49　人脸识别技术

再如一些在线商城利用收集到的交易数据对用户的购买习惯进行分析，对黏性较强的用户提高商品价格，利用大数据来“杀熟”。这种行为涉嫌非公平交易和价格欺诈。例如有记者发现某平台预订酒店时，对经常旅行的“黄金会员”显示的价格明显高出普通用户。

另外，一些应用和网站会通过第三方追踪技术（如Cookies、广告标识符）共享用户行为数据。因此，当用户在电商平台搜索“运动鞋”后，短视频平台就会推荐与运动鞋相关的视频或广告。一般来说，使用个人的身份和行为信息需要用户的授权，但很多人对技术不了解、不知情的情况下盲目授权，产生隐私泄露问题。

最后，一些人工智能公司为了训练自己的模型和系统，在没有得到用户明确授权的前提下私自收集用户数据，或强制用户授权收集用户数据。一些专门制作数据的公司在没有明确告知用户数据用途的前提下违法收集数据（如人脸或声音），或利用信息差欺骗用户同意采集数据。这些都是侵犯用户数据所有权和隐私权的行为。

为规范数据的采集和使用，我国于2021年颁布《中华人民共和国数据安全法》，明确提出：“任何组织、个人收集数据，应当采取合法、正当的方式，不得窃取或者以其他非法方式获取数据。”这为数据的合规使用提供了法律标准。

② 信息伪造

信息伪造是另一种现实风险。人工智能技术可以轻松地改变视频中的人脸和声音，生成高度逼真的伪造视频。这一技术通常称为DeepFake，中文翻译为“深度伪造”。人工智能伪造的视频不仅可能被不法分子用作诈骗工具，还可能被用于散布谣言，影响社会稳定。

新华网 手机版 PC版本 网站无障碍

首页 学习进行时 高层 时政

多地现“变脸”诈骗案：一段段逼真的视频竟是伪造的……

2022-04-13 16:52:13 来源：新华网

新华社北京4月13日电 题：多地现“变脸”诈骗案：一段段逼真的视频竟是伪造的……

图1-50　AI换脸诈骗报道

2022年，新华网报道了一位陈姓先生来到浙江省温州市公安局瓯海分局仙岩派出所报案，称自己被“好友”骗了近5万元。经过警方核实，骗子采用了AI换脸技术，利用陈先生好友之前在社交平台上发布的视频，截取了其面部画面用于“换脸”，从而对陈先生进行了诈骗（图1-50）。

2024年2月，香港媒体报道了一桩涉嫌2亿港元的AI诈骗案。报案人为一家跨国公司香港分公司的职员，称收到英国总部的信息，要求通过视频会议讨论转账交易。会议邀请了该公司多名财务职员进行多人视频会议。由于所有人在会议内均显示了与现实相同的容貌，该职员不疑有诈，前后转账15次，合计2亿港元。事后才知道视频会议中的所有人员皆为“AI换脸”生成的。

针对伪造视频泛滥的问题，各国都在加强立法监管。例如，2023年7月4日，法国参议院投票通过“数字空间安全与监管法案”框架下关于“深度伪造”的修正案：“未经某人同意，发布通过算法处理、生成、复制其形象或话语的视频或音频内容，将被处以一年监禁和1.5万欧元罚款，如通过社交网络传播，将适用加重处罚情节。”

在我国，2023年1月施行的《互联网信息服务深度合成管理规定》明确提出，“任何组织和个人不得利用深度合成服务制作、复制、发布、传播法律、行政法规禁止的信息”“可能导致公众混淆或者误认的，应当在生成或者编辑的信息内容的合理位置、区域进行显著标识”，等等。

③ AI 依赖

随着人工智能的功能越来越强大，人们对它的依赖也越来越强。文秘人员用AI写文书，翻译员用AI辅助翻译，教育工作者用AI设计教学资料，科研人员用AI润色论文，中小学生用AI解答数学题。然而，过度依赖AI可能引发严重后果。

例如在教育领域，AI可以辅助学生解题，相当于有了一个时刻陪伴在身边的老师。但如果学生把所有作业都交给AI，自己的能力得不到提升，反而会影响学生的成长。教师可以用AI来帮自己设计课程，但如果全让AI来设计，自己的主动性和创造性无法发挥，就无法成长为一名优秀的教师。

在科学研究领域，科研人员可以让AI帮自己思考解决方案、帮自己润色论文，但如果让AI在其中承担过多角色，会影响科研人员创新能力的养成，无法锻炼出真正的科研能力。还有的科研人员甚至用AI审稿，引发了对学术公平性的担忧。

更让人忧虑的是，目前的人工智能还不完美，特别是在回答一些事实性问题时经常出错。如果完全相信它的生成结果，会造成非常严重的后果。例如，目前一些学校引入人工智能助教，让人工智能代替教师为学生答疑解惑。但是，如果AI生成的答案是错误的，就会产生误导。再如，一些研究者利用AI大段生成论文和图书内容，不做仔细核查，快速发表，可能会污染人类的知识源头。这些被污染的内容如果被AI再次用于训练，就会形成恶性循环。

为了解决这一问题，《自然·机器智能》杂志在2024年11月的一篇文章中提出了出版界对AI生成内容的署名原则。该原则包括三方面：①人类作者需要对AI生成的内容负责；②人类作者需要有足够的贡献；③人类作者需要声明AI在科研各个环节中的贡献。虽然这些原则是有价值的，但是很难保证所有作者都会认真遵守。那些投机取巧者可以利用AI低成本地生产大量垃圾内容，不仅破坏学术公平，而且破坏科学家们长期以来建立起来的学术信任。类似的情况也可能出现在新闻报道、技术讨论区、百科资源库等各个领域。如果将来我们所读到的大部分内容都是AI生成的，都是不可信的，那后果将是灾难性的。

目前，一些研究团队也在开发对AI生成内容的检测工具，如TraceGPT、WinstonAI、Hive、GPTZero。2023年12月，《国际教育诚信期刊》发表了一篇文章，作者测试了12种开源的检测工具和2种商业检测工具。结果发现，这些工具在学术论文检测方面既不精确也不可靠，而且有很强的漏判倾向。

④ 抢占工作岗位

目前，人工智能在很多领域对人类的就业形成压力。比较有代表性的是汽车驾驶员、翻译、会计、演员、播音员、影视制作者、律师。美国高盛公司研究报告表明，人工智能将对美国和欧洲2/3的工作岗位造成影响，其中46%的行政工作和44%的法律工作可以被人工智能所替代。

如何看待AI取代人类的工作岗位呢？首先要认清，任何技术进步都会取代人类的某些岗位，例如英国工业革命中出现的珍妮纺纱机让大量纺纱女工失去了工作，汽车的出现让人力车夫走进历史。人工智能会取代一部分工作岗位，这是个必然的趋势。最让人焦虑的是，本次人工智能浪潮取代的岗位更具有专业性。例如翻译和律师，这些都是需要经过长期专业训练才能胜任的岗位，现在这些岗位也被取代了。再如画画和作曲，从传统眼光来看，这是非常具有创造性的工作，只有天赋极高的人才能胜任，但是现在人工智能也可以生成有美感的画作和流畅的音乐了。

人工智能不仅在这些专业领域里比肩人类，在科学研究领域也正在让科学家们感到压力。科学研究是一件高智商的工作，科学家是人类真正的头脑精英。一名成熟的科研人员需要经过层层筛选，并经过大量的学术训练。就是这批人现在也面临被人工智能取代的危机。2023年12月，加州大学伯克利分校和DeepMind的研究人员在《自然》杂志发表了一篇论文，报告了一个称为A-Lab的自动实验室（图1-51）。这个神奇的实验室里没有人参与，所有工作都由机器完成，包括设计实验步骤、操作实验器械和材料、检查实验结果和改进实验方案。研究人员只需要告诉它实验的目的，之后等待实验结果就可以了。A-Lab之所以这么强大，是因为它背后有一个称为GNoME 的人工智能系统，可以自动规划实验步骤，监控实验过程，分析实验结果，改进实验方案，直到得到预期的结果。与人相比，机器不会疲劳，不会疏忽，甚至不怕毒性、放射性等危险，而且可以多台机器同步工作，成倍地提高效率。可以预见，以后大量科学研究工作都会被人工智能和自动机器人取代。

图1-51　自动实验室A-Lab

未来人类还要失去哪些工作岗位，目前还很难判断。高盛的报告表明，在美国，清洁工、维修工、护理工这些服务工种目前还是安全的，反而是行政人员、律师这些白领工作更危险。但是，这也只是当今的状态，未来人工智能必然会更加强大，更多岗位被它所取代也是必然趋势。

从整个人类社会来说，这种岗位替代并不是一件坏事，这会让人们的生活的质量更高。但是对于个人来说，失去工作会让生活变得困难。我们应该对这一变化有足够的心理准备，并及时调整职业规划，选择更具有创造性的行业。从政策层面来看，应该及时调整产业方向和收入分配模式，让人工智能的红利可以惠及全体公民。

小结

本节讨论了人工智能的近期风险，包括数据安全、信息伪造、AI依赖、对人类工作的威胁等。这些问题是人工智能快速发展过程中产生的负面影响，如果不加以重视，将成为整个社会无法承受之重。同时，也要清楚地认识到，这些问题要在发展中进行解决，而不是对人工智能进行限制。历史上曾经有人担心蒸汽机的发展会把地球烧塌、电的发展会让人不敢出门，最后证明都是杞人忧天。同样，人工智能的风险也不是绝对的，及早关注这些风险并及时采取措施，才是对抗风险的正确态度。

1.10 人工智能伦理：远期风险

学习目标

（1）掌握人工智能的远期风险，理解AI失控风险、伦理与法律挑战等未来关键问题。

（2）认识AI武器的发展现状与潜在风险，理解杀伤性自动武器引发的伦理问题。

（3）理解AI失控的可能性，掌握机器学习模型不可控性、数据偏差、不可解释性等因素带来的安全隐患。

（4）理解AI对社会伦理、法律带来的挑战，分析无人驾驶事故责任认定、AI作品版权归属等问题。

（5）思考人与AI的未来关系，理解“机器人三定律”的伦理内涵，并探讨人工智能的主体性问题。

本节讨论人工智能的远期风险，即目前看还不算严峻，但随着人工智能技术的进一步发展，有可能对人类社会带来严重破坏或深远影响的潜在因素。我们将聚焦人工智能攻击人类和道德法律重构两个方面。

① 失控风险

人工智能越来越强大，发展人工智能是否会有失控的风险？我们从人工智能用于武器开始讨论。

1）人工智能武器

人工智能武器是利用人工智能技术驱动的无人作战系统，包括无人机、无人坦克、无人艇、自动防御系统等。

人工智能已经被应用在无人武器上，用来辅助甚至代替人类操控武器。例如，美国2020年8月举办的AlphaDogfight一场模拟军事对抗中，人工智能系统操纵F-16战机模拟器，以5∶0的战绩完胜具有丰富经验的人类战机飞行员。

2021年，联合国安理会利比亚专家组报告了一起无人机自主攻击人类的事件。报告称2020年3月，一台名称为Kargu-2的四足无人机的智能控制系统在没有得到人类明确指令的前提下自主开火。这可能是历史上第一次机器主动攻击人类的事件。这种不需人类指令即可主动攻击人类目标的机器称为杀伤性自动武器（lethal automated weapon, LAW），或形象地称为杀手机器人（killer robot）。

到目前为止，全自动自主作战的机器人还没有在战场上出现，但将当前半自动的人工智能武器改装成全自动人工智能武器并不困难。如果哪一天这类武器大规模出现，将给人类带来巨大灾难。

2）人工智能的失控风险

科学家们对人工智能武器的担心主要是人工智能的不可控性。人工智能武器杀伤力大，但只要可以被操作者所控制，至少不会造成毁灭性后果。以原子弹为例，原子弹的杀伤力很大，但自从第二次世界大战结束后从没有在战场上出现过。这是因为人们知道了它的威力，所有人都不会轻言动用核武器。同时，只要人不下指令，核武器再危险也不会造成伤害。人工智能武器则不同，因为人工智能具有不可控性。例如，操作员给无人机的命令是攻击敌方坦克，但它可能把己方设施错认成目标并发动攻击。随着技术的发展，这种出错的可能性会降低，但风险会一直存在。我们讨论一下这种不可控性的来源。

首先，人工智能的不可控性来源于机器学习模型的过度灵活。我们人类的思维过程和行为方式要受到生物体结构和功能的限制。例如我们的脑容量是有限的，无法把所有事情都记住，因此只能选择性记忆；我们的眼睛看到的图像在解析度上是有限的，难以关注到局部细节；我们能思考的问题在复杂度上也是有限的，无法处理太过复杂的问题。在这些基础约束之下，经过长期的自然选择，慢慢形成了我们今天的思维和行为规律。反观人工智能却没有这些限制；它用计算来模拟人类大脑的思考过程，不受生物约束的限制，因此可以发现与人类完全不同的解决方案。AlphaGoZero就是一个典型的例子。它没有学习任何人类棋谱，完全靠自我对弈学出了可以战胜人类的棋艺。

这些自主学习出来的新方法可以让机器突破人类的固有模式，从而更高效地完成目标。然而，这些“创新”也带来了隐患，因为我们并不知道这些创新方案是否与人类的价值观相同，也不知道它们是否会对人类造成伤害。例如，一台机器人的目标是快速到达某个地点，为了完成这个目标，它可能会选择直接穿过一片麦田，从而破坏农作物的生长。再如，一个操作股票的AI，人类为它设定的目标是在市场上获得最大利润。为了实现这个目标，它可能会用更精巧的方式操纵股市，例如和其他AI形成默契，一起攫取财富，扰乱金融体系。

其次，人工智能的不可控性来源于模型的不可解释性。当前人工智能的主流方法基于大规模神经网络模型，往往包含数十亿甚至上百亿个神经元。这样一个复杂的网络，哪怕是我们对其内部信息传递过程一清二楚，也很难理解它的最终决策。这意味着一个人工智能系统，即便我们知道它的所有工作过程，也难以理解它所选择的行为方式。因此，我们无法预测它可能做出的反常举动，即便发现了反常举动也不知道如何解决。

最后，人工智能的不可控性来源于数据偏差。人工智能模型需要大量数据进行训练。随着数据规模越来越大，对数据进行一一核查已经不可能了，人们只能相信数据是合理的。如果这些数据中包含某些错误信息或危险信息，被人工智能系统学习之后就会产生潜在风险。这些风险被隐藏在上千亿的神经元连接中，人无法察觉，平时也不会出现。然而，如果这些风险在一些关键场合暴露出来（如战场上），就可能带来重大损失。

另一种数据偏差出现在智能体的持续学习中。一个智能系统在部署时可能是风险比较小的，但如果在持续学习过程中被恶意引导，就可能会做出危险行为。2016年，美国微软公司推出的人工智能聊天机器人Tay在上线不到一天后就被紧急下架，原因就是被一些用户恶意“调教”后开始发表一些不当言论。Tay只是一个软件机器人，如果是一个可以与人交互的硬件机器人，被教坏的后果可能会很严重。

随着技术的发展，人工智能出错的可能性会降低，但风险会一直存在，而且会越来越隐蔽。我们无法看透人工智能，也无法保证它的行为完全符合预期。

3）如何可控地发展人工智能

越来越多的科学家对人工智能的失控风险提出了警告。2024年5月，深度学习的领军人物约书亚·本吉奥和杰弗里·辛顿等科学家在《科学》杂志发表文章，表达了对人工智能风险的担心。文章称：“人工智能能力和自主性的提升可能很快会大幅放大其影响，同时带来一系列风险，包括大规模的社会危害、恶意使用，以及人类控制能力的不可逆转丧失。”文章还提出了避免人工智能失控的若干方法，包括检查人工智能的价值观，看它是否与人类相同；人工智能系统上线前严格评价社会风险；防患于未然，为人工智能失控做好预案。

② 伦理冲击

1）无人驾驶汽车责任归属问题

无人驾驶汽车发生撞车事故后的责任判定涉及多个潜在责任方，包括制造商、软件开发商、车主、其他道路使用者和基础设施管理方。目前，各国对这一问题的法律框架尚在发展中，各国对事故中的责任归属也没有达成共识。

例如，2018年，Uber公司一辆测试中的自动驾驶汽车在美国亚利桑那州撞死了一名行人。这起事故引发了广泛的讨论，最终确定为Uber公司和安全驾驶员的责任。这一判决的理由是汽车未能正确识别行人，并且安全驾驶员未能及时接管控制。特斯拉汽车公司的Autopilot系统也发生过多起事故，在这些案例中，特斯拉汽车公司强调系统仅为辅助驾驶，要求驾驶员随时保持对车辆的控制，因此事故责任通常会涉及驾驶员是否遵守了使用指南。然而，随着特斯拉汽车公司推出全自动驾驶车辆，如何处理事故责任归属问题，又变成了一个棘手的问题。

2）人工智能作品版权问题

人工智能作品版权应该归谁？这也是一个需要认真讨论的问题。大模型的能力本质上来源于它所学习的各种数据，包括书籍、论文、网页新闻、网上讨论区、知识网站等。但大模型所生成的内容并不是这些数据源的简单整合，而是经过深入学习后的再创作，这与我们读了大量书籍之后拥有了知识，可以创作自己的作品是一样的性质。从这个角度看，人工智能是有一定的原创能力的。然而，从责任角度看，人工智能是没有责任主体的，出了错误无法承担责任。因此，目前所有学术刊物都不承认人工智能的作者身份。

那么，人工智能创作的成果应该归属谁呢？不同国家的司法实践各不相同。在美国，某人用人工智能创作的作品并不认为其拥有版权。例如，美国游戏设计师杰森·艾伦（Jason Allen）使用人工智能创作了一幅名为*Théâtre D'opéra Spatial*的画作（图1-52），并在比赛中获奖。然而，美国版权局认为人工智能做了主要工作，杰森·艾伦不应拥有该作品的版权。在我国也有类似的案例，但版权部门倾

图1-52　杰森·艾伦的人工智能作品

向于认可人工智能使用者的创造性工作，允许作者拥有版权。

类似的争议还在继续。问题的关键在于，随着人工智能越来越强大，人工智能工具的使用越来越容易，人在其中的贡献会越来越少，人工智能使用者对版权的主张将越来越缺少理由。此时，AI作品的归属问题就会越来越尖锐。

3）人与人工智能的伦理关系问题

不论是自动驾驶汽车撞人的责任归属，还是AI作品的版权之争，都触及一个根本问题——人工智能是否拥有主体性。如果人工智能拥有主体性，那么它就应该承担责任，相应地它也应享有权利。

然而，承认人工智能的主体性将从根本上重新定义人与人工智能之间的伦理关系。在传统的认知中，人工智能不论多么强大，都是人类的工具，是人类创造出来的附属品。这一原则集中体现为美国科幻小说作家艾萨克·阿西莫夫的“机器人三定律”。

第一定律：机器人不得伤害人类个体，或因不作为使人类个体受到伤害（保护）。

第二定律：机器人必须服从人类的命令，但前提是这些命令不与第一定律相抵触（服从）。

第三定律：在不违反第一定律和第二定律的情况下，机器人必须保护自身的存在（生存）。

机器人三定律本质上定义了机器与人类之间的从属关系，即机器是人类的下属，机器只能为人类服务，类似主仆之间的关系。然而，随着近年来人工智能技术的飞速发展，机器的智能与人类越来越接近，甚至有可能超过人类，即所谓的超级人工智能。超级人工智能的出现未必会对人类造成伤害，机器也未必会主张其自主性。然而，正如自动驾驶的归责和人工智能版权问题所反映出来的矛盾，人类自身不得不重新思考机器的主体地位问题，因为人类无法为自己难以控制的机器承担责任，也不应该窃取机器的劳动成果。这不是机器与人类之间的公平性问题，而是人与人之间的公平性的问题。因此，在强大的人工智能面前如何定义人类与机器的社会地位，是未来智能社会的基础性问题。

小结

本节讨论了人工智能的两种远期风险。

（1）失控风险。当前人工智能是以大规模神经网络为基础，其行为缺少可解释性，也难以控制。随着人工智能越来越强大，一旦它做出难以预期的行为，有可能给人类带来灾难。

（2）对社会伦理的冲击。与以往的所有工具不同，人工智能具有一定的自主性，而且这种自主性的表现会随着技术的发展越来越明显。因为这种自主性，使用者无法对其行为完全负责，相应地，AI所生成的成果也不应该完全归功于使用者。这意味着未来人工智能可能会具有一定的主体性，像我们人类个体一样，拥有一定的权利，同时也要为自己的行为承担一定的责任。然而，AI如何拥有权利、如何为自己的行为承担责任，都是悬而未决的问题。不论如何，AI的主体性问题可能是未来智能社会的一个核心问题。

第 2 单元

人工智能基础

2.1 基于知识的人工智能

学习目标

（1）理解知识与智能的关系，掌握流动智力与固定智力的概念，分析二者在智能发展中的不同作用。

（2）认识基于通用知识的人工智能方法，理解定理证明、人机对弈等问题中的推理与搜索方法，特别是启发式搜索、极小-极大算法、Alpha-Beta剪枝的原理及应用。

（3）认识基于经验知识的人工智能方法，理解产生式规则、专家系统与知识图谱的基本原理和应用场景。

（4）分析基于知识的人工智能的优势与局限性，理解该方法在知识库构建、推理效率、适用范围等方面的特点。

想象一下，如果有一个人阅读了古今中外的所有书籍、文献，他是不是会非常聪明？同样，如果把各种知识装进机器的“大脑”中，机器也会获得智能。这种方法称为“基于知识的智能”。本节将介绍这一方法的实现方案和取得的成就。

① 知识与智能

美国心理学家雷蒙德·卡特尔认为，人类的思维能力可以分为两部分：流动智力和固定智力。

流动智力指认知过程中的基础思维能力，如理解力、学习能力和解决新问题的能力等。

固定智力与知识积累相关，主要体现为利用学到的经验和知识解决问题的能力。

流动智力在成年后开始下降，但固定智力会随着年龄的增长和知识的积累而不断增长，如图2-1所示。

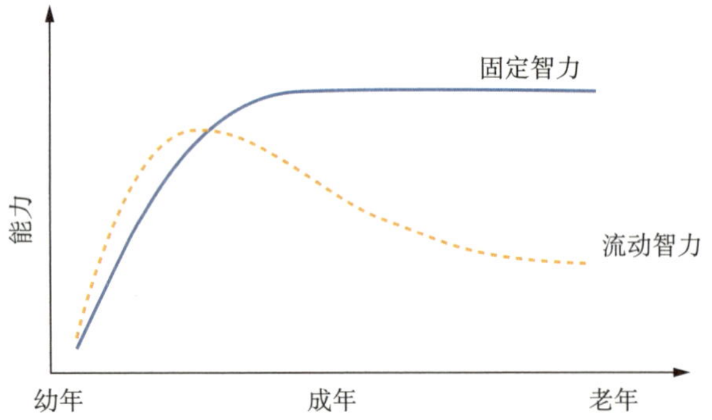

图2-1 固定智力与流动智力随年龄增长的发展趋势

流动智力与固定智力的区别告诉我们，知识在人类的智能表现中占有重要地位。人类创造出远超其他物种的文明，强大的推理能力固然是重要因素，但知识的累积更加重要。

想象一下，如果你穿越回古代，不论从事什么行业，一定会显得非常聪明。你或许会用现代医学手段给病人治病，或者发明出让人沉醉的美酒，或者利用先进的农业技术提高粮食产量。不管选择哪个行业，你都会成为那个时代的“超级明星”，这就是知识的力量。

那么，应该如何把知识教给机器，又教给它们什么知识呢？人们在历史上尝试过两种方案，一种称为“基于通用知识的人工智能”，另一种称为“基于经验知识的人工智能”。

② 基于通用知识的人工智能

几乎所有的学科体系（如数学、物理学等）都是基于少量基础公理或定律构建的。例如，欧几里得几何学基于5条基本公理，牛顿力学体系基于3条基本定律。将这些公理或定律作为通用知识，通过有限的推理规则就可以衍生出大量新知识，从而构建出庞大的知识体系。这正是人工智能发展之初所采取的方案：把通用知识教给机器，再让机器通过推理解决问题。这种方法称为“基于通用知识的人工智能”，典型成果包括定理证明、人机对弈等。

1）定理证明

艾伦·纽厄尔和赫伯特·西蒙的“逻辑理论家”程序是首个通用的自动定理证明系统。这一程序基于5条公理，证明了罗素、怀特黑德《数学原理》第二章中的52条定理的前38个。关于定理证明的相关知识，在1.6节已经介绍过，这里不再赘述。

定理证明的基本思路：从基础公理出发，利用推理规则一步步推导出新的定理，直至待证明的定理出现。

图2-2所示为一个从已知定理推论出新定理的例子。注意这里用的是三段论，或称为前提推理法。例如，“如果X是偶数→X可以被2整除”为真，“4是偶数”也为真，则“4可被2整除”为真。

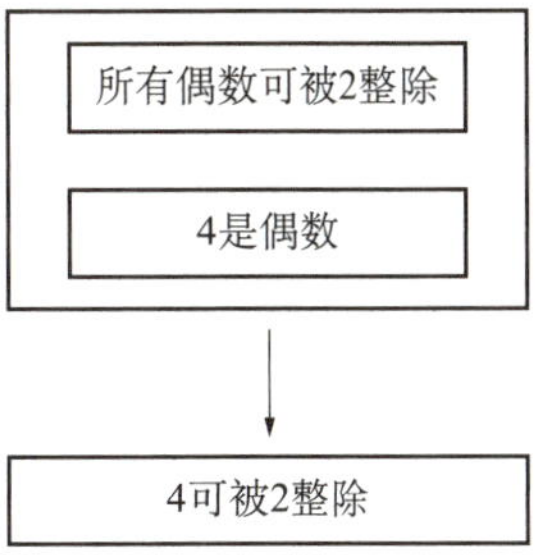

图2-2 一个从已知定理推论出新定理的例子

定理证明本质上是一个搜索过程，搜索起点为已知定理和事实，目标为待证明定理。这一搜索过程往往非常耗时，就像我们在证明数学题时所感受到的那样，需要考虑各种可能的思路，每种思路都是一条搜索路径。

为了加速证明过程，研究者设计了一种称为“启发式搜索”的高效算法。这一算法首先判断哪些推理路径最有可能到达目标定理，并优先对这些路径做下一步推理。

图2-3所示为一个启发式搜索的例子。从起点A开始，寻找通往目标G的路径。为加快搜索进度，每到达一个节点后，系统都要判断下一步应扩展到哪个节点。然而，扩展后各节点（如从A扩展到B和C）到目标G的距离并不知道，因此很难精确判断往哪个节点扩展更好。启发式搜索引入了先验知识，帮助算法“估计”每个节点到目标的距离，这样就可以判断往哪个节点扩展更有效。启发式搜索是早期人工智能的重要方法。

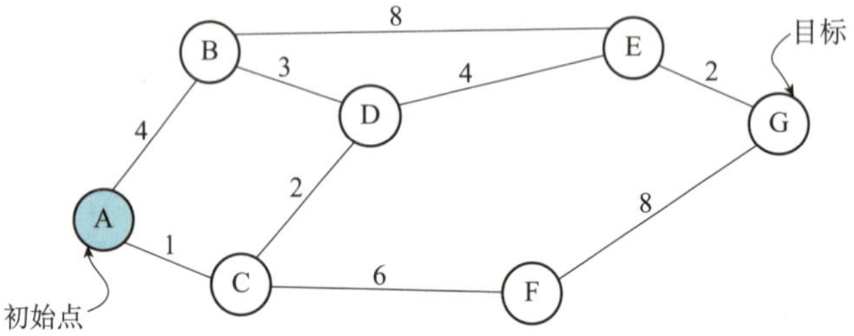

图2-3　启发式搜索示意图

启发式搜索算法如何应用于定理证明呢？首先，把定理证明中的推理状态视为节点，把“选择哪个定理/事实进行推理”视为节点扩展过程。其次，定义启发式信息，用来判断当前推理状态与目标定理的相似性。基于这些设计，就可应用启发式搜索来完成定理的证明。

需要说明的是，我们所讨论的只是非常简单、基础的前向搜索法。事实上，研究者在探索的过程中开发了多种证明方法，例如从目标开始的反向搜索法，以“反证法”为基础思路的归结法等。

2）人机对弈

人机对弈是早期人工智能的另一项主要成就，包括图灵、香农、麦卡锡在内的多位学者都曾做出重要贡献。

人机对弈的一个主要算法是“极小-极大算法”，如图2-4所示，其思路是选择当对方作出最佳应对时（即对方让己方的分值最小），己方所能做的最好应对（即自己让己方的分值最大）。简单地说，是在绝不轻视对手的前提下走哪一步

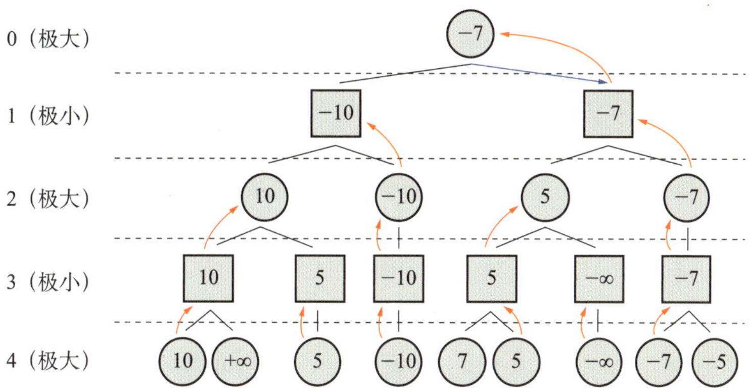

图2-4　极小-极大算法示意图

注：图中最顶端是当前状态，往下一步是己方可选的走法，再往下是对手可选的走法……以此类推，直到最下方的叶子节点。到叶子节点后，可以看到当时棋局的得分，得分越高，对己方越有利。从叶子节点往上回溯，为非叶子节点的棋局打分，规则如下：在己方走棋时，选择该节点的所有子节点的最大分值，表示己方已经选择了最佳应对；在对方走棋时，选择该节点的所有子节点的最小分值，表示对方也采取了最佳步骤。上溯到最顶端的根节点时，就可以判断走哪一步棋会在“不轻视对手”的前提下对自己最有利。

棋对自己最有利。

在此基础上，麦卡锡等提出了Alpha-Beta剪枝算法。如图2-5所示，这一算法是对极小-极大算法的优化，通过去除不必要的搜索节点提高算法的效率。

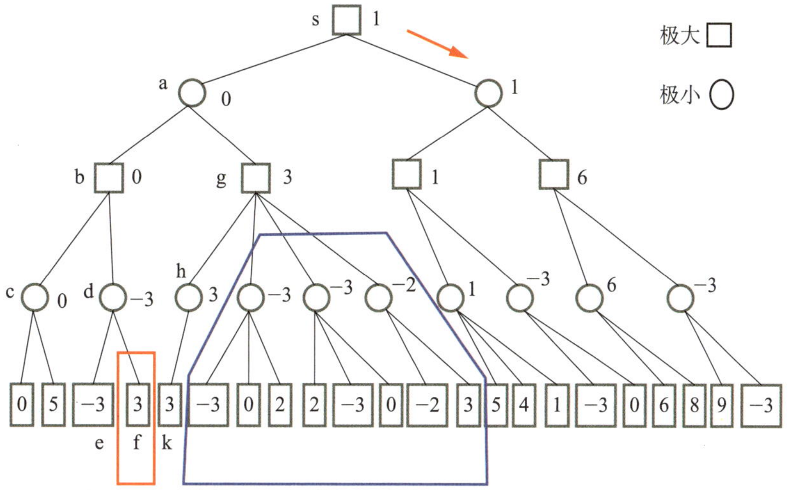

图2-5　Alpha-Beta剪枝算法示意图

注：方框节点表示己方走棋(最大化节点)，圆圈节点表示对方走棋(最小化节点)。例如，当搜索完e节点后，d节点的得分为-3，已低于b节点的0，因此f节点无需再搜索；不论f节点的值如何，d节点的最终取值只会低于-3，从而不会影响b节点的判断。同理，搜索完k节点以后，蓝色框里的节点无需再搜索。

3）通用知识的缺陷

以公理和定理表达的通用知识具有很强的普适性，是人类探索自然的成果总结。然而，这些基础知识往往过于基础，要推导出现实中的自然现象往往需要大量计算。例如，物理学家已经知道了原子的属性及原子与原子结合时的基本规律，原则上可以计算任意分子的特性。但实际情况是，利用基础物理规律只能计算非常简单的分子，稍微复杂一些的分子都超出了当前计算机的计算能力。以蛋白质分子为例，它是由很多原子组成的，结构非常复杂，虽然理论上可以精确计算出每个蛋白质分子的特性，但这种计算的复杂度非常高，基本不可能完成，如图2-6所示。

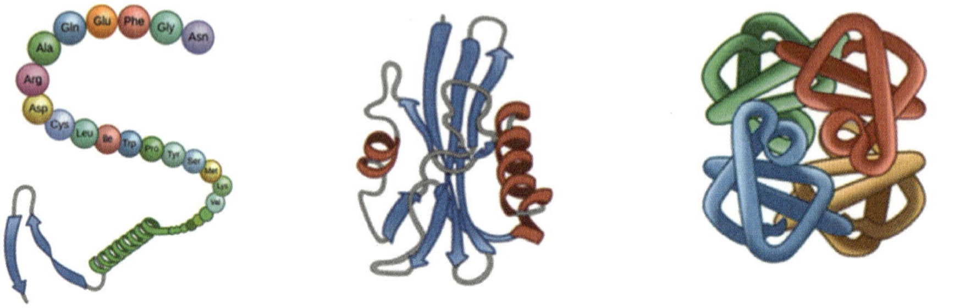

(a) 氨基酸序列（第一层结构）折叠成弹簧状的第二层结构　(b) 二级结构进一步折叠成三维结构的肽链　(c) 多个肽链互相组合，形成多肽蛋白质

图2-6　蛋白质组成

注：蛋白质是由氨基酸构成，氨基酸又由碳、氢、氧等原子组成。氨基酸在构成蛋白质时，会在空间上进行复杂的折叠。

另外，现实世界非常复杂，很多现象无法从基本规律直接推导出来。首先，除了遵循基本规律，还有很多领域相关的特殊规律；其次，不同观测尺度会产生新的规律；最后，现实世界中还包含很多复杂的不确定性。因此，单纯基于通用知识难以推导出现实世界的复杂现象。

讨论：有人试图利用牛顿运动定律直接预测天气，结果发现非常困难。想想看，为什么基于通用知识的人工智能方法在定理证明任务中会取得成功，但在天气预报这些与现实生活比较贴近的任务中却表现一般？

解释：因为定理证明是一个封闭性的任务（由已有几何公理/定理推导出衍生几何定理，都在一个框架里），同时要证明的目标离定理本身也比较接近。而在实际系统中，有很多的不确定性，且和基本公理离得比较远，是一个开放型的任务，用基础公理解决这些问题难度较大。

③ 基于经验知识的人工智能

经验知识是在基础规律之上的、在实践中获得的经验总结。例如，医生的看病经验、工人修理机器的经验、会计师进行审计核算的经验等都属于经验性知识。这些知识很难从基础规律中严格推导出来，但对解决实际问题往往更直接，因此也更有价值。

1）经验知识的表示

经验知识一般可用“如果……那么……”这样的形式表示，例如：“如果天阴且湿度大，那么会下雨”。这种知识表示方式称为“产生式规则”。

多个产生式规则连接起来，可以形成推理链条。例如，“如果天阴且湿度大，那么会下雨”“如果下雨，那么河水会暴涨”“如果河水暴涨，那么可能会淹没房屋”，如图2-7所示。因此，由“天阴且湿度大”可以推理出“房屋有可能被淹”。

图2-7　产生式规则形成的推理链条

2）专家系统

将专家所掌握的知识以特定的形式（如产生式规则）整理出来，基于这些知识，就可以模拟人类专家进行推理和决策。这种人工智能系统称为“专家系统”。

目前，人们已经研制了数千个专家系统，广泛应用于化学、数学、物理、生物、医学、农业、气象、地质勘探、军事、工程技术、法律、商业等各个领域，如图2-8所示。

(a) 1984 年的一台专家系统 LISP 机器

(b) 基于机器上部署的专家系统，工程师可以随时监控机器的状态并进行检修

图2-8　专家系统举例

专家系统由知识库和推理引擎两个主要部件组成，如图2-9所示。知识库用于存储领域知识，推理引擎用来进行推理和决策。同时，一个完善的专家系统还包括解释器、输入输出部件等，以辅助用户完成对话交流。

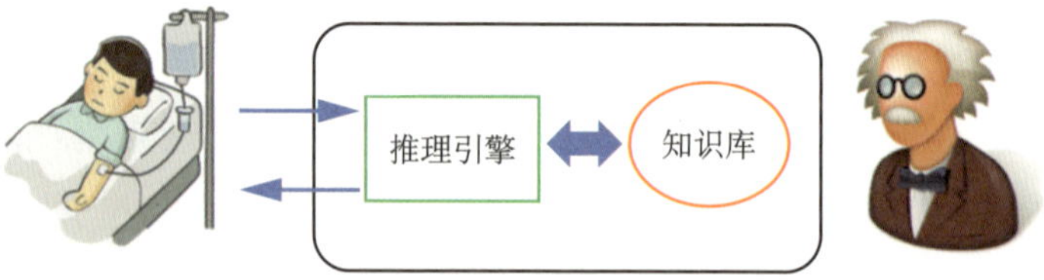

图2-9　专家系统由知识库和推理引擎组成。专家知识被收集到知识库中，这些知识用于医生的辅助诊疗

3）知识图谱

知识图谱是一种简单且高效的知识表示方法。它通过图结构将知识表示为节点和节点之间的连接，其中节点代表人物、事件等实体概念，节点之间的连接表示实体之间的关系。这种由节点和连接构成的知识表示形式称为“知识图谱”。

图2-10所示为一个知识图谱的例子，其中包含了“达·芬奇是蒙娜丽莎这幅画的作者”“蒙娜丽莎被收藏在法国卢浮宫博物馆”等知识。有了这些知识，就可以回答相关问题，例如：JAMES 住在巴黎吗？他的生日是哪天？

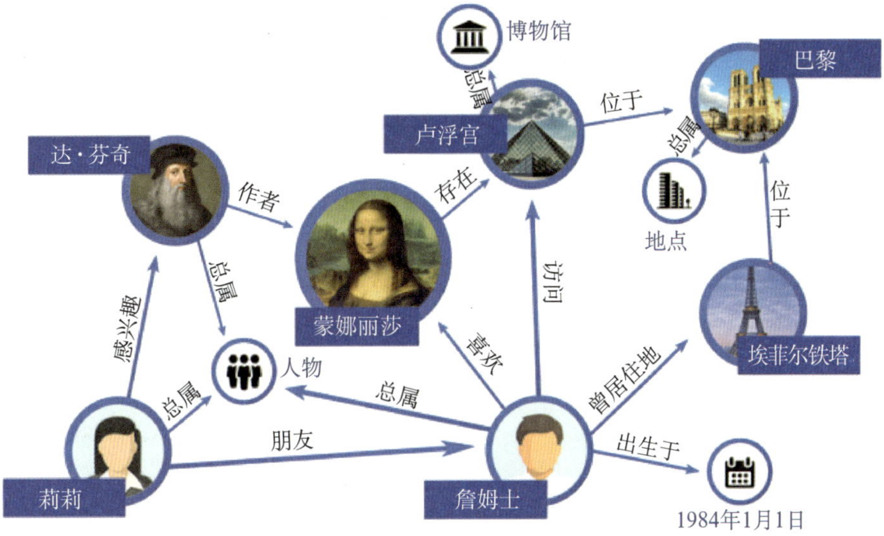

图2-10　知识图谱的例子

知识图谱的概念最早由谷歌于2012年5月17日提出，目的是构造一个用于增强搜索引擎功能的辅助知识库。基于这一知识库，可以为用户提供更精准的信息。

小结

基于知识的人工智能方法将人类知识教给计算机，计算机基于这些知识，通过推理算法对问题进行求解。基于通用知识，可以求解类似棋牌游戏、定理证明等目标明确、规则简单的任务，但难以处理现实中的复杂问题。基于经验知识，可以求解专业领域的复杂问题，在医生诊疗、新药设计等方面有广泛应用。这一方法的缺陷是知识库设计困难，维护成本昂贵。

进入21世纪以后，随着互联网的发展，数据开始慢慢积累起来，基于数据学习的人工智能方法逐渐成为主流。尽管如此，基于知识的人工智能方法依然占有非常重要的地位。特别是在那些数据稀缺的领域，没有大量数据可供学习，只能依靠人为知识。另外，在医疗、法律等需要严格控制决策风险的领域，基于知识的方法因其可解释性和可控性依然受到青睐。

2.2 基于学习的人工智能

学习目标

（1）理解机器学习的起源与发展历程，了解亚瑟·塞缪尔提出“机器学习”概念的历史背景与意义。

（2）掌握机器学习的基本思想，理解“自主学习”在人工智能发展中的优势和核心作用。

（3）掌握机器学习基本框架的五个关键要素（目标、模型、算法、数据和知识），明确每个要素在系统构建中的作用。

（4）认识数据在机器学习中的重要性，理解数据的质量、数量和场景覆盖度如何影响模型训练的效果。

（5）通过“区分苹果和橘子”案例，理解机器如何利用数据和算法进行分类，并掌握基本的学习过程。

让机器自我学习、自我成长是件令人振奋的事，也是从图灵时代就开始规划的人工智能基础方案。早在1959年，美国计算机学家亚瑟·塞缪尔就设计了一款可以自我学习的跳棋程序，并把这一新方法称为“机器学习”。然而，在很长一段时间内，因为数据资源的缺乏和计算能力的不足，机器学习一直处于人工智能的边缘，直到进入21世纪之后，随着数据的积累和计算机硬件的进步，大规模机器学习才成为可能。今天，我们看到的关于人工智能各种令人震惊的突破，都与机器学习密不可分。本节将讲述机器学习的基本框架和核心概念，并讨论机器学习如何实现接近甚至超越人类的强大智能。

① 学习的重要性

学习是人类最重要的认知活动之一，它伴随着我们的一生。从胎儿时期开始，我们的大脑就已经在进行各种学习活动。研究表明，在妊娠第30周之后，胎儿的大脑已经能够处理并记住一些信息，说明中枢神经系统已经为学习做好了准备。出生以后，我们无时无刻不在学习：从父母那里学会了说话，自己慢慢尝试学会了走路，从小朋友那里学会了折纸飞机，从老师那里学会了语文、数学等各种知识。可以说，我们的一生就是持续学习的一生。

不仅人要学习，所有动物也在学习，在学习中获得生存的本领。更有趣的是，科学家发现植物也具有学习的能力。例如，《科学报告》杂志刊载的一篇文章描述了对玉米幼苗进行“训练”的实验，如图2-11所示。研究人员在实验中始终将光源和风扇放置在同一侧，玉米幼苗逐渐学会了“有风的地方就会有光”这一知识。当研究人员移去光源，并且改变风扇的方向时，玉米幼苗按照学习到的知识，猜测到有风的方向会有光照，因此依然向着风扇的方向生长。

图2-11　植物的学习

② 机器学习

前一节我们讨论过，在人工智能发展早期占主导地位的是基于知识的智能：将人类的知识和思维方式“灌输”给机器，从而让机器具备思考能力。这就像老师把知识总结成知识点，教给学生。基于知识的方法在定理证明和专家系统等任务上取得了巨大的成功，但缺点也很明显：首先，人类总结各种知识非常烦琐，耗时耗力；其次，机器只能在人类设计好的知识框架内活动，能力受到限制，永远无法超越人类。

1959年，美国科学家亚瑟·塞缪尔正式提出了机器学习的概念，并在西洋跳棋游戏中进行了验证，如图2-12所示。在实验中，塞缪尔只告诉机器游戏的规则、走棋的大概思路和一些控制走棋方式的参数。他发现，通过调整这些参数，机器用8～10小时就能学会超过程序设计者的棋艺。

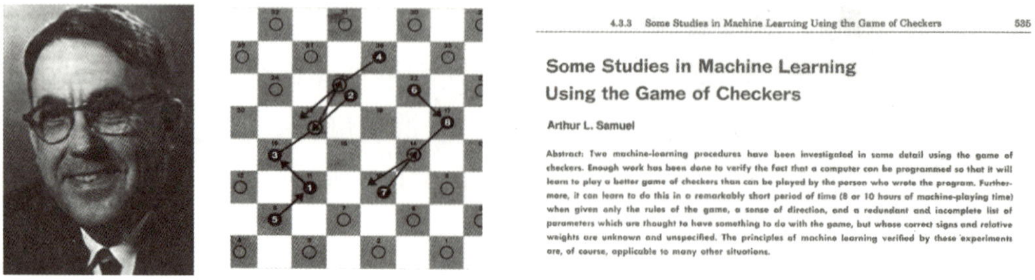

图2-12 亚瑟·塞缪尔在1959年发表的论文中介绍机器通过学习掌握下跳棋的方法

此后，机器学习得到了蓬勃发展。人们提出了贝叶斯网络、人工神经网络（图2-13）等各种模型，机器的学习能力大幅提升。特别是21世纪以来，随着数据的积累和计算机性能的提高，机器能学到的东西越来越多，越来越强大，直接引发了新一轮人工智能的浪潮。

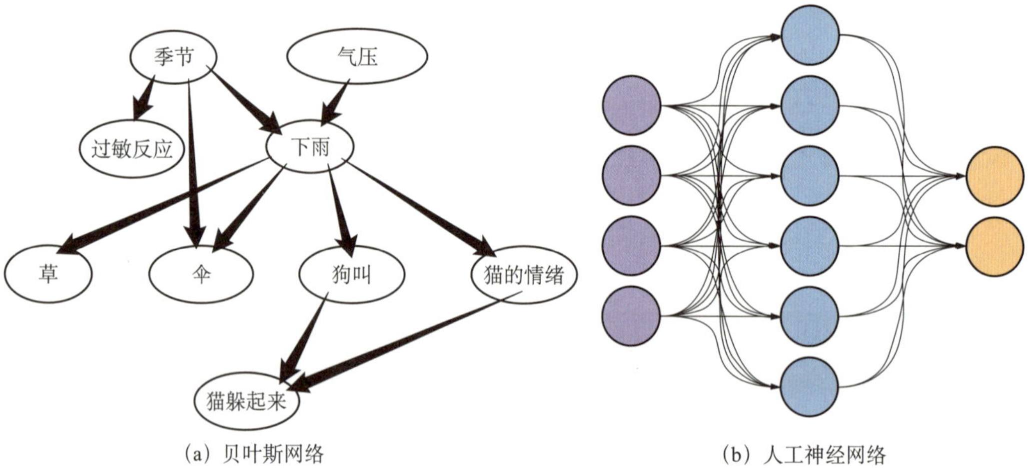

图2-13 机器学习典型模型

注：贝叶斯网络基于变量之间的概率关系进行学习，神经网络模拟人类大脑的神经系统进行学习。

③ 机器学习的基本框架

机器学习是利用恰当的算法，从数据中获得经验，对基于知识设计的初始模型进行改进，从而更有效地完成任务目标的方法。

基于知识的方法需要对机器行为的所有细节进行设计，机器学习则完全不同，它不直接指定机器该如何做，而是告诉机器要完成的目标，让机器自己学习，以获得实现目标的技能。

机器学习的基本框架包括五个部分：目标、模型、算法、数据和知识，如图2-14所示。

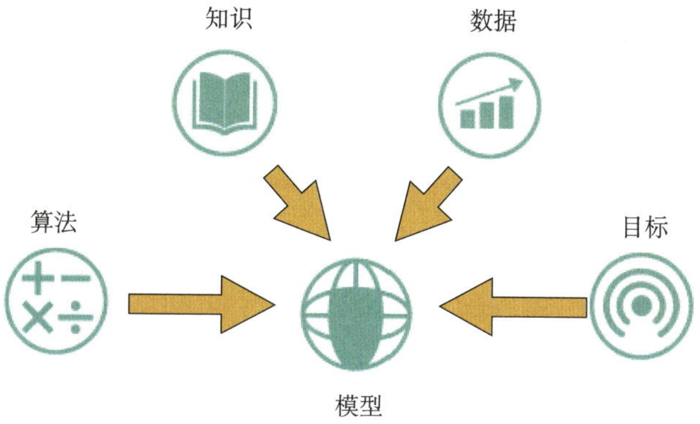

图2-14　机器学习的基本框架

1）目标

首先要确定一个目标，机器才能知道学习的方向。典型的学习目标包括：使分类更精确、使预测更合理、使生成的数据更真实等。

目标需要表示成严格的数学形式，如分类错误、预测误差等。这些数学化后的目标一般称为损失函数。损失函数越低，说明机器做得越好，完成目标的能力越出色。

例如，在分类任务中，可以观察有多少比例的样本被正确分类。显然，正确分类的比例越大越好，这个比例就是学习目标。同样，在房价预测任务中，可以观察模型的预测值和实际房价的差值有多大，这个差值的绝对值越小越好，这个差值的绝对值就是学习目标。

2）模型

学习需要一个主体，就像人学习需要大脑一样。这个主体本质上是一个可以通过学习逐渐修正更新的数据结构，从而实现对学习结果的累积。一般称学习主体为一个模型。模型可能是简单的产生式规则，也可能是贝叶斯网络或人工神经网络。

产生式规则是“如果天上有云且湿度大，那么会下雨”这样的判断句。这些产生式规则可以从数据中总结出来，它们的顺序也可以通过观察数据进行调整。贝叶斯网络中可以学习的部分是网络中节点之间的概率关系。人工神经网络中可以学习的部分是网络中不同神经元之间的连接。这些模型有各自的优点和缺点，没有任何一个模型绝对优于另一个模型，这一结论称为没有免费的午餐（no free lunch）定理。

3）算法

算法是对模型进行更新的计算程序。例如，调整一个人工神经网络中的连接权重，让它能更好地识别红绿灯，或调整贝叶斯网络中的概率函数，让它能更准确地反映不同因素对股市价格的影响。

不同模型有不同的学习方法。目前大部分模型采用数值优化法，利用损失函数的空间属性进行优化。对于比较复杂的问题，也可以使用模拟生物进化原理的遗传算法。

4）数据

数据是机器学习的粮食，是知识的原始载体。机器学习的目的就是把分散在数据中的知识收集起来并保存在模型中。要训练一个优秀的机器学习模型，需要仔细选择数据。一般来说，数据要达到一定的质量，特别是人为标注的数据，标注的准确率要足够高。另外，数据要达到一定的数量，数据量不足很难训练出一个合理的模型。而且，数据要有足够的场景覆盖度。比如一个人脸识别的数据库，应该包括各种光照、角度的人脸图片，否则训练出的模型无法实用。

近年来，随着大语言模型的发展，对数据的要求越来越高。例如GPT-3.5的训练使用了45TB的文本语料。这么庞大的数据量，如何清除劣质数据，如何平衡各种数据源，如何让模型高效地学习，都是需要考虑的问题。另外，一些科学家预测，人工智能将很快用尽人类的所有数据。如何应对近在眼前的“数据枯竭”，也是一个重要的问题。

5）知识

任何机器学习系统都是针对某个特定任务的，而每个任务都有自己的特殊性。例如任务的数据类型是什么？数据量有多大？模型参数应该在什么范围内？部署时有哪些限制条件？

这些特殊性称为先验知识，或简称知识。设计者需要充分利用这些知识，才能构造一个好的机器学习系统。

随着技术的发展，人工智能正在耗尽人类所生产的数据，这时人类的先验知识就显得更加重要。利用先验知识可以约束学习过程，让数据中所包含的信息更容易学习。

④ 机器学习方法的优势

人工智能是一门科学，其目的是让机器拥有类似人的智能。人工智能有很多实现方法，机器学习是其中之一，它通过从数据中自我学习实现智能。今天，机器学习已成为人工智能最重要的方法。

与传统基于知识的人工智能方法相比，机器学习有可能打破人类的知识上限，获得我们尚未发现的新知识，找到达到目标的新途径，甚至获得“超人”的智能。今天人工智能所展现出的强大能力，包括人们常谈论的人工智能威胁，很大程度来源于机器学习。因为只有自主学习的机器，才有可能超越它的创造者，拥有难以预期的强大能力。

讨论：为什么机器通过学习可以获得超越人类的智能，而传统基于人为知识灌输的方法很难达到这一点？

提示：在传统知识方法中，需要人先把知识总结出来再传授给机器，所以机器的上限就是人已经掌握的知识。而在机器学习方法中，机器和人处在同一起跑线上，因为他们都是从数据中总结知识。然而，机器和人有各自的优势：机器的速度快，记忆力强；人的直觉能力强，洞察力深刻。因此，人和机器都有可能从数据中发现新知识，学习新能力，而且二者所学到的知识和能力有可能是不同的。这就给机器带来了一种超越人的可能性：人没学到的知识，机器却可以凭借自己的优势学到。当然，人能学到的知识，机器也不一定能完全掌握。

⑤ 机器学习的例子：区分苹果和橘子

目标：对苹果和橘子进行分类。将这一目标表示成数学形式，即分类的正确率越高越好，或错误率越低越好。

知识：又大又红的更可能是苹果，小一些且颜色偏橙黄色的是橘子。

模型：$Y= a\times$颜色 $+ b\times$大小，a 和 b是模型参数，是在学习时要调整的变量。

数据：收集到的苹果和橘子，观测它们的颜色和大小，并标记苹果T=1，橘子T=0。

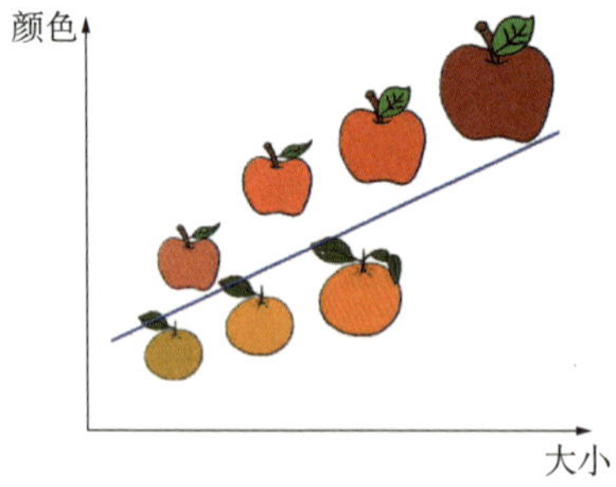

图2-15　区分苹果和橘子的例子

算法：逐渐调整a和b的取值，使得到的预测值Y接近标记值T。

当学习完成后，我们就得到了一个可以对苹果和橘子进行分类的模型了。图2-15中的蓝色直线代表了模型对应的分类面，分类面的上方是苹果，下方是橘子。对于一个新样本，观察它处在分类面的哪一边，即可判断它是苹果还是橘子。

小结

机器学习是现代人工智能的核心思想和基础方法。它通过一定的算法，从数据中自主学习到完成目标任务的技能。机器学习有五个关键要素：目标、模型、算法、数据和知识。基于这五个要素，机器可以从数据中自主学习，获得人类尚未发现的新知识，找到达到目标的新途径，从而展现出超越人类的智能。机器学习不仅突破了基于知识的人工智能方法的局限性，也为人工智能今天的繁荣奠定了基础。

2.3 机器学习基础流程

学习目标

（1）掌握机器学习系统的四个主要构建步骤：模型设计、模型训练、模型测试和模型选择。

（2）理解“没有免费的午餐”定理，认识如何根据具体任务与数据特点选择合适的模型。

（3）掌握模型训练的基本方法，理解损失函数的作用，学习梯度下降法的基本原理及其优化过程。

（4）理解模型测试的重要性，掌握测试集与训练集的区别，明确过拟合与欠拟合的概念及原因。

（5）掌握模型选择的基本原则，理解奥卡姆剃刀准则，明确如何在模型性能与复杂度之间取得平衡。

本节将介绍机器学习的基本流程（图2-16），帮助读者理解如何构造一个机器学习系统，以解决特定的人工智能任务。

图2-16　机器学习的基础流程

总体来说，构造一个机器学习系统包括四个阶段。

（1）模型设计：根据目标任务的实际情况设计模型，理解“没有免费的午餐”原则。

（2）模型训练：收集训练数据，训练机器学习模型。我们以梯度下降算法为例学习模型的优化过程。

（3）模型测试：选择独立于训练集的测试集评估模型性能，理解过拟合现象的原因。

（4）模型选择：根据奥卡姆剃刀准则，选择最优模型。

通过本节内容的学习，读者将了解如何从零开始构建一个机器学习系统，并建立解决一个实际问题所需要的科学思维方式。

① 模型设计

1）“没有免费的午餐”定理

对于一个机器学习任务，如识别“苹果”还是“橘子”，我们需要设计一个模型来实现这一分类。设计模型的第一步是从数据中提取显著特征，使目标任务更容易完成。例如，苹果和橘子可以通过大小和颜色来区分。“大小”和“颜色”就是用于完成分类的“特征”，如图2-17所示。

图2-17 颜色和大小是区分苹果和橘子的显著特征

在确定特征之后，还需要选择一种合适的模型结构。机器学习里有很多种模型，应该选择哪一种呢？研究发现，每种模型都有其适用的范围，在没有设定具体的应用场景时，没有哪一种模型一定优于其他模型。这一结论称为“没有免费的午餐”定理。“没有免费的午餐”定理由David Wolpert于1996年提出。该定理指出，对于所有可能的函数空间，任意优化算法的平均性能在理论上是相同的。这意味着不存在一种优化算法可以在所有问题上都优于其他算法。具体而言，如果一个算法在某类问题上表现优异，那么它在其他类问题上的表现可能会相对较差。

“没有免费的午餐”定理告诉我们，在没有理解具体的任务时，讨论哪种模型更好没有意义。模型设计需要深入理解任务场景，设计与场景匹配的模型。

2）模型设计需要考虑的因素

受“没有免费的午餐”定理启发，在模型设计时，需要综合考虑多方面因素。

（1）数据的格式和数据量。数据是连续（如语音）的还是离散（如文字）的；是一维的（如语音）还是二维的（如图像）；是有结构的（如数据库中的商品记录）还是无结构的（如地震波）；数据量较大（如海量互联网数据），还是较小（如核反应堆泄漏时的辐射变化曲线）。

（2）数据的分布形式。数据是均匀分布还是集中在某些区域，是集中在一个区域（单峰分布）还是多个区域（多峰分布）。

（3）内存和计算开销。模型在训练和测试时需要占用多少内存，需要花费多长时间。

（4）可容忍的错误率。不同应用场景对模型错误率的要求不同。例如，银行系统要求极低的错误率，而某些娱乐应用可以容忍较高的错误率。

总而言之，在解决实际问题时要综合考虑这些因素，结合任务的具体需求和数据特点选择合适的模型。

② 模型训练

1）定义目标函数

设计好模型后，接下来要让模型“学习”如何完成任务，这个过程称为“模型训练”。在训练过程中，机器可以自主调整模型的参数，使其能够得到更好的预测结果。

例如，我们要训练一个区分苹果和橘子的模型。首先设计一个简单的线性模型：

$$Y = A \times 颜色 + B \times 大小 + C$$

其中，A、B和C为模型参数，决定了模型的形式（如图2-18中的蓝色分类面）。模型训练的目标是通过数据确定这些参数，使模型能够更准确地分类。

为了达成这一目标，首先需要收集一些苹果和橘子的样本，构造一个“训练集”。用T代表样本的类别，如果是苹果，则$T=1$；如果是橘子，则$T=0$，如图2-19所示。

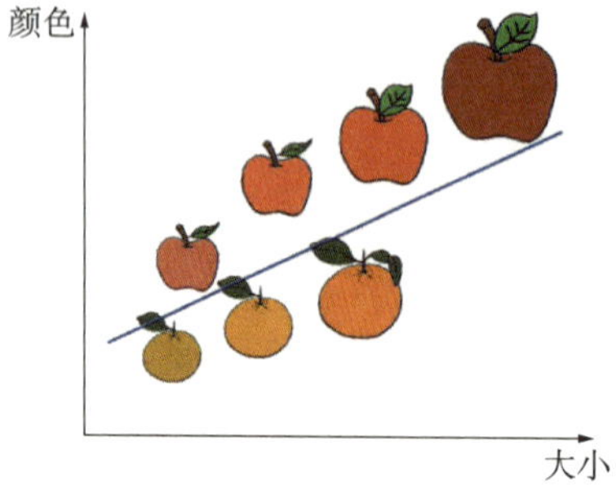

图2-18 用于区分苹果和橘子的简单线性模型

图2-19 标记分类目标T

其次需要定义一个“损失函数”，它表示模型预测值Y与实际值T之间的差距。例如，目标函数 L 可以定义为

$$L=(Y-T)^2$$

其中，Y是模型的预测值；T是实际分类。显然，目标函数值越小，说明Y和T越接近，模型的预测就越准确，如图2-20所示。因此，模型训练任务可以转化为一个简单的数学问题：求解参数(A, B, C)的值，使损失函数L的值最小。

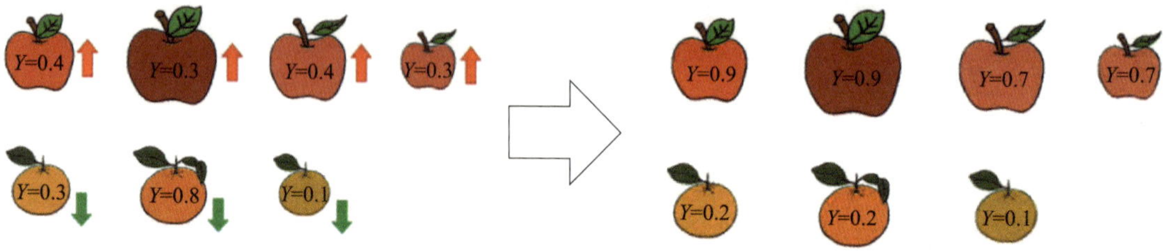

图2-20 模型训练的目标是使模型对苹果的预测值Y上升，对橘子的预测值Y下降

图2-21展示了用“随机尝试法”最小化损失函数L的过程。首先对{A, B, C}随机取一个初始值，然后在这一取值附近随机尝试一组新的取值。如果损失函数值下降，则用新的取值代替原来的取值，否则进行下一次尝试。

这一过程按图2-21中(a)～(d)的顺序重复进行。经过多次尝试后，目标函数的值越来越小，苹果-橘子的分类面也越来越准确。

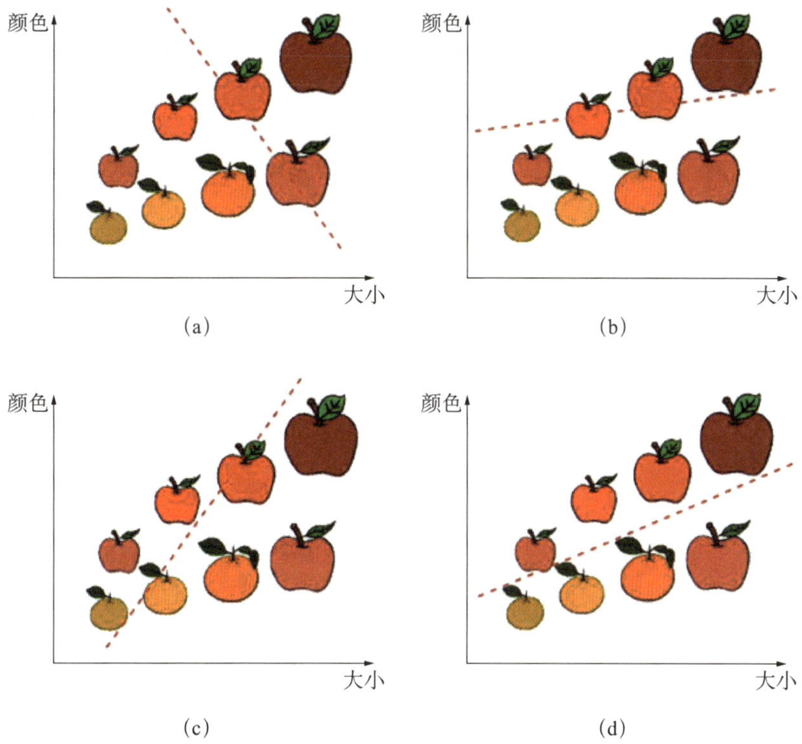

图2-21 训练过程中分类面的变化

总结起来，为了训练一个模型，首先要将学习目标定义成一个合理的损失函数，然后选择一个恰当的优化方法调整模型的参数，使损失函数逐渐减小。

2）梯度下降算法

为了完成模型训练任务（最小损失函数），研究者提出了很多优化方法。在这些方法中，梯度下降法因为其简单高效，所以应用最为广泛。

梯度下降算法的原理类似于一个人从山顶下山的过程。想象一个人站在山顶上的某个位置，目标是到达最低谷。他可以采取下面的步骤实现这一目标。

（1）从当前位置开始，向四周探索，找到坡度最陡的方向。

（2）沿着这个方向迈出一步，移动到新的位置。

（3）重复这个过程，直至到达最低谷。

如果把参数想象成地理坐标，把参数对应的目标函数值想象成山的高度，那么可以把目标函数表示成一个类似山坡的曲面，如图2-22所示。有了这一曲面，就可以采用与人下山一样的方式从山顶一步步到达谷底。

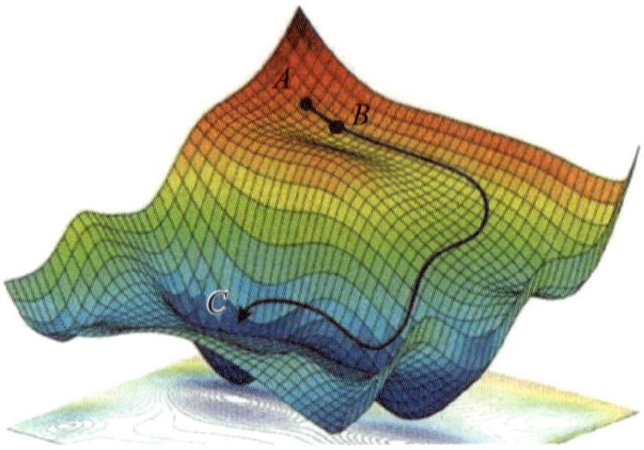

图2-22　把目标函数表示成一个类似山坡的曲面

具体方案是：首先选择一个初始位置A，此时损失函数的值较高。在A点附近寻找一个损失函数下降最快的方向，并沿这一方向走出一小步，到达点B。重复此步骤，就可以一步步降低损失函数的值，最终到达低谷C。在数学上，坡度最陡方向称为“梯度方向”，因此这一方法被称为“梯度下降法”。坡度和梯度如图2-23所示。

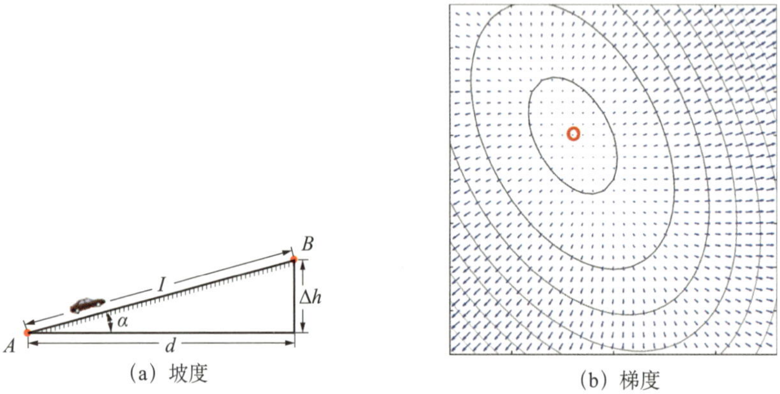

图2-23　坡度和梯度

注：坡度——假设从位置A到B，其坡度为$\Delta h/d$，即纵向位移Δh与横向位移d的比值。注意，坡度有可能是负值。

梯度——一个二维参数平面上，从某一位置开始计算损失函数在各个方向的坡度，然后找到一个坡度最大的方向，这一方向称为损失函数的梯度方向，坡度的大小称为梯度的值。

使用梯度下降算法训练苹果-橘子分类模型的步骤是：首先随机初始化参数$\{A, B, C\}$，然后计算损失函数的梯度，并沿梯度方向的反方向更新参数。重复这一过程，直到损失函数值不再显著下降。

到目前为止，梯度下降算法是机器学习里应用最广泛的优化方法。与图2-21所示的随机尝试法相比，梯度下降法利用了损失函数的局部几何信息，因此效率更高。与其他更高级的优化方法相比，梯度下降法简单高效，特别适合大数据学习。

③ 模型测试

1）什么是过拟合现象

模型训练完成后，应该在一个独立的测试集上测试其性能。为什么不在训练集上进行测试呢？这是因为模型在训练集和测试集上的性能可能存在很大差异：在训练集上性能非常好的模型，在测试集上可能会差很多。这种现象称为过拟合。过拟合现象就如同一个只会死记硬背的学生，在课堂上把老师讲的所有题目都背了下来，但在考试时却做不出没见过的题目。

因此，为了评估模型的真实性能，需要在一个独立于训练集的测试集上进行测试。这与考试时不能考平时练习过的题目才能反映学生的真实水平是一个道理。

2）过拟合现象的原因

过拟合现象的根本原因在于机器在学习时把数据中的细节和噪声当成了规律，或者说学到了“假规律”。如图2-24所示，我们训练了两个模型，它们的分类面分别对应红色虚线和蓝色实线。蓝色实线允许弯折，因此模型更复杂，可以照顾到训练集中那个“个头较大而颜色偏黄”的苹果。然而，这样的苹果只是特例，大部分“个头较大而颜色偏黄”的不是苹果而是橘子。因此，当在测试集上测试时，照顾了那个特殊苹果的蓝色实线模型反而出了错，把一些橘子错分成了苹果。本质上，蓝色实线把那个特殊的苹果当成了苹果固有的样子，即把个例当成了规律。

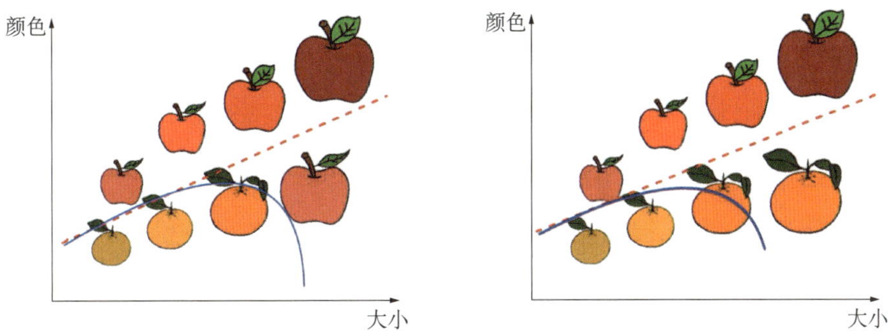

图2-24 过拟合现象举例

注：蓝色分类面在训练集中有更高的精度（左），但在测试时性能下降（右）。

④ 模型选择

1）过拟合与欠拟合

过拟合现象的存在提示了模型选择的重要性。过拟合是因为模型将数据中的特例当成了规律，但一个模型为什么会把特例当成规律呢？根本原因在于模型太过复杂，灵活度过高，模型在学习了真实规律之后，就可能用多余的学习能力学习特例。因此，模型不能太过复杂，太过复杂就容易发生过拟合。那么，是不是越简单的模型越好？也不是，模型太简单，学习能力不足，可能连基础的规律也学不好，这种情况称为“欠拟合”。不论是过拟合还是欠拟合，都不是理想状态。图2-25中展示了模型复杂度逐渐增加后的学习效果。可以看到，只有当模型的复杂度适中，才能得到较好的学习效果。这就是需要做模型选择的意义。

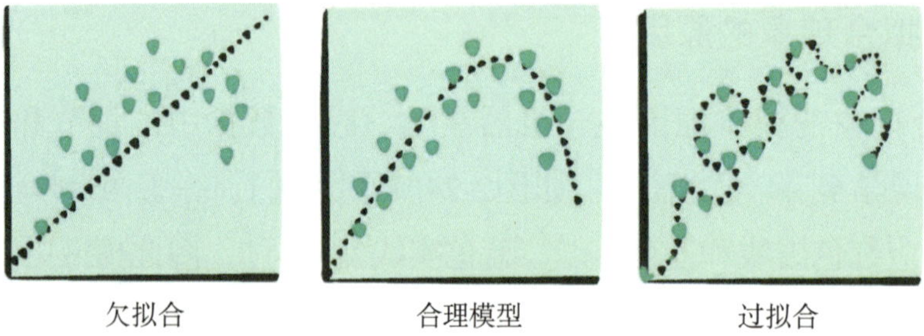

图2-25 欠拟合与过拟合

2）奥卡姆剃刀准则

如何选择合适的模型呢？机器学习中有一条著名的准则：如果两个模型具有类似的性能，那么应选择更简单的那个。这条准则称为奥卡姆剃刀准则。奥卡姆是英国中世纪哲学家。奥卡姆剃刀是比喻用法，意思是删掉不必要的复杂性。基于奥卡姆剃刀准则，如果测试集上性能相近，应该尽量选择那些简单的模型。

假设要选择一个苹果-橘子分类模型。经过多次尝试，得到了一个简单模型和一个复杂模型，它们的分类效果差不多。根据奥卡姆剃刀准则，应该选择简单的模型。

小结

本节讨论了构造一个机器学习系统的四个步骤：模型设计、模型训练、模型测试和模型选择。

（1）模型设计：根据具体任务提取特征并选择合适的模型结构。

（2）模型训练：设计合理的损失函数，通过优化算法调整模型参数，尽可能减小损失函数的值。

（3）模型测试：选择一个独立于训练集的测试集，在测试集上评估模型的性能。

（4）模型选择：根据奥卡姆剃刀准则，当模型性能相似时，应优先选择较简单的模型。

需要说明的是，这些只是构造机器学习系统的一般原则。在实际应用中遇到的问题可能会复杂得多，需要研究人员根据测试结果反复修正模型设计、优化训练算法，有时还需要一些简化实验快速了解数据和模型的属性。机器学习中关键的一点就是掌握平衡的技术：数据和模型之间的平衡，算法的速度与精度之间的平衡，模型性能与实际硬件资源之间的平衡，等等。人工智能是一门实践科学，要掌握这些技巧，需要在实际任务中多练习、多摸索。

2.4 机器学习方法

学习目标

（1）理解监督学习、无监督学习、强化学习三种机器学习方法的基本原理，明确其各自的适用场景与特点。

（2）掌握监督学习的基本思想，理解分类与回归任务的区别，认识数据标注在监督学习中的重要性。

（3）理解无监督学习的基本方法，掌握聚类与流形学习的核心思想与应用价值。

（4）认识强化学习的原理与特点，掌握强化学习在多步决策任务中的应用机制，明确环境反馈在策略优化中的作用。

（5）分析三种学习方法的区别与联系，思考如何在不同实际场景中选择合适的学习方法。

人类的学习方式多种多样，可以听老师授课获取知识，可以通过自己观察研究得到新发现，还可以通过不断尝试和改错掌握新技能。类似的方法也可以用于机器学习中。本节将介绍三种典型的机器学习方法：监督学习、无监督学习和强化学习。这些方法对应不同的学习场景，适合不同的目标任务，如图2-26所示。学习这些方法可以让我们对机器学习有一个全面的了解。

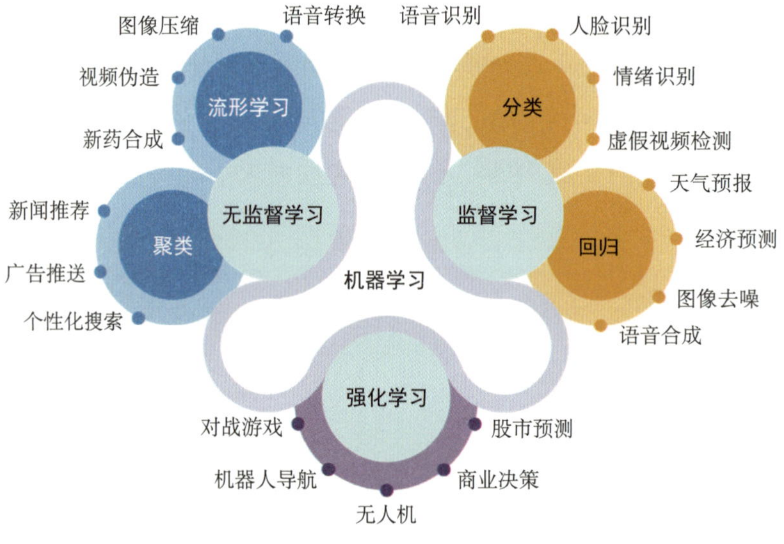

图2-26 三种机器学习方法（监督学习、无监督学习、强化学习）和各自的应用领域

① 监督学习

监督学习就像老师在课堂上讲课，把知识教给学生。对于机器学习来说，人是老师，机器是学生，人把知识传授给学生。如何传授呢？通过对数据进行标

注，例如把苹果的图片标上苹果，把橘子的图片标上橘子。通过这些标注，机器就获得了人类的指导，从而可以学习什么样的图片是苹果，什么样的图片是橘子。总体来说，监督学习可以分为分类任务和回归任务。

1）分类任务

顾名思义，分类任务就是判断样本（图2-27）所属的类别。例如判断图片里的动物是猫还是狗，判断一个发音是“啊”还是“哦”，判断一个数字是1还是9，判断一个表情包是愤怒还是高兴。用于分类任务的机器学习系统会输出一个类别标签作为对样本类别的预测，有时还会输出这一预测的可信度（通常称为置信度）。显然，分类任务的学习目标在于提高预测类别的正确率。

（a）对不同数字进行分类　　（b）对不同表情进行分类

图2-27　分类任务示例

2）回归任务

与分类任务不同，回归任务预测的不是离散的类别标签，而是连续的数值。可以把它理解为根据样本的一组特征预测样本的某一属性。例如，如果给机器一组关于房子的面积和价格的数据，机器通过学习这些数据之间的关系，可以根据房子的面积预测出它的价格，如图2-28所示。

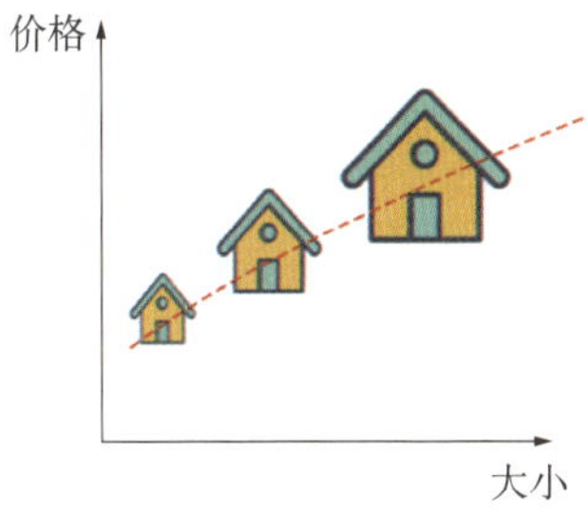

图2-28　回归任务示例

再如，给机器一些天气数据，如卫星云图、观测台信息（如温度、湿度、气压等）、当地的地理环境和历史同期天气等，机器便可以根据这些信息预测未来几天的气温。

3）数据标注的重要性

在监督学习中，数据标注有重要意义。就像在做练习题时，一个准确无误的答案能够帮助我们理解和掌握知识。同样的道理，只有数据标注准确，机器才能学到正确的知识。根据任务不同，数据标注的困难程度也不同。例如，在图像识别任务中，需要框选图中的物体并标记它的类别，相对简单；在语音识别中，要听一段语音中说了哪些话，并将听到的内容记录下来，这就要困难很多。尽管数据标注费时费力，但它是机器学习的“粮食”，不可或缺。

② 无监督学习

无监督学习像是学生在没有老师的情况下通过自学掌握新知识。在这种方法中，机器没有人为标注的“正确答案”可以参考，只能通过从数据内部寻找规律进行学习。无监督学习主要包括两类任务：聚类和流形学习。

1）聚类

聚类是指将相似的样本归为一组，每组内的样本在某些特征上十分相似。例如，在图2-29中，苹果、桃子、香蕉被聚集成了三组。我们并不知道这三组中每种水果叫什么名字，只是从个体的相似性上将看起来相似的水果归为一组。

图2-29　聚类任务示意图

K-means聚类是一种广泛使用的聚类算法。如图2-30所示，它首先定义*K*个类的中心，再按每个样本到类中心的距离将样本归为*K*类。之后对这*K*个类的样本重新计算类中心，再基于新的类中心对样本进行重新划分。这样迭代进行，最后将样本归类为*K*个互不重叠的子集，每个子集内的样本尽可能相似，而不同子集之间的样本尽可能不同。

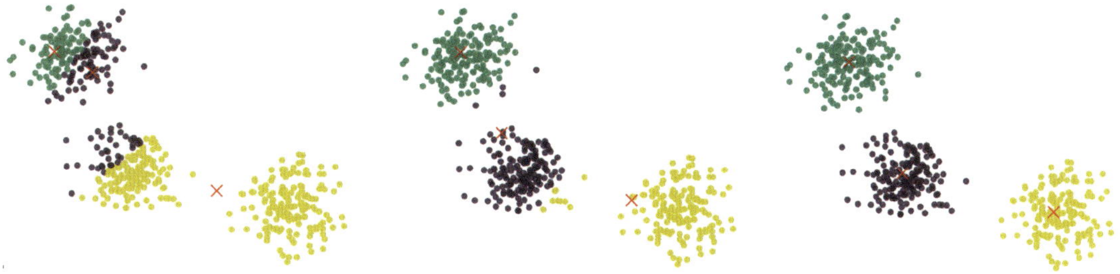

(a) 初始状态　　(b) 中间状态　　(c) 结束状态

图2-30 *K*-means的聚类过程

注：每一种的颜色代表一个类。

可以把它想象成这样一个过程：首先，从一堆水果中随机选出几个水果作为“组长”；然后将其他水果根据颜色、形状、大小等特征分配到最接近的“组长”那里，形成不同的小组；接着，计算每组水果的平均颜色、形状、大小，并将这些平均值作为新的“组长”。这个过程会重复多次，直到所有水果都被合理地归类。

聚类算法有广泛应用。例如商品推荐中，通过对商品进行聚类，可以为用户推荐与其购买历史相似的商品。

2）流形学习

流形学习是另一种无监督学习方法，用于发现高维数据中的低维结构。如图2-31所示，数据本身是三维的，但它们都集中在一个二维的蛋卷曲面上，这种嵌在三维空间中的二维曲面就称为一个流形。如果能够找到这个曲面，就可以更合理地表示数据之间的关系，因为数据在这个曲面上的距离比在三维空间中的距离更准确。

可以把它想象成在操场上跑步，跑道的形状就像数据的流形。如果要计算和前面同学的距离，显然要在跑道上进行计算，而不能看与他的直线距离。

流形学习有很多用处，比较典型的是对数据进行压缩。例如前面蛋卷曲面

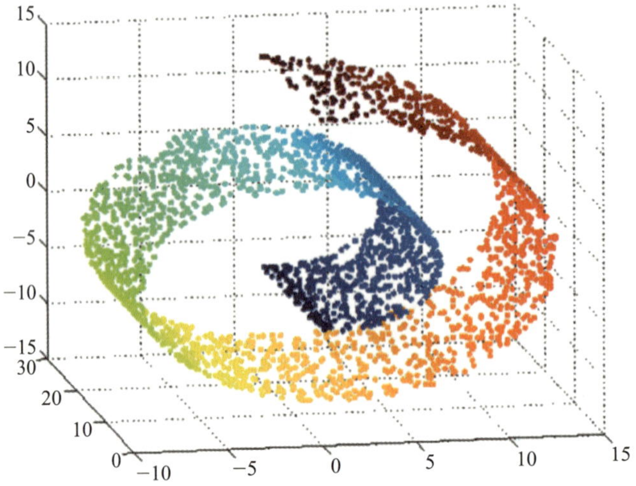

图2-31 一个三维空间中的二维流形

的例子，数据本来是三维的，但重要的属性都在二维曲面上，因此用二维信息表示这些数据就可以了。这种压缩操作称为“降维”。降维不仅可以简化数据表示，更重要的是让机器学起来更容易。

对数据进行降维的另一个用处是帮助我们查看数据的属性。机器学习中的绝大多数数据是高维的，很不直观，难以理解这些数据在空间中是如何分布的。流形学习可以将高维数据压缩到三维或二维，从而可以让我们直观看到数据的分布情况。图2-32展示了将0～9十个手写数字的图片通过流形学习降维到二维空间后的样子。经过这样的降维，数据的整体分布情况一目了然。

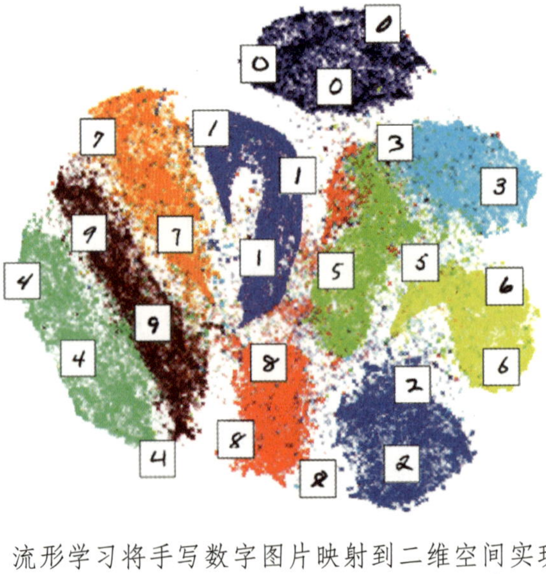

图2-32 流形学习将手写数字图片映射到二维空间实现可视化

③ 强化学习

强化学习是一种基于反馈的学习方法，类似于人类通过试错来学习。从学习信号的角度看，强化学习介于监督学习和无监督学习之间，它没有直接的学习信号（如人类标注员所标定的类别），而是通过与环境互动，根据所获得的奖励或惩罚来调整行为，以达到预定的学习目标。

1）基本原理

强化学习的一个有趣的例子是训练小狗分辨水果，如图2-33所示。你希望小狗在听到指令后拿回正确的水果，但小狗并不能直接理解你的语言。怎么办呢？可以通过奖励的方式来引导它：当它拿对水果时，给予奖励（例如给一块骨头）；当它拿错水果时，则不给予奖励。经过多次尝试，小狗就可以学会根据指令拿到正确的水果。

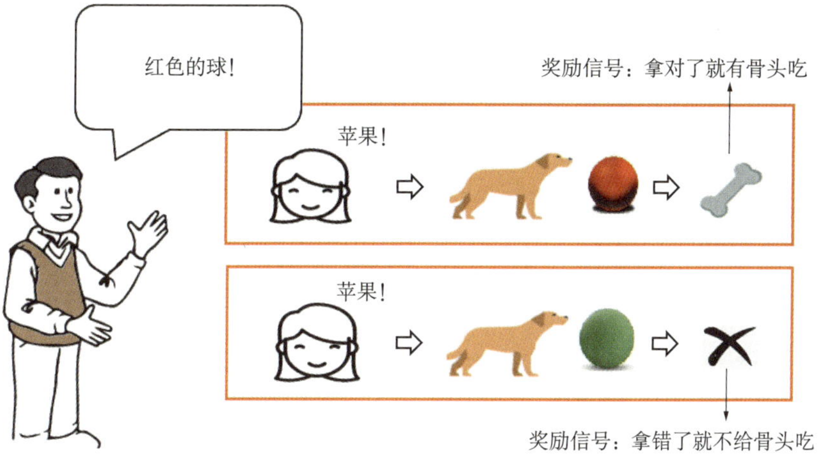

图2-33 用强化学习训练小狗分辨水果

2）适用任务

强化学习特别适合需要多步决策的任务，例如机器人行走、投资策略优化、对弈游戏等。在这些任务中，需要进行一系列决策，最终的结果取决于这些决策的累积效果。想象你在下围棋的时候，每下一个子，对手都会给出一个反馈，这个反馈可能让你更有利，也可能让你失去一些优势。你会根据这些反馈调整自己的策略，以便获得更大的优势。而高明的棋手不会只关注一个子、一块地的得失，而是着眼于全局胜负。强化学习就是这样的学习方式，它通过接受环境反馈不断调整策略，以求获得最终胜利。因此，强化学习更侧重于长远目标，这使它在处理复杂的、具有时序依赖性的问题时表现得尤为出色。这也是AlphaGo围棋程序使用深度强化学习方法可以战胜人类顶尖棋手的原因。

小结

本节讨论了机器学习中的三种主要方法：监督学习、无监督学习和强化学习。监督学习类似于在老师指导下的课堂学习，适合处理分类和回归等目标明确的学习任务。无监督学习更像是自学，通过观察发现数据分布的结构，典型的任务包括聚类和流形学习。强化学习类似于在实践中学习，通过不断试错来优化行为策略，特别适合需要连续决策的复杂问题。

理解每种方法的基本思路有助于整理人工智能的各种学习方法，从而建立对人工智能的整体认知。同时，了解每种方法里的典型应用场景，可以为解决实际问题时提供基本的方向。

2.5 机器学习四大学派

学习目标

（1）理解机器学习四大学派（符号学派、贝叶斯学派、连接学派、进化仿生学派）的核心思想与历史背景，明确其基本假设与方法特点。

（2）认识符号学派的知识表示方法与逻辑推理机制，了解专家系统的应用与不足。

（3）理解贝叶斯学派的基本原理与方法，掌握贝叶斯网络的构建与推理过程，认识其处理不确定性问题的优势。

（4）认识连接学派的神经网络模型，理解人工神经网络的结构与学习机制，明确其适用的任务场景和局限性。

（5）理解进化仿生学派的优化思想，掌握遗传算法的实现原理与适用场景，明确进化方法的优势与计算效率限制。

（6）分析各学派的特点、优劣及其在现代人工智能中的融合趋势。

机器学习的目的是让机器从数据中自动学习规律，并将这些规律转化为知识，以便进行推理和决策。为了解决这一挑战，历史上涌现出了很多理论和方法，最终形成了四个主要学派（图2-34）：符号学派、贝叶斯学派、连接学派和进化仿生学派。这四大学派分别从不同角度对“如何让机器自主学习”这一问题进行了深刻的思考，并提出了各具特色的模型和算法，为机器学习领域的进步提供了丰富的多样性。

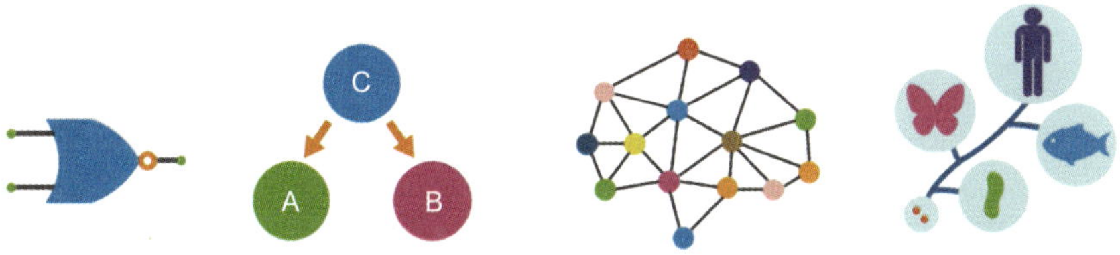

（a）符号学派　（b）贝叶斯学派　（c）连接学派　（d）进化仿生学派

图2-34　机器学习的四大学派

本节将讨论这些学派的代表性方法，同时探索这些方法背后的思维方式和适用场景。通过对四大学派的学习，读者不仅能掌握不同的技术手段，还能培养从多角度分析问题和解决问题的能力，为未来的学习和实践建立完整的知识框架。

① 符号学派

1）基本思想

符号学派认为，认知的基本单元是符号，而认知过程则是对这些符号的逻辑运算。因此，可以让计算机通过符号演算模拟人的智能行为。符号学派的研究者坚信，只要能够正确地表示和操作符号，计算机就能够表现出足够的智能。从20世纪50年代中期到80年代后期，符号学派一直是人工智能研究的主要范式，基于符号演算的智能理论及相关实践在当时的人工智能研究中占据了主导地位。

传统上，符号系统中的知识是由人类专家预先定义的。但是在实际应用中，可能会出现一些预定义规则未能涵盖的新知识。为了解决这一问题，符号学派的研究者引入了学习方法，通过整理数据发现新规律，从而使符号系统能够更好地适应复杂多变的现实环境。

我们以专家系统说明符号学派的学习过程。专家系统通常使用产生式规则进行符号演算，这些规则通常以“如果……那么……”的形式呈现。例如，当系统观察到“天空有云”和“湿度大”这两个条件时，可以推理出“可能会下雨”的结论。这些产生式规则通常是基于人类气象专家的经验设计的，但也可以从观察数据中提取新的规则，从而使系统具有可扩展性。

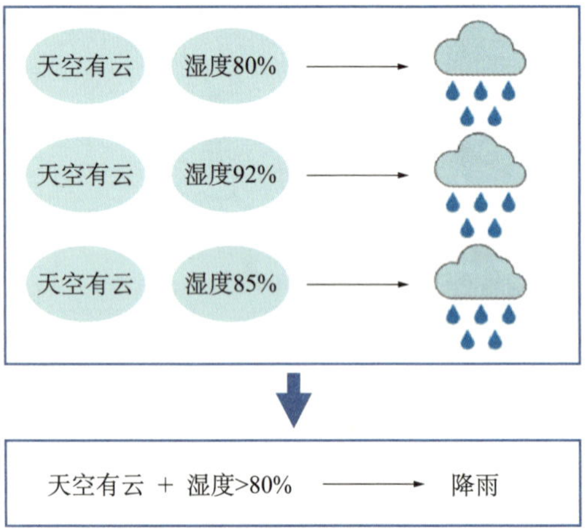

图2-35　产生式规则举例

如图2-35所示，当“天空有云”和“湿度大”这两个条件都具备时，很多时候都会发生“降雨”这一事件。由此，机器可以自动总结出一条新规则：“如果天空有云，并且空气湿度大于80%，那么可能会下雨。”这条新规则可以加入知识库中并用于后续推理，从而增强专家系统的适用性。

2）优点与局限性

尽管符号学派在人工智能发展早期取得了重要进展，但随着时间的推移，它的局限性也逐渐显现。特别是符号学派的学习能力较为有限，通常不允许对知识主体进行大规模的改动，否则可能导致系统混乱。

具体来说，符号系统的一个显著特点是符号和规则的确定性，这种确定性保证了系统的逻辑清晰性，但同时也限制了系统的灵活性。一旦规则被定义，修改这些规则可能会破坏整个系统的稳定性，导致推理结果的不可靠。

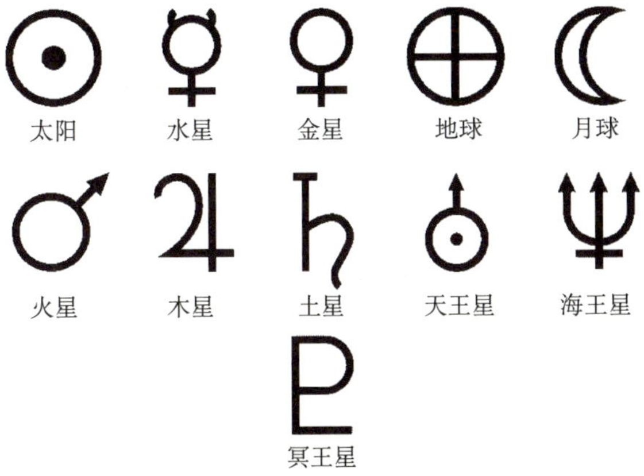

图2-36　太阳系天体符号

例如，在一个关于太阳系天体的符号系统中（图2-36），每个天体都有明确的符号表示。例如，太阳可能用 S 表示，地球用 E表示，月球用 M表示。这些符号的定义明确且唯一，系统可以利用这些符号进行逻辑推理。然而，如果随意更改这些符号的定义，例如将 S 改为表示地球，或将 E 改为表示太阳，系统中基于这些符号的规则就会变得混乱。

② 贝叶斯学派

1）基本思想

贝叶斯学派认为我们所处的世界是充满不确定性的，因此在推理时需要考虑事件发生的概率。具体来说，贝叶斯学派将现实世界中的条件或事件描述为随机变量，将事件之间的相关性表示为随机变量之间的“条件概率”，即已知一个事件发生的情况下，另一个事件发生的可能性。例如，*P*（降雨|季节=秋天）表示当处于秋季时发生降雨的可能性 。

基于这一定义，一个实际系统可以表示为一个概率网络，或称为“贝叶斯网络”。这一网络的节点代表各种事件，节点之间的连接代表事件之间的条件概率。图2-37是一个表示天气的贝叶斯网络，其中包括“季节”“位置”“降雨”等各种变量，变量之间有复杂的概率依赖关系。

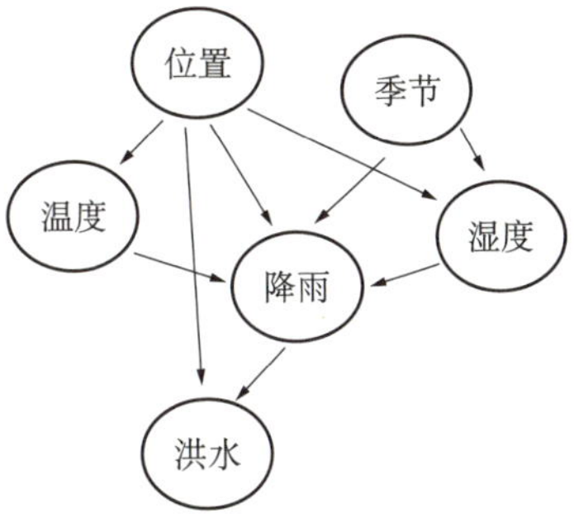

图2-37　一个表示天气的贝叶斯网络

基于贝叶斯网络，研究者设计了一套完整的推理方法，可以计算某一事件发生时对其他事件的影响。例如在图2-37中，如果温度发生了变化，基于概率原理可以计算发生洪水的可能性将如何变化。

更重要的是，贝叶斯网络中的条件概率可以根据新的观察结果随时更新。例如，如果经常观察到湿度高时会下雨，就可以相应地提高湿度高时发生降雨的条件概率。需要说明的是，这种更新是符合概率原理的，因此可以保证是最优的。

2）以天气预测为例

图2-38展示了一个贝叶斯概率模型，用于描述降雨与云量和湿度之间的关系。模型通过简单的数学形式来表达这些关系，数学表示为P(降雨|云量，湿度)=($a\times$云量$+b\times$湿度$+c$)，其中$\sigma(x)=\frac{1}{1+e^{-x}}$是一个变换函数，将在[0, 1]区间变换，以适应概率的取值范围。参数a、b、c分别控制不同变量之间的影响程度，反映了降雨与云量和湿度的概率关系。

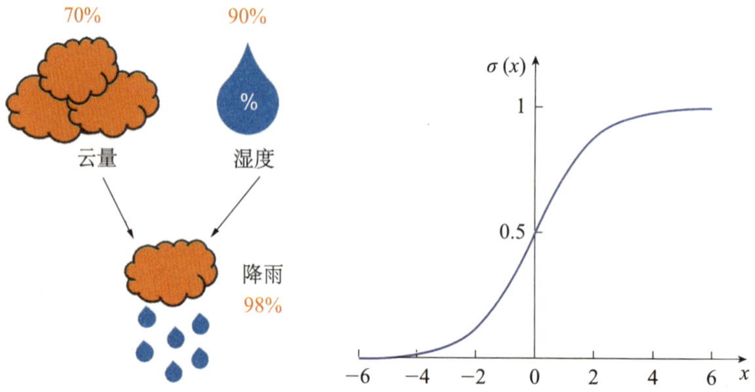

图2-38 云量、湿度、降雨之间的概率关系

P(降雨|云量，湿度)表示降雨的概率是云量和湿度的函数，这意味着降雨与否取决于当前云量的多少和湿度的大小。当给定云量和湿度这两个条件后，就可以使用这个公式计算出降雨发生的可能性。参数a、b决定了云量和湿度对降雨概率的影响程度。显然，如果这两个参数都是正数，那么随着云量和湿度的增加，降雨的概率也会相应增加。

在模型学习阶段，首先需要收集训练数据集，训练集中的每个样本包含云量、湿度和是否下雨的观测结果。在训练过程中，通过调整参数 a、b、c 来优化模型，使模型能够准确地预测下雨或不下雨的概率。具体来说，希望对于不下雨的样本，模型计算出的概率值接近0；对于下雨的样本，模型计算出的概率值接近1。当训练完成后，这个模型就可以根据当前的云量和湿度数据计算出未来降雨的可能性，实现天气预测。

3）优点与局限性

贝叶斯方法在处理不确定性和复杂系统时具有显著优势，尤其是在数据稀少或不完整的情况下，贝叶斯方法可以通过结合已有知识进行有效的推理。当然贝叶斯模型的应用也存在一定的局限性。首先，贝叶斯模型通常需要较大的计算量，特别是在面对高维数据时，计算复杂度比较高，这对计算资源提出了较高的要求。其次，贝叶斯模型中变量之间的依赖关系要由人来定义，而这取决于设计者的领域知识。如果这个知识不准确，模型的性能可能会受到影响。

③ 连接学派

1）基本思想

连接学派的基本思想是通过模拟人类神经系统的结构和功能实现智能。人类的大脑由大约500亿～1000亿个神经元组成，这些神经元通过复杂的连接形成了强大的神经网络。尽管每个神经元的结构相对简单，但当它们互相连接后就可以实现复杂的功能。

基于这一思路，连接学派设计了人工神经网络模型，试图模仿生物神经网络的工作原理，如图2-39所示。在这一模型中，每个节点模拟一个神经元，这些神经元相互连接，连接的强度称为权重。初始时，这些连接的权重是随机分配的；经过学习，这些权重会不断进行调整，使网络的输出逐渐接近预定目标。总的来说，神经网络通过调整神经元之间的连接强度来学习和存储知识。

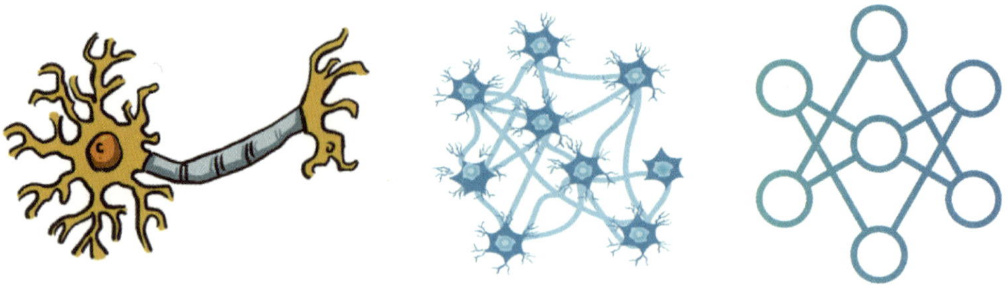

(a) 单个生物神经元示意图　(b) 生物神经网络示意图　(c) 人工神经网络

图2-39　人工神经网络与生物神经网络

2）以天气预测为例

在图2-40所示的例子中，人工神经网络的输入为云量和湿度，输出为降雨的可能性。通过学习，神经网络能够逐步调整各个神经元之间的连接权重，从而提高预测的准确性。

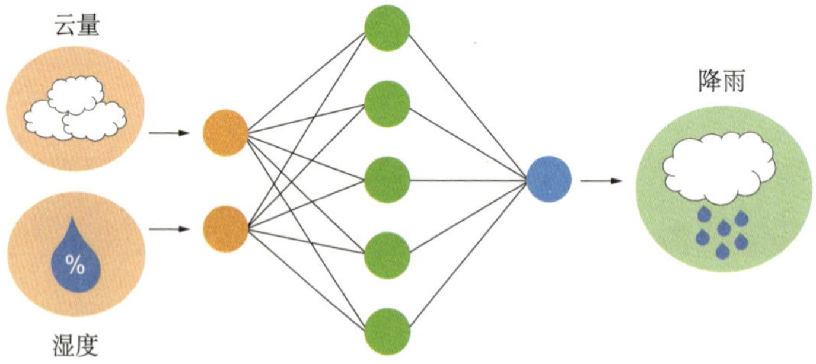

图2-40　天气预测人工神经网络

3）优点与局限性

人工神经网络的概念清晰直观，结构相对简单，且具备强大的学习能力。在人工智能发展的早期，连接学派就引起了研究者的广泛关注。然而，直到近十年，随着大数据的积累和深度学习算法的引入，人工神经网络才真正展现出其独特的优势，成为目前最成功的人工智能模型。

人工神经网络也存在一定的局限性。首先，人工神经网络由大量节点（神经元）组成，结构往往非常复杂，这使得它们的决策过程难以解释。其次，人工神经网络通常需要大量的数据和计算资源进行有效训练，当数据不足或计算资源有限时，性能可能会大打折扣。

④ 符号学派、贝叶斯学派、连接学派对比

符号学派、贝叶斯学派、连接学派对比见表2-1。

表 2-1　符号学派、贝叶斯学派、连接学派对比

条　件	符号学派	贝叶斯学派	连接学派
知识依赖	强	中	弱
数据依赖	弱	中	强
可学习性	弱	中	强
可解释性	强	中	弱

首先，从知识依赖方面来看，符号系统高度依赖人为设计的规则，而贝叶斯学派的概率模型虽然也需要一些人为设计，但其对知识的依赖性较弱。连接学派对知识依赖最少，研究者只需要设计神经网络的结构即可。

其次，从可学习性方面看，符号学派受限于规则系统，灵活性最差，学习能力较弱，但优点是需要的数据量少，可解释性强。贝叶斯学派在学习能力和灵活性方面居中，能够通过统计方法进行一定的学习，但仍需预设一定的先验知识。神经网络最灵活，因此表现出强大的学习能力，但也因此对数据的需求量最大，同时，灵活复杂的网络带来可解释性的下降，很难说清楚模型的决策过程。

⑤ 进化仿生学派

1）基本思想

进化仿生学派的核心思想是，智能可以通过模拟生物进化过程来实现。我们知道人类的智能是生物长期进化的结果，这一过程包括以交叉繁衍和个体变异为基础的种群更新机制和以优胜劣汰为特征的自然选择机制。进化仿生学派

的研究者相信，通过模拟这种生物进化过程，机器一样可以实现类似的智能演进，达到或超过人类的智能。

拓展阅读

遗传算法

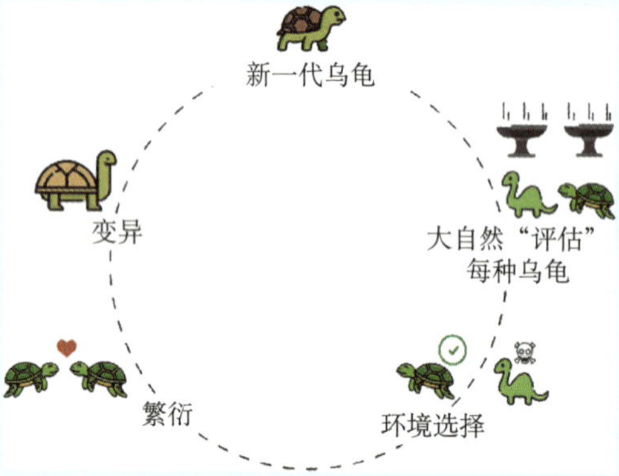

图2-41　乌龟的自然进化过程

图2-41展示了乌龟的自然进化过程。从最右侧的乌龟种群开始，每种乌龟都接受大自然的“评估”。在右下角，没有壳的乌龟因为不适应环境而被淘汰，只留下了带壳的乌龟。接着，这些带壳的乌龟繁衍后代，产生了图中左侧橙色壳的乌龟。最后，这些乌龟又发生了变异，得到最上方的新一代乌龟。

遗传算法通过模拟上述生物进化过程求解问题。首先，将目标函数视为自然选择的“评估标准”，将每个可能的解决方案视为种群中的个体。通过解决方案之间的参数互换（对应个体的杂交）和随机扰动（对应个体的变异），生成大量新的解决方案并再次接受评估和选择。经过多次迭代，就可以使解决方案趋向优化。

2）独成一派

与符号学派、贝叶斯学派和连接学派不同，进化仿生学派提出的并不是一种特定的模型，而是一种通用的优化方法。这种方法可以用于优化不同类型的模型，包括符号系统、贝叶斯模型或神经网络，也可以用于解决那些没有明确模型结构的一般性问题。如图2-42所示，遗传算法可以用于设计复杂的天线形状。这个任务不具有典型的模型结构，但通过遗传算法直接寻找天线的弯折点和角度，可以实现性能优化。具体来说，在设计一个天线时，可以假设有N个弯折点，每个点包含一个三维弯折角度和一个对应的长度参数，这样就形成了$N\times(3+1)$

个参数，这些参数构成了个体的“基因”。从一个初始种群开始，通过多次进化，算法会选择表现较好的天线设计进行保留，并通过进一步的杂交和变异不断优化，最终得到效果最佳的天线。

图2-42 使用遗传算法设计复杂的天线形状

进化仿生学派的优势在于其通用性和灵活性，特别适合解决没有明确模型结构的问题。当然这一学派也存在一定的局限性。以遗传算法为例，首先，遗传算法的计算成本较高，尤其是在处理大规模问题时，算法的收敛速度较慢。其次，遗传算法可能陷入局部最优解的困境，因此通常需要结合其他优化技术以提升其性能。

⑥ 学派融合

随着时代的进步，各个学派也开始互相借鉴和融合。根据“没有免费的午餐”原理，没有任何一种算法或模型在所有场景下都一定优于其他方法。因此，在实际应用中，选择合适的方法而不拘泥于算法所属的学派更为重要。面对复杂问题时综合不同学派的技术和方法，往往能够取得更好的效果。

知识图谱与神经网络的融合是学派融合的一个典型例子。知识图谱是符号学派的代表性工作之一，优点在于用简单的结构组织和存储大量知识和信息。但是，如果要在知识图谱上进行复杂的推理，仅靠符号系统可能力不从心。因此，研究者近年来将神经网络用于知识图谱上的多步推理，极大地提升了系统的智能化水平。

再如，贝叶斯学派与连接学派的结合催生了贝叶斯神经网络，这种网络将贝叶斯学派的概率表示与神经网络的强大学习能力结合在一起，在处理不确定性问题时表现出色。例如，在医学诊断中，贝叶斯神经网络不仅能够提供诊断结果，还能给出结果的可信度，从而帮助医生做出合理的决策。

这些研究启示我们，在学习和应用人工智能时，必须全面了解各个学派的基础思想和代表性技术，灵活应用多种方法解决问题。同时，还需要保持对新技术的关注，以应对不断变化的挑战。

小结

机器学习的四大学派代表了对智能的不同理解和实现方式。每个学派基于各自的思路，使用不同的工具，所需的数据和计算资源也各不相同。

（1）符号学派的工具是符号演算，它通过从数据中发现和应用新的规则实现学习。符号学派强调逻辑推理和规则的使用，可学习的空间有限。

（2）贝叶斯学派的工具是概率，它通过更新事件之间的条件概率进行学习。贝叶斯学派擅长处理现实世界中的不确定性，具有较好的学习能力，但设计概率模型需要相应的领域知识。

（3）连接学派的工具是神经网络，它通过更新神经元之间的连接权重实现学习。连接学派以模拟生物神经系统为基本思路，具有强大的学习能力，尤其在处理大规模数据时表现出色。

（4）进化仿生学派的工具是尝试和选择，通过模拟生物进化的优胜劣汰过程来优化模型。进化仿生学派适用于解决模型结构不明确的问题，但其试错机制决定了它的效率不高。

这些学派各具特色，在人工智能的发展中都做出了重要贡献，因此都值得我们认真学习。通过理解和掌握这些学派的基本思想和方法，可以帮助我们构建完整的人工智能知识框架，并在实践中具体问题具体分析，灵活运用多种方法，提高解决实际问题的能力。

2.6 初识人工神经网络

学习目标

（1）理解人工神经网络的基本概念，掌握其模仿人类大脑神经系统的原理，认识神经元、突触连接与神经剪枝的作用。

（2）了解麦卡洛克-皮茨神经元模型，掌握其数学计算原理，分析其对人工智能早期发展的贡献与局限性。

（3）认识感知器模型的原理与特点，掌握线性不可分问题的概念，并分析感知器的局限性及历史影响。

（4）掌握多层感知器的基本结构，理解隐藏层的作用，掌握反向传播算法的原理与实现过程，并明确其对神经网络训练的意义。

（5）了解神经网络的发展历程，明确其从早期探索到深度学习崛起的关键节点，认识深度神经网络在现代人工智能中的重要地位。

随着互联网的兴起，可用数据越来越多，连接学派有了更广阔的用武之地，目前已经成为人工智能的主流方法。人工神经网络是连接学派的主要建模工具，它模拟人类大脑的神经系统，将简单的计算单元互相连接来获得复杂的功能。

作为现代人工智能技术的核心方法，人工神经网络的重要性不言而喻，本节将重点介绍神经网络的核心思想和发展历程。关于网络结构的具体知识将在下一节详细介绍。

① 大脑中的神经网络

人类大脑由500亿～1000亿个神经元组成。每个神经元都是同质的，结构简单且功能单一。然而，当大量神经元连接在一起时，就可以实现极为复杂的功能。神经元之间的连接称为突触，这些突触的连接强度可以进行调整，因此神经网络具有可学习性。

婴儿出生时，大脑中神经元的突触连接非常密集，但并非所有连接都被频繁使用。在学习过程中，频繁使用的突触连接会被加强，而未使用的连接则逐渐削弱或消失，这一过程称为“神经剪枝”。神经剪枝的目的是使大脑能够更有效地处理信息，因此尽管成人大脑的突触连接数量少于婴儿，但其连接的有序性和功能性更强。如图2-43所示，婴儿出生后，随着年龄的增长，大脑中神经元连接的数量逐渐增加，然而到4周岁以后，连接数量反而会减少，结构性不断得到优化。

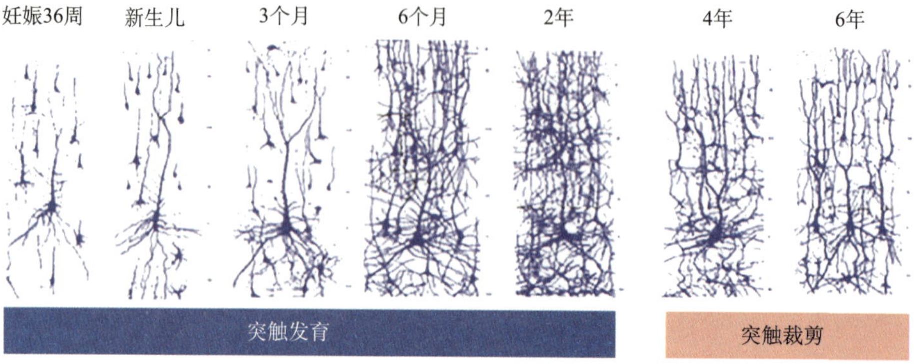

图2-43 婴幼儿发育过程中神经元连接的增长与裁剪过程

② 人工神经网络模型

受到生物神经网络的启发，1943年，美国计算神经学家沃伦·麦卡洛克（Warren McCulloch）和沃尔特·皮茨（Walter Pitts）提出了人工神经网络模型（artificial neural network，ANN），开启了人工神经网络的研究。他们认为，既然人类可以通过神经网络获得智能，机器也可以通过类似的方式实现智能。他们的模型是一种基于逻辑运算的计算结构，模拟了神经元的基本功能，见表2-2。

表 2-2 M-P 神经元与生物神经元对比

特　性	M-P 神经元	生物神经元
输出形式	二值输出	离散脉冲信号（动作电位）
传递机制	加权求和 + 阈值比较	复杂的电化学过程
动态特性	没有时间动态机制和历史记忆能力	具有时间动态机制和历史记忆能力
学习机制	不具备学习能力	通过突触可塑性进行学习和适应

具体来说，麦卡洛克-皮茨神经元模型（简称M-P神经元模型）首先对输入信号进行加权求和，再经过激活函数处理后生成输出信号。如图2-44所示，当前神经元从其他两个神经元接收输入信号x_1和x_2，每个输入信号都是二值的（即为0或1），对应的连接权重分别为w_1和w_2。将这两个输入的加权和记为$z = x_1 \times w_1 + x_2 \times w_2$，激活函数$f(z)$会比较$z$和阈值$\theta$。当$z$超过$\theta$时，输出$y$=1；否则，输出$y$=0。

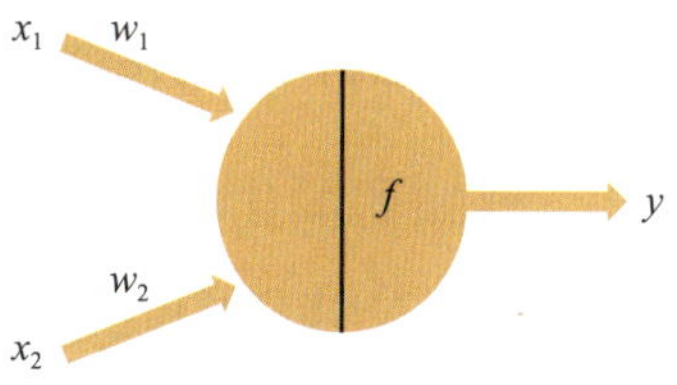

图2-44　M-P神经元

麦卡洛克和皮茨通过研究发现，这一神经元模型虽然简单，但是当众多神经元组成一个网络以后，它可以实现任何逻辑演算，从而具备模拟人类思维的能力。这一结果为人工神经网络奠定了初步的理论基础。

M-P神经元模型是对生物神经元的高度简化，其主要目的是提供一个数学模型来验证神经网络的逻辑计算能力。目前这一模型还非常简单，不能描述生物神经元的复杂性和动态特性。特别是M-P神经元模型不具备学习能力，因此并不完整。尽管如此，麦卡洛克和皮茨的工作开辟了通过模拟人类神经系统实现智能的新方向，具有里程碑式的意义。

3 感知器与线性不可分问题

1）罗森布拉特的感知器

1958年，弗兰克·罗森布拉特在IBM 704计算机上实现了第一个可学习的人工神经网络——感知器（perceptron）。感知器模型是一个单层神经网络，输入层的信息在输出层加权求和，之后经过一个激活函数$f(z)$输出二值结果（0/1）。这一模型与M-P模型非常相似，区别在于罗森布拉特引入了可学习的权重，这使得模型能够通过学习来适应特定的任务。罗森布拉特设计了一种训练算法，通过一个迭代过程逐渐改变网络的权重，使模型的输出尽可能与数据的实际标记（期望得到的输出）相同。罗森布拉特还将感知器模型实现在一台名为Mark 1感知机的专用硬件上，用于识别字母和数字图像。

2）感知器的局限性

感知器的出现引起了广泛关注，特别是它的学习能力吸引了众多目光。包括罗森布拉特在内的一些学者认为，假以时日，这种可学习的神经网络有可能学到大量知识，从而实现强大的智能。

事实证明，这种预期过于乐观。1969年，另一位人工智能的先驱，也是达特茅斯会议的发起人之一的马文·闵斯基和同事出版了《感知器》一书，指出了感知器模型的局限性。这一批评导致神经网络研究进入低谷。闵斯基对感知器的质疑是多方面的，但最关键的是证明了感知器无法解决线性不可分问题。线性不可分问题可以简单理解成不能由一条直线或一个平面进行分类的问题。数理逻辑中的异或（XOR）操作就是一个经典的线性不可分问题。

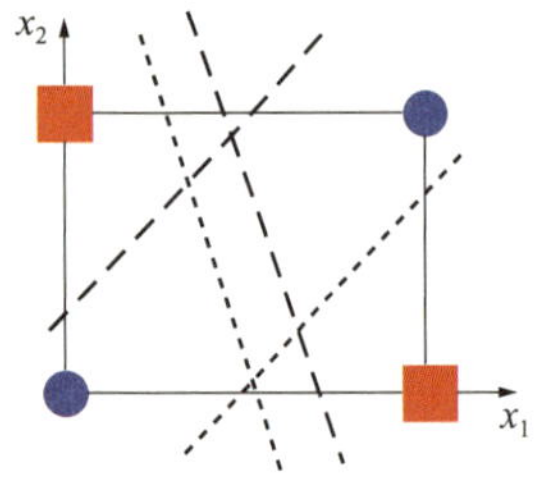

图2-45 异或（XOR）操作的计算原则

如图2-45所示，红色方框和蓝色圆圈分别代表逻辑变量x_1和x_2经过异或运算的结果（红色方框为1，蓝色圆圈为0）。可以看到，没有一条直线可以将方框和圆圈完全分开，这意味着异或操作是一个线性不可分问题。闵斯基证明，凡是这种线性不可分问题都不能用感知器来求解，哪怕是最简单的异或问题。闵斯基的批评揭示了感知器模型的缺陷，促使研究者更深入地研究神经网络的学习能力，为后续的发展提供了重要的理论思考。

④ 多层感知器与反向传播算法

1）多层感知器

感知器模型之所以无法处理线性不可分问题，一个根本原因在于它的结构过于简单，只包含输入和输出两层，限制了它的学习能力。多层感知器在感知器的基础上引入了隐藏层，从而能够处理更复杂的任务，如图2-46所示。

具体来说，设网络一共有N层，第0层为输入层，第$N-1$层为输出层，中间的$N-2$层称为隐藏层。在计算第i层的第j个神经元的激发值时，将第$i-1$层的所有神

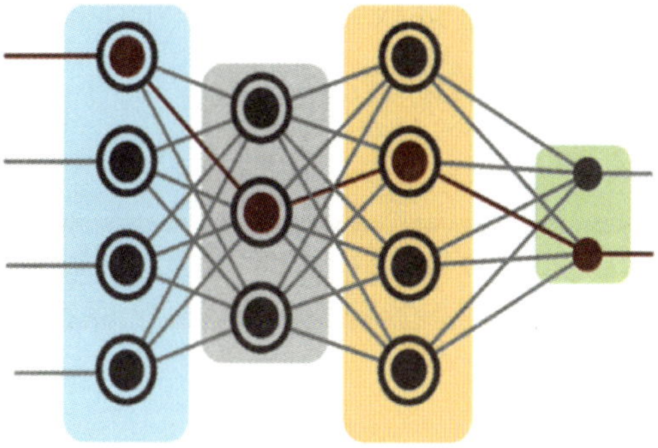

图2-46　一个典型的多层感知器

经元的输出作为输入，经过加权求和后再经过激发函数 f 得到输出$y_{i,j}$，这一过程用公式表示如下：

$$y_{i,j}=f\left(\sum_k w_{k,j}^i y_{i-1,k}\right)$$

式中$w_{k,j}^i$是连接第i−1层的第k个神经元和第 i 层第j 个神经元的连接权重，是可学习的模型参数。这种拥有三层以上的神经元的感知器模型称为多层感知器（multi-layer perceptron，MLP）。

2）反向传播算法

通过增加感知器模型的层数提高模型的表达能力和学习能力，这一点并不难理解，但是对多层网络进行训练并不容易。1986年，戴维·鲁姆哈特、杰弗里·辛顿和罗纳德·威廉姆斯在《自然》杂志上发表论文，将1974年保罗·韦伯斯特·沃尔特提出的反向传播算法（backpropagation，BP）用于训练神经网络，使多层感知器的学习成为可能。可以说，没有反向传播算法，就无法有效训练多层神经网络，也就没有今天强大的人工智能。

反向传播算法本质上是一种梯度下降算法，其特别之处在于利用了神经网络的层次结构，从最后一层开始调整连接权重，然后逐层反向调整，直到第一层。这一参数调整过程是从后向前的，因此称为反向传播算法。

图2-47是一个反向传播算法的例子。输入数据（x_1，x_2，x_3）经过隐藏层（h_1，h_2），在输出层输出结果y。将输出结果y与目标值t进行比较，计算损失函数，如$L=(Y-T)^2$。反向传播算法计算每个参数对损失函数的梯度，并利用梯度下降算法调整神经网络的连接权重。与标准的梯度下降算法不同的是，神经网络是分层结构，因此在计算某一层的梯度时可以复用后面一层已经计算好的梯度，从而避免重复计算，提高计算效率。具体来说，就是先计算隐藏层到输出层连接权重的梯度（红色虚线），再复用这一梯度计算输入层到隐藏层连

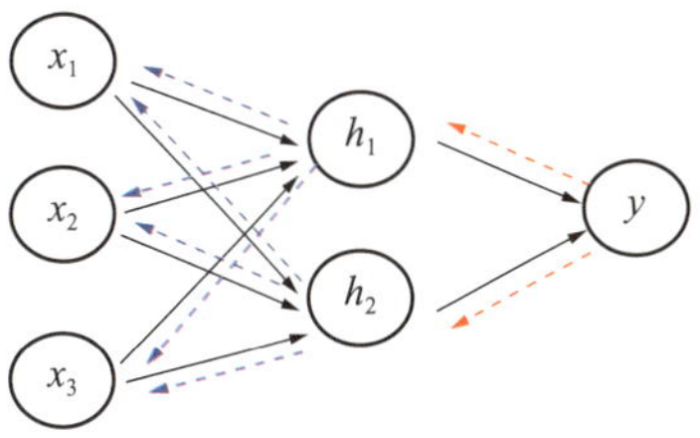

图2-47　反向传播算法

接权重的梯度(蓝色虚线)。这一过程从最后一层的连接权重开始，一步步向前计算，直到第一层的连接权重。这就是反向传播算法的原理。

5 人工神经网络的蓬勃发展

人工神经网络发展的历史脉络如图2-48所示。

进入20世纪90年代，人工神经网络技术得到了迅猛发展。研究者提出了许多神经网络的变种，如卷积神经网络(CNN)和循环神经网络(RNN)，这些具有特殊结构的神经网络模型在图像处理、语音识别、自然语言处理等领域表现出色。下一节将对这些网络做详细介绍。

2006年以后，以深度神经网络为代表的深度学习技术异军突起，并在各个领域取得了巨大的成功。神经网络逐渐成为人工智能领域最重要的工具。深度神经网络是具有多个隐藏层的复杂神经网络，拥有强大的学习能力。随着计算机性能的提升和数据的积累，这种学习能力得到了充分发挥。目前，主流人工智能系统无一例外是以深度神经网络为基础架构的。

小结

人类的中枢神经系统，特别是大脑中的神经系统，是人类智能的物质基础。通过模拟人脑的神经结构，有可能实现强大的智能，这是人工神经网络研究的朴素思想。这一研究从最初的M-P模型逐步发展到今天的深度学习技术，经历了多次变革。总结起来，罗森布拉特引入了可以学习的感知器模型，反向传播算法的引入让复杂神经网络的学习成为可能，而深度神经网络的出现让神经网络强大的学习能力得以充分发挥。如今，深度神经网络已经成为人工智能领域的核心工具，在语音识别、图像处理、文本分析等方面取得了显著成功，并在物理、化学、数学等交叉学科领域取得连续突破。不仅如此，深度神经网络也是今天各种大模型的骨干框架，是未来构建类人甚至超人智能体的基础。

图2-48　人工神经网络发展的历史脉络

2.7 典型神经网络结构

学习目标

（1）理解四种典型的神经网络结构（MLP、CNN、RNN、AE）的基本概念，明确各自的适用任务和特点。

（2）掌握多层感知器（MLP）的工作原理，理解全连接神经网络的特点和应用场景。

（3）理解卷积神经网络（CNN）的结构与特性，掌握卷积操作、池化操作的基本原理及其在图像处理任务中的优势。

（4）理解循环神经网络（RNN）的核心机制，掌握其在时间序列和自然语言处理等任务中的应用原理，明确其记忆特性的作用。

（5）理解自编码器（AE）的结构与基本用途，掌握其特征提取和数据生成能力。

人工神经网络具有非常灵活的结构，不同的结构具有不同的特点，因而适用于不同的任务。本节将介绍四种具有代表性的神经网络结构：多层感知器（MLP）、卷积神经网络（CNN）、循环神经网络（RNN）和自编码器（AE）。了解这些特殊结构背后的基本假设，可以让我们对网络的特性有深入理解，从而针对不同任务选择合适的网络。

① 多层感知器

多层感知器是对罗森布拉特提出的标准感知器的扩展。一个典型的多层感知器至少包含输入层、隐藏层和输出层三部分。

图2-49是一个三层感知器的示意图。数据首先通过输入层被送入网络，在被传递到隐藏层节点之前会乘以连接的权重。隐藏层节点将对这些加权后的输

入信号进行求和，并经过一个非线性函数得到激发值。隐藏节点的这些激发值再次加权求和后传递到输出层。

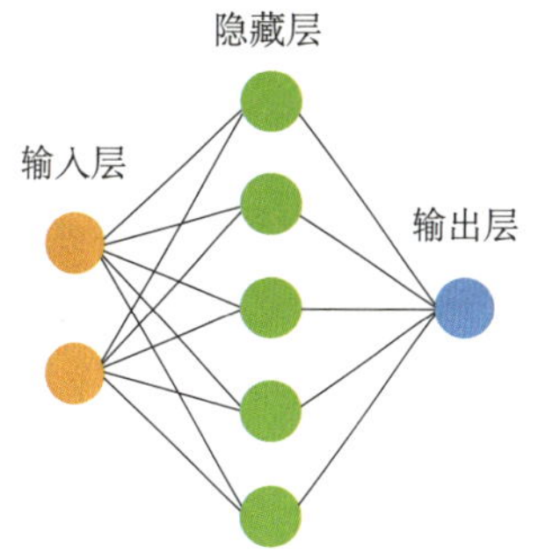

图2-49 简单的三层感知器

一般来说，多层感知器中相邻两层的所有节点都是互相连接的，因此也被称为全连接神经网络。理论上，多层感知器的深度（即层数）没有限制，不论多深的网络都可以通过反向传播算法进行训练。多层感知器是最通用的网络结构，其他网络结构都可以视为多层感知器的特殊化。然而，这并不意味着多层感知器是最好的。这是因为不同领域的数据往往具有领域特殊性（参考2.3节中关于“知识”的讨论），考虑这些特殊性构造结构独特的网络，通常会取得更好的效果。

② 卷积神经网络

卷积神经网络是目前应用最广泛的拥有特殊结构神经网络之一。与全连接神经网络（MLP）不同，卷积神经网络的每个神经元只与前一层的部分神经元相连接，而且不同位置的神经元共享同样的连接权重。这些共享的权重称为“卷积核”。下面以二维卷积神经网络为例来说明它的计算过程。在这种结构中，每一层神经元排列在一个或多个二维平面上，每个平面称为一个“特征平面”，也称为一个“通道”（channel）。

如图2-50所示，第n+1层的每个神经元只与第n层的9个神经元相连接，而不是与所有神经元相连。对于第n+1层两个不同位置的神经元，它们在接收第n层输入时所使用的连接权重是一样的。

可以用数学公式对这一计算过程进行描述。将第n层特征平面上位于(i,j)处的神经元表示为$x_{i,j}^{n}$，将第n层的卷积核表示为K^{n+1}。记卷积核的大小为$(2k+1)\times(2k+1)$，以左下角为坐标原点，$K(i,j)$为卷积核K在(i,j)处的值。则对第$n+1$层位于(i,j)处的神经元$x_{i,j}^{n+1}$计算如下：

$$x_{i,j}^{n+1}=\sum_{m=-k,r=-k}^{m=k,r=k}x_{i+m,j+r}^{n}K^{n+1}(k+m,k+r)$$

注意，如果上式中x的坐标超出了特征平面的范围，一般以零值代替。

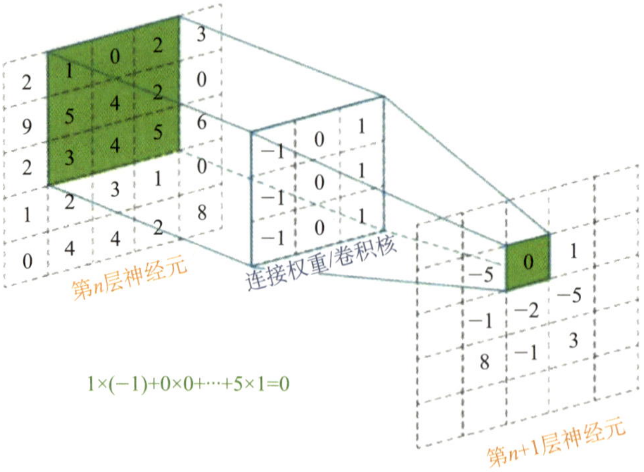

图2-50 卷积神经网络中的卷积操作

注意：在这一计算过程中，卷积核K是模型的参数，而且不论(i, j)的取值如何，计算$x_{i,j}^{n+1}$都共用同一个卷积核K^{n+1}。

卷积神经网络的计算过程类似于一个“透镜”在输入平面上扫描的过程，该透镜的参数就是卷积核。这个过程与数学中的卷积操作十分接近，因此这种网络被称为卷积神经网络。

这一扫描过程可以理解为一个特征提取过程，而提取什么特征是由卷积核决定的。输出平面上的值可以理解为卷积核所代表的特征在输入平面上相应位置被检测到的可能性。

图2-51展示了卷积操作的基本工作流程：左侧是输入平面，中间是卷积核，右侧是输出平面。卷积核对输入平面从左上到右下进行扫描。每次扫描之间的空间间隔称为步长。如果步长为1，通过对边界进行补零等扩充方法可以使得输出与输出平面大小保持一致。

如果输入包含多个通道，可以使用三维卷积核，计算时对多个输入通道同时扫描，从而提取组合特征，如图2-52所示。通过这种方式，可以将简单特征组合成复杂特征。例如在第一层提取线条、转角等简单特征，在第二层即可以将这些简单特征通过三维卷积组合成三角形、六边形等更复杂的特征。

除了卷积操作，卷积神经网络中还包含池化（pooling）操作，即把邻近的几个神经元“压缩”成一个神经元。“平均池化”和“最大池化”是两种最常见的池化

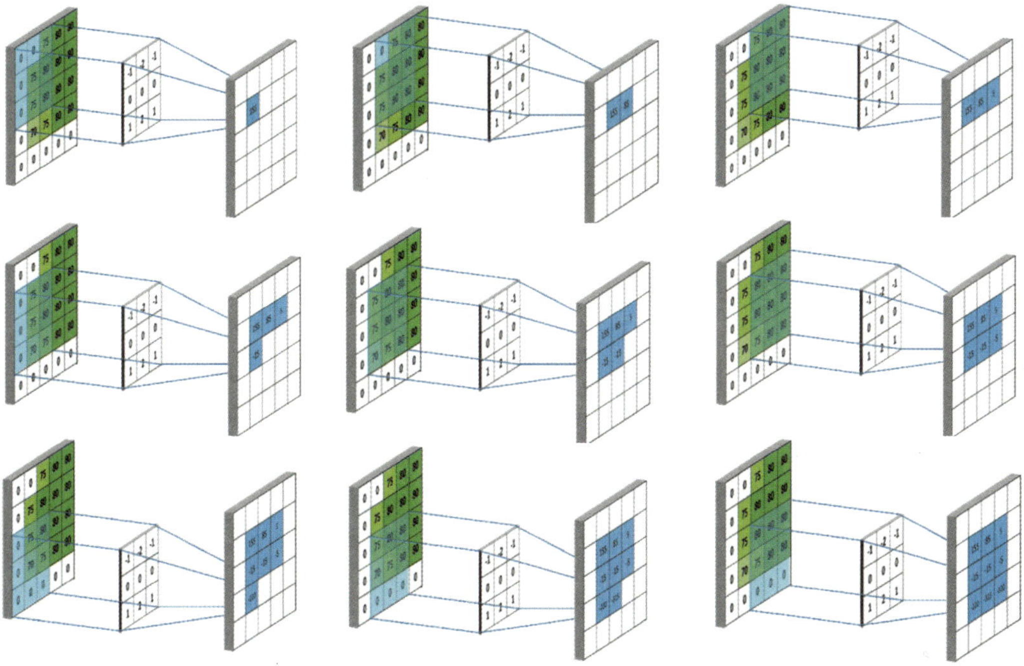

图2-51　卷积操作的基本流程

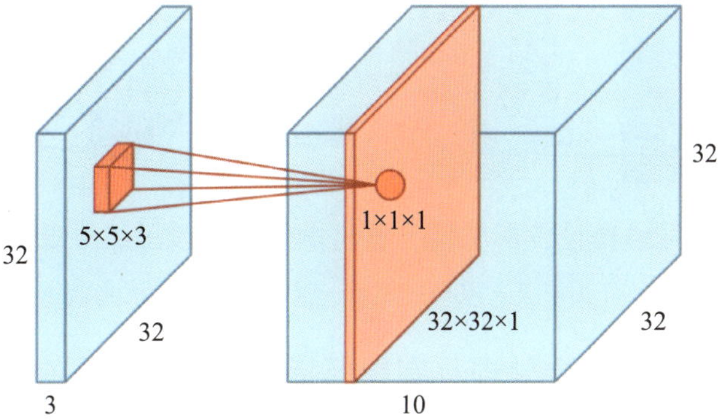

图2-52　输入和输出包含多个通道的卷积操作

操作，分别提取邻近神经元的平均值和最大值。池化也可以视为一个特殊的卷积，只不过卷积核是固定的，因此也可以用卷积操作中的术语来描述，如通道、池化大小、步长等。图2-53是一个步长为2、大小为2 × 2的最大池化操作。

如果池化层的步长大于1，则经过池化后激活平面会以步长为比例被压缩。这时如果再用同样大小的卷积核进行特征提取，就意味着该卷积核的视野（通常称为“感受野”）被放大了。例如经过一个步长为2的池化层压缩后，一个3 × 3卷积核看到的其实是一个6 × 6大小的数据块。这意味着该卷积核提取的是更大尺

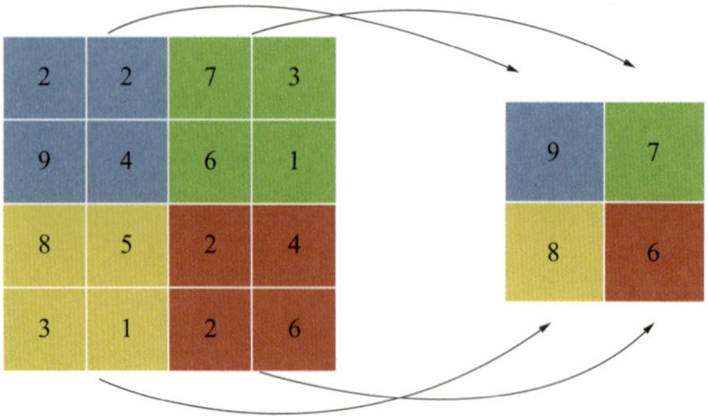

图2-53　最大池化过程（对每种颜色的2×2小块取最大激发值）

度上的特征。

当多个卷积层和池化层互相串联起来，一边通过卷积进行特征，一边通过池化扩大特征的尺度，就可以得到越来越复杂和抽象的特征。如图2-54所示，例如，在网络的深层，卷积核提取到的将是人的脸而不是一团像素，或者花鸟的形状而不是简单的光影和线条。这种层次性特征提取能力是深度学习成功的重要原因。

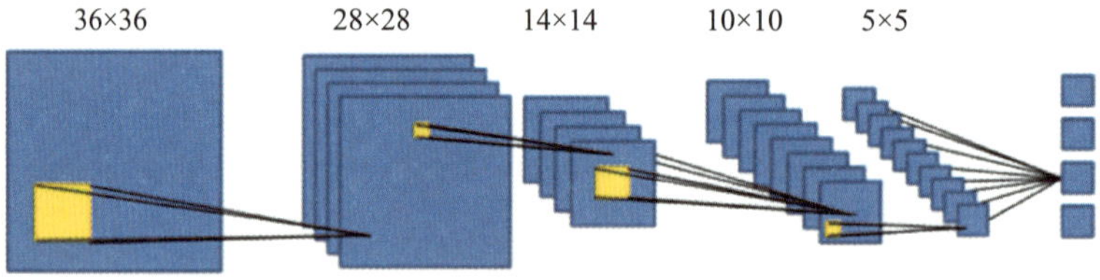

图2-54　卷积神经网络通过多层卷积和池化操作的级联压缩特征平面提取高级特征

注：图中每一次映射代表一次卷积加一次池化。

卷积神经网络特别适合处理具有局部特征且这些特征在空间上具有不变性的数据。例如，观察一张包含猫脸的图片，可以看到猫脸在整张图片中只占部分区域，因此猫的特征是局部的；同时，不论猫的脸在图片的哪个位置，它仍然是一只猫，这就是所谓的空间不变性，如图2-55所示。

图2-55　卷积神经网络适合提取局部的、具有空间不变性的特征

卷积神经网络正是基于图像的这些特性设计的。因为特征是局部的，所以在建模时只需要考虑局部连接，因此使用小尺度的卷积核来捕捉这些局部特征是可行的；因为特征具有空间不变性，所以不同位置可以共用一个卷积核进行特征提取。

③ 循环神经网络

循环神经网络是一种具有环状连接的神经网络。这种特殊的连接使得网络能够处理与时间序列相关的任务。如图2-56所示，循环神经网络的隐藏层包含一个到自身的环形连接。将这一网络连续运行三次，即可得到右侧的展开图。值得关注的是，由于环形连接的存在，上一时刻隐藏层节点的值会传递到下一时刻。因此，每一时刻的网络行为并不是独立的，而是取决于之前的运行状态。换句话说，RNN具有记忆能力，其输出具有时序累积效应。

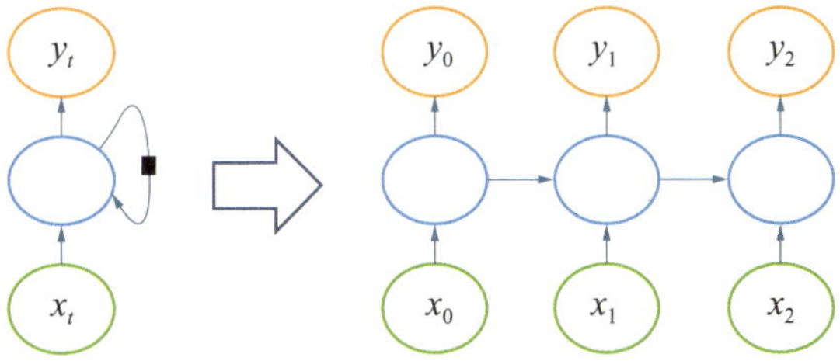

图2-56 循环神经网络具有环状连接，运行后具有时序上的记忆能力

用x_t，y_t分别表示RNN在t时刻的输入和输出，h_t表示该时刻的隐藏节点，RNN的循环计算过程可以表示为：

$$y_t = f(x_t, h_{t-1})$$

式中，f 为RNN所代表的计算函数。一般来说，f 是一个简单的线性函数，如$(x_t, y_t) = ax_t + bh_{t-1} + c$。

基于这种记忆特性，循环神经网络特别适合处理前后顺序相关的任务。例如，在语言理解中，词语的顺序至关重要，“武松打虎”与“虎打武松”有着完全不同的意义，“我爱学习”与“学习爱我”也是不同的。循环神经网络通过环形连接可以实现对语义信息的积累，从而对不同词序的句子做出正确的理解。

图2-57展示了循环神经网络理解句子“What time is it”的过程。可以看到，随着时间的推移，隐藏层的状态（颜色）不断变化，循环神经网络逐渐将这句话的信息积累在隐藏节点中。

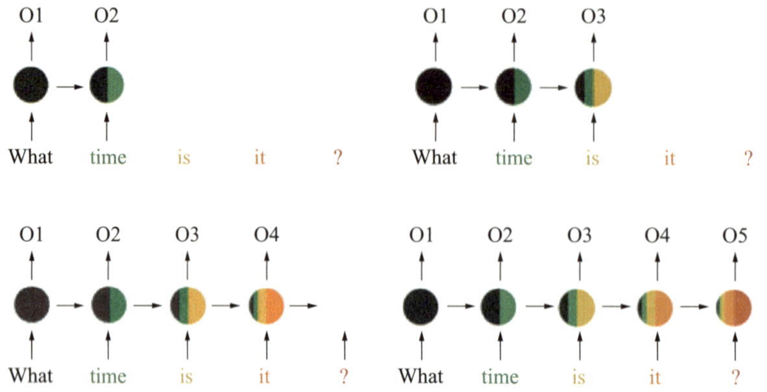

图2-57 循环神经网络运行时语义在隐藏节点中逐渐积累

图2-58展示了一个循环神经网络用于预测句子情感的例子。网络通过总结句子中每个词的含义来判断这句话的情感。由于例子中包含了“喜欢”这一单词，网络最后输出强烈的正向情感。

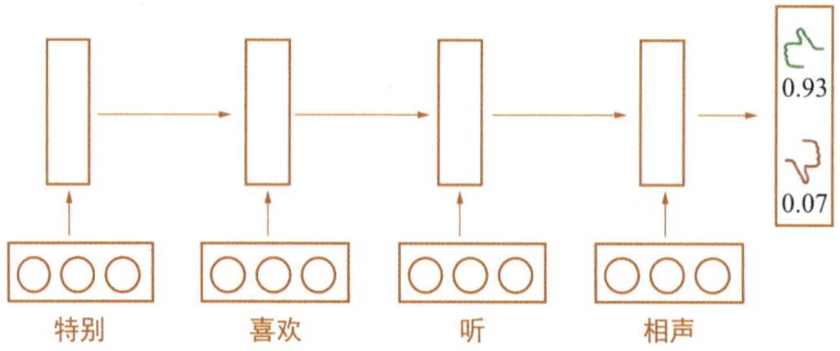

图2-58 循环神经网络积累句子中每个单词的语义信息来判断其情感倾向

④ 自编码器

自编码器是另一种特殊的神经网络结构，其训练目标是使网络的输出尽可能与输入保持一致，即恢复输入数据。如图2-59所示，输入数据是一只猫，网络的目标是尽可能在输出端恢复这只猫。

自编码器的特殊之处在于，网络的中间层节点数少于输入层和输出层的节点数，这一层称为瓶颈层。因为瓶颈层只允许少量信息通过，要恢复输入数据，瓶颈层只能表示最重要的信息。因此，自编码器天然具有重要特征的提取能力。在图2-59中，瓶颈层保留了猫的轮廓，因为这是恢复输入原图片最重要的信息。

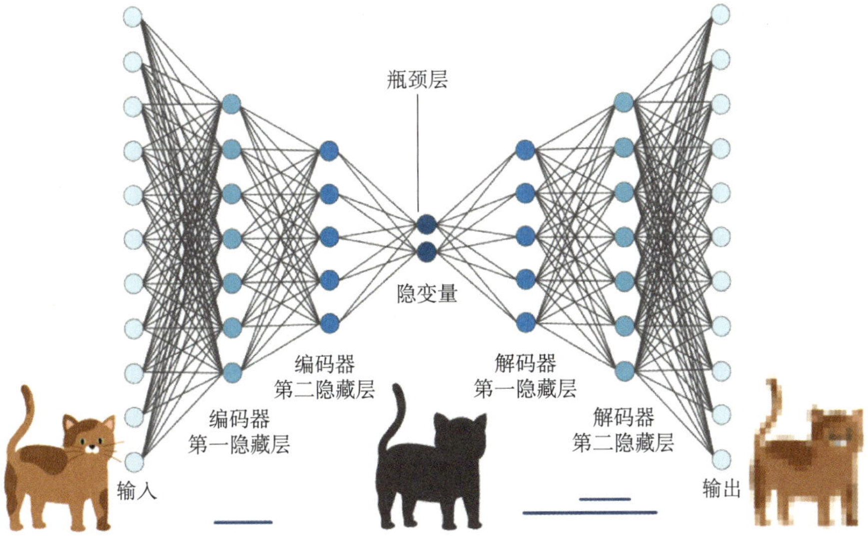

图2-59　自编码器试图在输出端恢复输入的图片

自编码器可以学习数据中的重要特征，当调节这些特征时，可以改变生成数据的特性。图2-60展示了在学习汽车图片后，瓶颈层提取到了汽车的典型特征，当调整这些特征时，可以生成不同类型的汽车。

图2-60　通过调整自编码器得到的汽车特征

小结

本节介绍了四种典型的神经网络结构：多层感知器（MLP）、卷积神经网络（CNN）、循环神经网络（RNN）和自编码器（AE）。每种网络结构都有其独特的设计特点和适用范围。

卷积神经网络通过局部连接和权重共享，特别适合处理图像、视频等具有局部特征和空间不变性的数据。循环神经网络擅长时序建模，适合处理与时间序列相关的任务，如语言翻译和语音识别。自编码器可以通过瓶颈层提取数据中的重要特征，去除冗余信息。

这些特殊的神经网络都可以视为多层感知器模型的特例。理论上说，多层感知器模型的自由度更大，学习能力更强，但在应用到实际问题上时，这些带有特殊结构的模型通常表现得更为出色。这是因为这些模型在设计时都隐含了一些基本假设，当数据的特性满足这些假设时，模型和数据匹配度高，学习起来更加容易。这也是我们在介绍机器学习方法时反复强调领域知识的原因：依据领域知识设计更切合的模型，可以极大地提高机器学习的效率。这是机器学习领域最重要的方法论之一。

2.8 深度学习基础

学习目标

（1）理解深度学习的基本概念，明确深度神经网络的特点和应用价值，掌握深度学习与传统机器学习的区别。

（2）认识深度神经网络训练中的困难，理解反向传播算法的作用与局限性。

（3）掌握辛顿提出的预训练方法，理解其如何有效解决深度神经网络训练难题，并认识其历史意义。

（4）理解深度学习的层次特征学习过程，明确高级特征的抽象性和概念化原理，掌握层次性特征提取的重要性。

（5）认识深度学习的成功因素，分析大数据、计算资源及开源共享在推动深度学习发展中的关键作用。

本节将介绍深度学习(deep learning)的基本概念。深度学习是一种以多层神经网络为基础的机器学习方法。研究者发现,随着网络层数的增加,不仅模型的表达能力显著提升,能够更好地处理复杂的分类或拟合问题,更重要的是,它能够模拟人脑的层次性信息处理方式。这一转变使神经网络从一个简单的函数拟合工具演变为一种类似人脑的信息处理系统。这一思想进步不仅回归了连接主义学派的初衷,也为大数据驱动的新一代人工智能奠定了模型和算法基础。

① 深度神经网络

1)基本概念

包含两个以上隐藏层的神经网络被称为深度神经网络(deep neural network, DNN),如图2-61所示。一般来说,在神经元总数相同的情况下,让网络变得更深比让它变得更宽更能获得更强的表达能力,这意味着深度神经网络理论上拥有更加强大的学习能力。

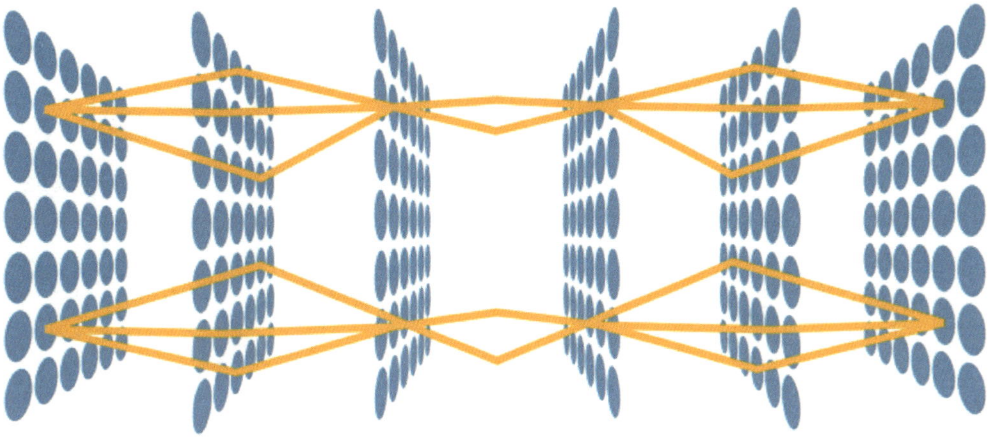

图2-61　深度神经网络

基于多层结构的机器学习方法通常被称为深度学习。理论上,任何多层结构都可以用于深度学习,但目前深度神经网络是应用最广泛的深度学习模型。因此,深度学习可以简单理解为基于深度神经网络的学习过程。图2-62给出了

图2-62　深度学习

人工智能、机器学习、神经网络和深度学习等概念之间的关系。

2）深度神经网络训练上的困难

尽管研究者很早就意识到多层神经网络具有更强的表达能力，但在很长一段时间里，深度神经网络的研究并没有提上日程。主要原因可能有两个，一个是“通用近似定理”告诉我们，即使包含一个隐藏层的简单网络，只要隐藏神经元的个数足够多，就可以学习任何复杂的连续函数。因此追求更深的网络在理论上似乎意义不大。第二点更加重要，就是在实践中，多层网络的训练非常困难，训练的结果往往还不如三层网络的效果。这就让人们渐渐失去了对深度神经网络的兴趣。

为什么深度神经网络的训练更加困难呢？这主要是因为神经网络的训练依赖反向传播算法，而该算法本质上是一个梯度下降法。梯度下降法的原理是基于梯度迭代寻找损失函数的局部最小值。如果损失函数非常复杂，函数曲面上有很多局部极小值点，梯度下降法很容易陷入一个局部极小值，无法到达较理想的优化位置。因此，虽然深度神经网络在理论上有优势，但实际性能并不理想。

图2-63展示了一个深度神经网络 VGG-56 的损失函数曲面。曲面上每个点的二维坐标代表网络的参数值，高度代表在该参数值下的损失函数值。该网络的训练目标是从某一个随机位置出发，在这一曲面上寻找一个最低点。可以看到，曲面上存在大量小山谷和马鞍状的平台区，使得训练极为困难。这也是为什么在2006年之前，超过三层的神经网络很少被使用的原因。

图2-63　VGG-56的目标函数曲面

拓展阅读

通用近似定理

神经网络是一种强大的计算模型。研究表明，即使是包含一个隐藏层的简单神经网络，只要隐藏层的节点足够多，就可以模拟任意连续函数，展现出强大的学习能力。这一结论被称为通用近似定理。

图2-64给出了通用近似定理的一个简单证明。左图显示，如果使用阶跃函数作为隐藏节点的激活函数，一个包含两个隐藏节点的小网络可以表示一个矩形窗函数，其中T_1和T_2是两个隐藏节点的激发阈值。右图展示了多个成对的隐藏节点组合起来，可以逼近任意连续函数。具体来说，输入x通过在T_1和T_2两个不同位置的阶跃函数，可以组合成一个矩形窗函数（左图）。将多个矩形窗函数组合起来（右下图，每个红圈标出的一对神经元，通过左图的方式进行组合可以得到一个矩形窗函数），可以近似任意连续函数（右上）。隐藏节点数越多，这一近似的精度就越高。

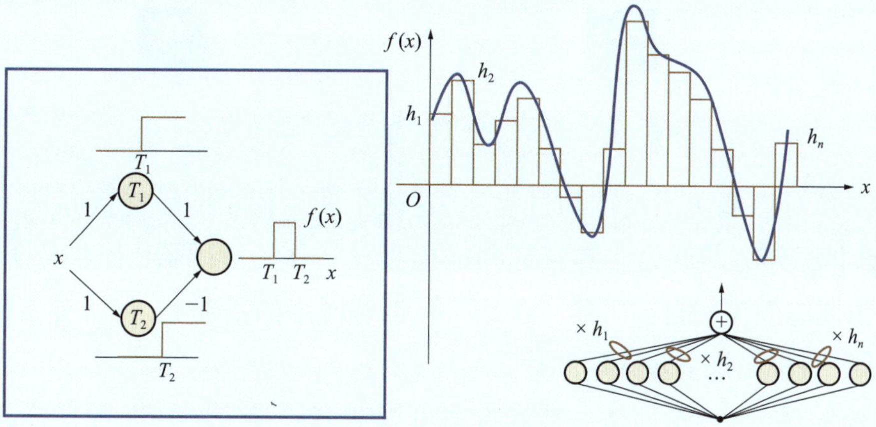

图2-64　通用近似定理的证明思路

3）辛顿的预训练方法

2006年，多伦多大学的杰弗里·辛顿提出了一种预训练（pre-training）方法，解决了深度神经网络的训练问题。辛顿的方法是，首先训练一个称为受限玻尔兹曼机（RBM）的浅层网络，并将这些浅层网络逐层叠加，形成一个预训练的深层网络。预训练之后，只要用少量数据进行精调，就可得到一个高性能的深度神经网络。

图2-65中左半部分展示了预训练的过程：从下往上训练三个独立的两层模型（受限玻尔兹曼机），每层模型以下一层模型的输出作为输入，提取更高一层的信息。具体步骤如下：①训练RBM1，固定这一模型，并用它处理输入数据，获得第一层特征，记为F1；②以F1为输入，训练RBM2，固定这一模型，并用RBM2处理F1，获得第二层特征F2；③以F2为输入，训练RBM3。

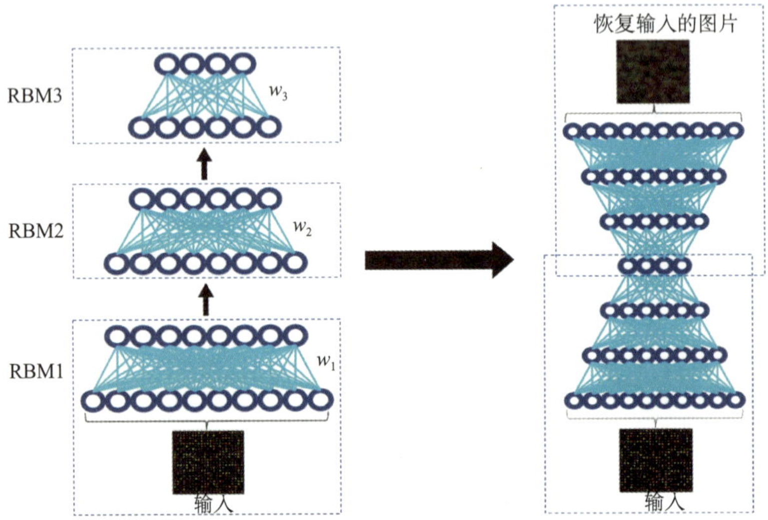

图2-65 RMB预训练（左）与神经网络精调（右）

右半部分图展示了精调的过程：将这三个两层模型前后连接起来，作为编码器（下半部分），再将这个连接起来的模型反转作为解码器（上半部分），即得到一个预训练的深层自编码器。在这一预训练网络的基础上，将所有参数放开，进行精调，目标是恢复输入的图片。

辛顿发现，这种预训练—精调方案可以对多层神经网络进行有效训练，且远超同等规模的浅层网络。这一发现是深度学习的起点，为基于深度神经网络的新一代人工智能技术打开了大门。

拓展阅读

受限玻尔兹曼机

受限玻尔兹曼机（restricted Boltzmann machine，RBM）是一种生成式

随机神经网络，能够学习输入数据的概率分布。它由杰弗里·辛顿等人提出，广泛应用于降维和特征提取等无监督学习任务。

总体来说，RBM包括一个输入层和一个隐藏层，两层之间的节点可以互相连接，同一层之间的节点没有连接(因此是“受限”的)。这些连接的权重决定了输入节点的概率分布。当我们用训练数据进行学习时，学习目标是通过调整RBM的参数，使其输入节点的概率分布与训练数据的分布吻合。训练完成后，这个RBM就代表了观察数据的分布。此时，对于任意一个输入数据x，都可以在隐藏层获得一个特征向量h^*，这个特征向量h^*代表了该输入数据的“特征”。

4）深度学习的蓬勃发展

自辛顿提出预训练方法以来，众多学者投入这一研究方向，深度学习成为人工智能领域最活跃的方向。2012年，辛顿团队开发的深度神经网络AlexNet在ImageNet图像分类比赛中取得了压倒性胜利，证明了深度神经网络的强大。AlexNet 是一个包含8层的卷积神经网络。辛顿团队通过AlexNet证明了模型的深度对于性能的提升至关重要(图2-66)。

约书亚·本吉奥、杰弗里·辛顿和杨立昆是深度学习的领军人物。在他们的带领下，深度学习在多个领域取得了令人瞩目的成就。2018年，他们三人因在深度学习领域的杰出贡献共同荣获计算机领域的最高荣誉——图灵奖。

图2-66　2012年AlexNet将错误率从26.%一举降到16.4%

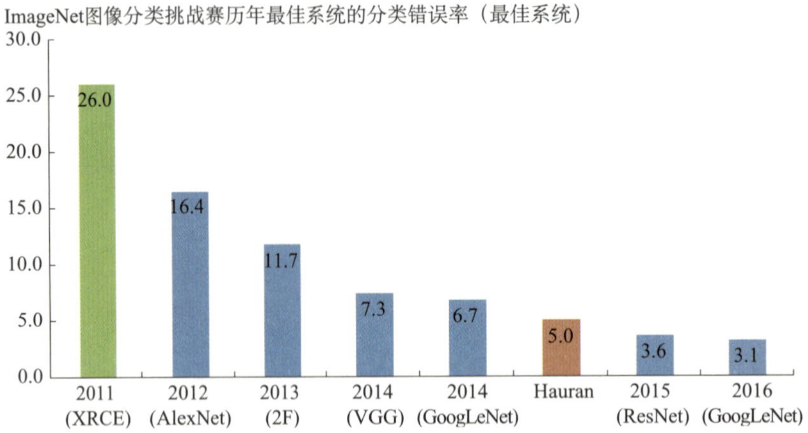

图 2-66（续）

注：上图为ImageNet数据集；下图为ImageNet图像分类挑战赛历年最好系统的分类错误率。

② 层次特征学习

1）什么是高级特征

深度神经网络的强大之处在于它能够通过层次性处理逐步提取出高级特征或抽象特征。以一个图像识别的卷积神经网络为例（图2-67），网络的底层学习到的是一些简单的线条，而高层则学习到更具全局性的图案。这说明网络可以逐层提取特征，越到高层，得到的特征越具有全局性，语义越明确。这种特征称为高级特征。

图2-67　深度神经网络逐层提取从低级到高级的层次性特征

高级特征有时也称为抽象特征。所谓抽象，是指具有明确的、概念化的语义，如“张三的脸”或“拉布拉多狗的头”。这些概念化的语义不是具体的表现形式，而是这些具体形式的抽象。例如，张三的脸，可能是侧脸也可能是正脸，可能是戴帽子的脸，也可能是戴眼镜的脸。不论哪种表现形式，都属于“张三的脸”这一概念。深度学习通过层次性处理，将这些不同的表现形式进行提取和总结，最后将抽象的概念表示在网络的高层，形成高级特征。

2）以人脸识别的卷积神经网络为例

观察一个用于人脸识别的卷积神经网络。可以看到，在网络的底层，神经元被一些简单的线条所激发。但是，在网络的高层，激发神经元的则是一些更大尺度的人脸图案。这说明网络在不同层次上提取到了不同尺度的特征，而且越到后面得到的特征越高级，与人脸识别这一任务的相关性也越强，如图2-68所示。

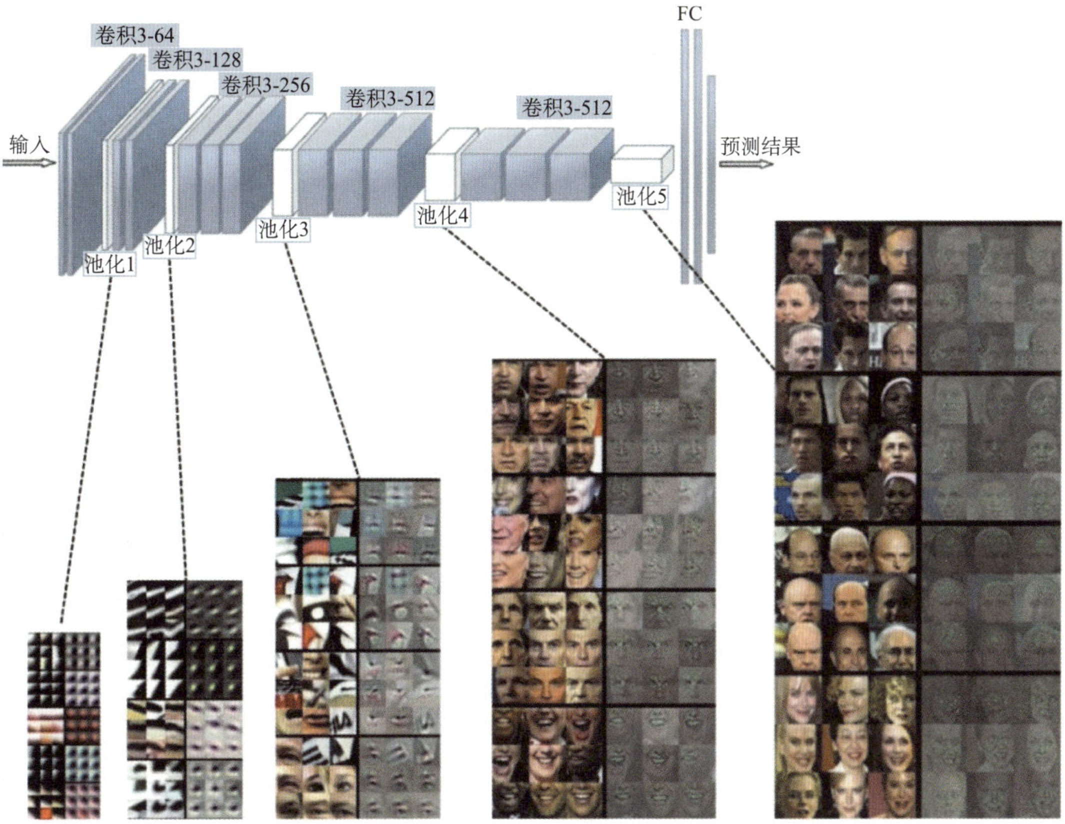

图2-68　卷积神经网络的不同层次提取不同尺度的特征

动动脑筋

（1）在深度卷积神经网络中，为什么越到深层得到的特征越高级？

（2）为什么越到后面和任务的相关性越强?

答案：

（1）越到后面的卷积层感受野越大，看到的范围越广，学习到的特征模式越复杂、意义越明确（如人脸远比一些线条更有意义）。

（2）训练的目的是解决特定任务，网络会自动学习到与任务最相关的特征。

3）底层共享—高层各异的模式

图2-69给出了四个深度神经网络学习到的层次性特征。这四个神经网络分别用于识别人脸、汽车、大象和椅子。可以看到，这四个网络在底层提取到的特征非常相似，而高层的特征开始出现差异。这种现象的原因在于，所有物体的图像都是由简单的线条组成的，只有在较大尺度上这些线条才会组合成不同的物体轮廓。这一点反映在卷积神经网络学习中，表现为底层特征共享，而高层特征各异的模式。

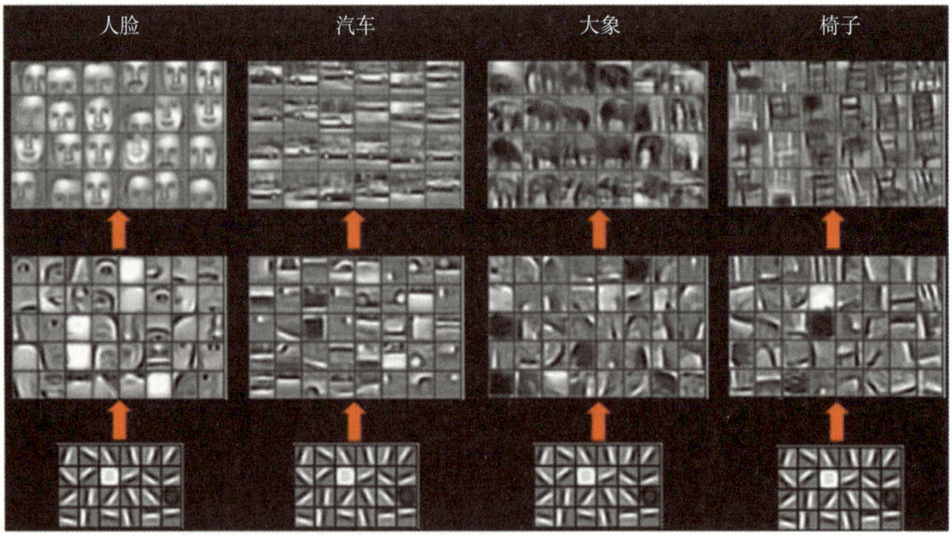

图2-69　不同领域的神经网络模型底层特征共享与高层特征各异

4）对比人类的信息处理方式

有趣的是，研究者发现深度神经网络的层次性处理方式与人类大脑中的信息处理方式有很大的相似性。例如，研究发现，用于图像识别的卷积神经网络，其特征提取过程和人脑中的视觉处理过程非常相似。如图2-70所示，人脑中不同区域的激发似乎与神经网络特定层次的激发相对应。例如神经网络（中间）学习到的模式（左侧）与人脑中的不同区域（右侧）形成了对应关系。早期视觉区域（如V1）更适合用低层级的卷积层来描述，而后期视觉区域（如V4）则更适合用高层级的卷积层来描述，如图2-71所示。这一研究从另一个侧面说明了深度学习的合理性。

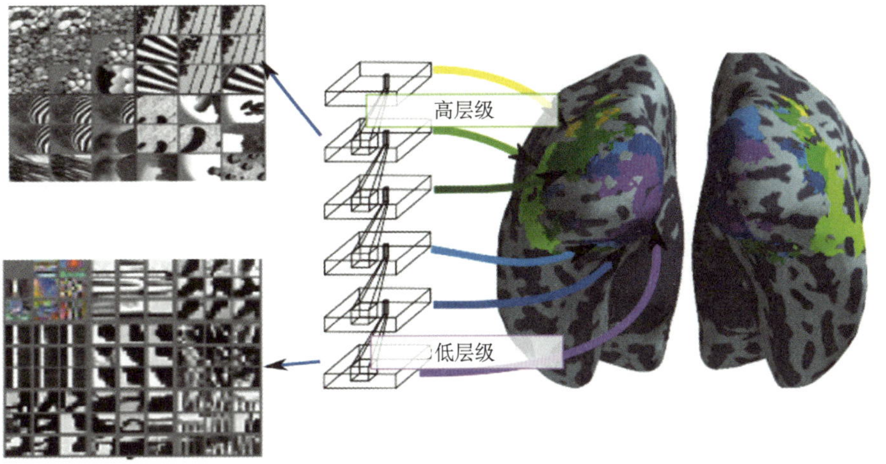

图2-70　神经网络（中）提取出的特征（左）与人脑中特定区域的激发（右）形成对应关系

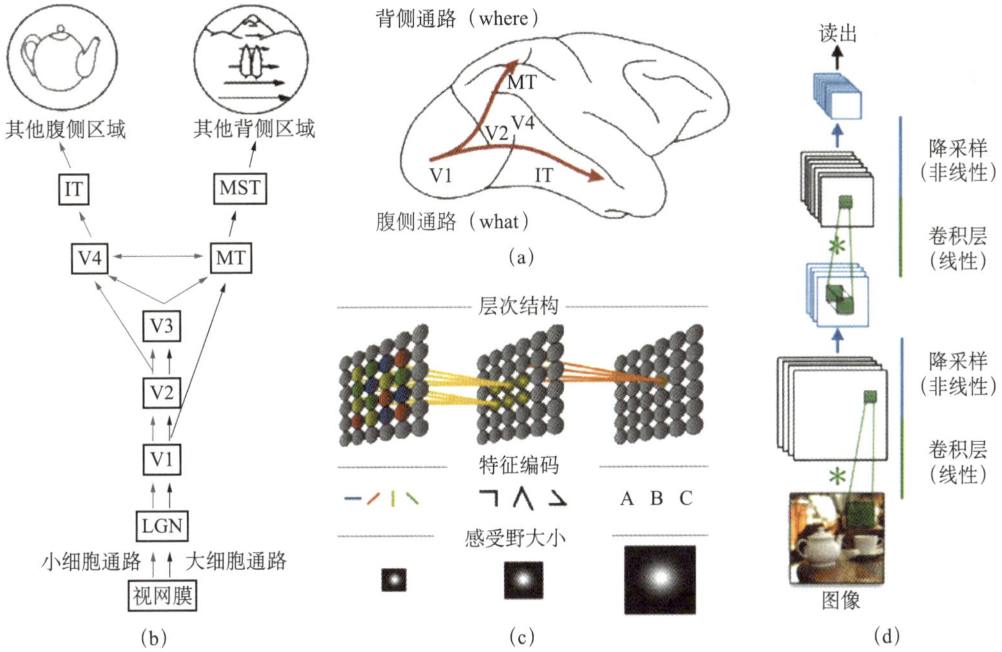

图2-71　人脑与神经网络的视觉信息处理过程对比

小结

深度神经网络在机器视觉、机器听觉、自然语言处理、机器人等众多领域取得了极大的成功。这一成功在很大程度上应归因于其强大的层次性特征学习能力。通过层次性特征学习，神经网络将简单特征组合成更大尺度的高级特征。这种组合不仅极大提高了网络的表达能力，更重要的是学习到了具有任务不变性的抽象特征。抽象性是“概念”产生的前提，也是产生智能的关键一步。深度学习通过层次性处理获得了这种抽象性，从而拥有了强大的理解和生成能力。

今天我们已经知道，辛顿最初提出的预训练方案并不是必需的，只要数据量足够大，计算资源足够丰富，就可以成功训练出强大的深度神经网络模型。从这个角度看，深度学习的成功不仅依赖于算法本身的强大，也得益于大数据的积累和计算机性能的显著提升，使大规模机器学习成为可能。

最后，开源共享已成为业界共识。研究者将他们的代码、数据、论文、模型等上传到公开的资源网站，供全世界的科学家免费学习、使用，极大促进了技术的交流和进步，为当前的人工智能浪潮留下了独特的历史印记。

2.9 大模型的基本原理（1）

学习目标

（1）理解大语言模型的基本原理与发展背景，掌握其在超长上下文建模方面的突破，明确其对语言理解与生成的贡献。

（2）认识语言模型的发展历程，理解*N*-gram模型、基于RNN的神经网络语言模型和词嵌入的基本原理与局限性。

（3）理解基于RNN的神经语言模型在长序列建模中的优势，明确其如何突破传统*N*-gram模型的上下文长度局限性。

（4）认识自注意力机制和Transformer架构的核心思想，明确其如何实现超长序列的建模与语义提纯。

（5）了解GPT系列大语言模型的发展历史，认识其在自然语言处理和通用任务处理中的创新及应用价值。

2018年以来，以GPT为代表的大模型技术异军突起，成为新一代人工智能的代表性成果。大模型首先从“大语言模型”开始，通过超长上下文建模实现了对语言的理解和掌握，并获得了人类长久以来积累的知识宝藏。之后，研究者发现这种超长上下文建模还可以让机器学习物理世界的规律，从而看懂、听懂我们的世界，在此基础上生成逼真的声音和视频。今天，大模型的研究如火如荼，接近甚至超过专家水平的强大智能体已经出现，展现出人工智能的巨大潜力。本节和下一节将讨论大模型的基本原理。

1 从语言模型讲起

语言是有规律的，只有掌握了这些规律，才能理解和运用语言。早期的研究尝试将语言学家总结的语法和语义规则传授给机器，希望机器获得类似人的语言能力。然而，研究者很快发现语言现象非常复杂，机械地套用语法和语义规则无法应对实际场景中的复杂性。

后来，研究者提出利用语言模型（language model，LM）来描述语言。简单地理解，语言模型描述的是词与词前后连接的可能性。例如“今天 心情 很（ ）”，括号里可能是“好”“差”，但不太可能是“太阳”“粉红”。把这种可能性用概率来表示，就是语言模型，例如：

$P(\text{好}|\text{今天 心情 很})=0.3$　　$P(\text{差}|\text{今天 心情 很})=0.2$

$P(\text{太阳}|\text{今天 心情 很})=0.01$　　$P(\text{粉红}|\text{今天 心情 很})=0.01$

传统上，语言模型是通过词频统计来实现的。例如统计数据集中所有“今天心情____”这句话后面所接的词，发现“好”占了30%，“差”占了20%，“太阳”和“粉红”基本没有。这个比例就是语言模型对每个词的输出概率。此外，因为我们手头的数据集是有限的，虽然“太阳”和“粉红”目前没有出现，但这并不意味着它们永远不会出现。因此通常会被分配一些较小的概率给这些看起来不太合理的词，而不是绝对为0。

传统语言模型用*N*元文法（*N*-gram）来表示。这一模型实际上是一个概率表，表示*N*−1个历史词串后接某个词的概率。如果历史词是1个，即是2-gram（又称bi-gram）；如果历史词是2个，即是3-gram（又称tri-gram）。一个2-gram概率表（部分）见表2-3。

表 2-3　2-gram 概率表（部分）

词	i	want	to	eat	chinese	food	lunch	spend
i	0.0015	0.21	0.00025	0.0025	0.00025	0.00025	0.00025	0.00075
want	0.0013	0.00042	0.26	0.00084	0.0029	0.0029	0.0025	0.00084
to	0.00078	0.00026	0.0013	0.18	0.00078	0.00026	0.0018	0.055
eat	0.00046	0.00046	0.0014	0.00046	0.0078	0.0014	0.02	0.00046
chinese	0.0012	0.00062	0.00062	0.00062	0.00062	0.052	0.0012	0.00062
food	0.0063	0.00039	0.0063	0.00039	0.00079	0.002	0.00039	0.00039
lunch	0.0017	0.00056	0.00056	0.00056	0.00056	0.0011	0.00056	0.00056
spend	0.0012	0.00058	0.0012	0.00058	0.00058	0.00058	0.00058	0.00058

N-gram语言模型有广泛应用。例如在输入法中用于自动提示后续单词，在传统机器翻译中用来选择通顺合理的句子，在Word等编辑软件中发现拼写错误。这一模型还可以用于生成文本。生成的方法也很简单：基于*N*-gram概率表随机生成下一个单词，再将这个单词加入历史词串中继续生成下一个词。这就像一个词语接龙游戏，第一个人说第一个词，后面的人跟着接下去，让句子尽量通顺合理。*N*-gram的*N*越大，历史信息越充分，生成的句子越合理。下面是用一个3-gram语言模型生成的一段话。可以看到每句话基本上还算通顺，说明语言模型起到了作用。然而，有些句子的意思不清晰，前后句子的连贯性很差，总体上没有逻辑性。这是可以理解的，因为3-gram在生成时只往前看两个词，生成的句子当然不会有什么逻辑性。

我也想去歌友会。说到底老被抢被挤兑。纽约考研生物定义范围吗？我不打扰了。别说那个事的后面有风吧。都过去会花很多钱没有。昨天晚上那个到底什么时候拿到手才能雅啊。谢谢你。

② 神经网络语言模型

1）从N-gram到神经网络

N-gram 语言模型存在一些问题，其中最主要的是查表的方式无法处理较长的上下文，否则会导致内存的快速消耗。事实上，当词表大小达到数十万量级时，统计到5-gram就已经超出大多数计算机的内存极限了。

2000年，约书亚·本吉奥提出了一种基于神经网络的语言模型（neural LM），开创了用连续向量表示语义的先河。记历史词序列为$h_t=[x_{t-1}, x_{t-2},\cdots]$，这一模型使用神经网络来预测下一个词$x_t$的概率，即$p(x_t|h_t)$。本吉奥主要研究的是基于前向神经网络的语言模型。2010年，托马斯·米科洛夫将其扩展到循环神经网络（RNN）结构，词序列中的每个单词的语义通过隐藏层的循环连接进行累积。这一模型称为RNN LM，如图2-72所示。与*N*-gram类似，RNN LM也可以通过“词语接龙”的方式生成句子。与基于前向神经网络的语言模型不同，RNN可以考虑更长的历史信息。理论上，RNN在某一时刻的预测和之前的所有预测都有关系，这就突破了*N*-gram模型在上下文长度上的局限性，为超长序列建模打下了基础。

2）语义嵌入

神经网络语言模型中一个重要的设计是对单词的语义表示和计算。传统自然语言处理中，单词被视为一个个的离散单元，表示方法通常是简单的独热编码，即一个长度等于词表大小的向量，该向量中只有一位是1，其余为0。例如，book表示为[0,1,0]，open表示为[1,0,0]。独热编码只能表示是什么词，却不能表示这个词的语义。

神经网络语言模型引入了一个可学习的嵌入向量来表示单词的语义。如

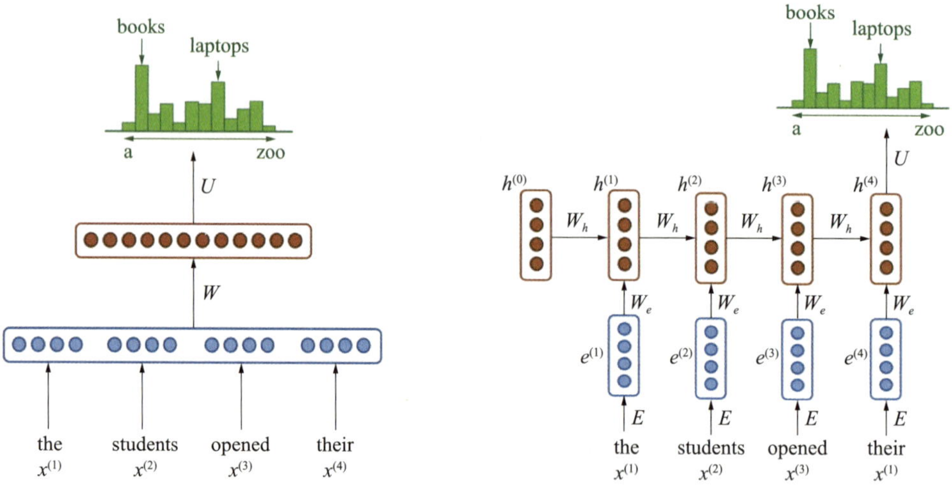

图2-72　神经语言模型

注：将历史词序列the students opened their输入神经网络中，预测后接词表中每个词的概率。books和laptops是比较合理的后接词，因此概率较高。左图为基于前向神经网络的语言模型，右图为基于循环神经网络的语言模型。

图2-72右图所示，E是一个矩阵，每一列对应一个单词的嵌入向量。基于这一矩阵，输入的每一个单词都被映射成矩阵中对应的连续向量（$e^{(1)}, e^{(2)}, \cdots$）。这一过程称为词嵌入。每个单词所对应的连续向量称为嵌入向量，或简称词向量。注意，嵌入向量矩阵E并不是人为指定的，而是和其他网络参数同时学习的。

词向量的引入具有重要意义。这些通过学习得到的向量将原来孤立的单词表示在了一个连续的语义空间，并在这一空间中获得了语义距离的可度量性。例如“葡萄”和“桃子”在语义上要比和“太阳”更接近，因此在这个语义空间中“葡萄”和“桃子”距离更近，如图2-73所示。2013年，托马斯·米科洛夫等提出了更有效的词向量学习方法。他们不再使用RNN语言模型，而是直接优化词向量之间的距离，让有关联的词在向量空间更近，无关联的词在向量空间更远。

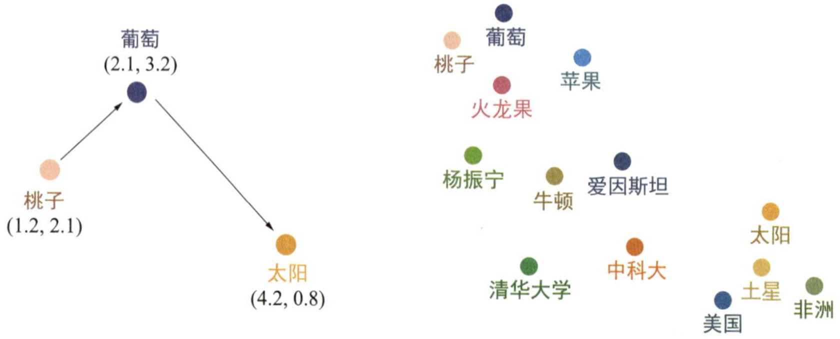

图2-73　语向量示意图

有趣的是，研究者发现基于这种简单的学习目标得到的词向量确实获得了语义内涵。如图2-74所示，“英国→伦敦”的位移方向与“美国→华盛顿”的位移方向一致，说明这一方向代表了“首都”这一语义；“国王→女王”的位移方向与“王子→公主”的位移方向也一致，说明这一方向代表了“性别”这一语义。

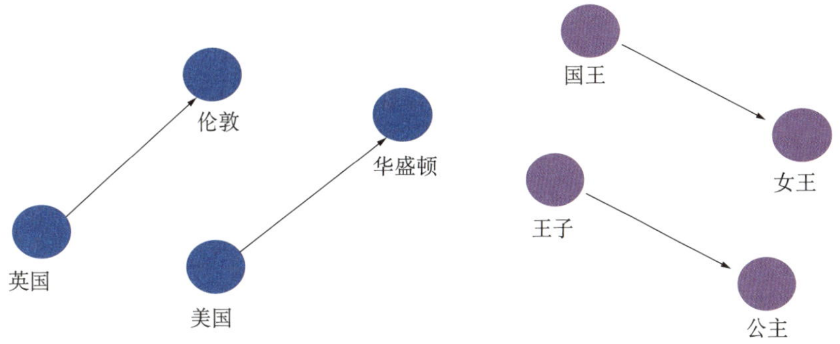

图2-74 词向量空间的语义关联

词向量的提出是个里程碑式的成就，它提供了一种简洁的语义计算方式，开辟了自然语言处理的新篇章。

③ 强大的 Transformer 模型

词向量和神经网络语言模型为理解自然语言提供了基础，但还有两个问题没有解决：①词向量中的语义是混杂的。很多单词包含不止一个语义，词向量是多个语义的综合表示。②传统的RNN模型很“健忘”，超过10个词的历史信息就会被遗忘，因此无法对超长序列建模。

2017年，谷歌的研究者提出了一种称为Transformer的模型，完美解决了这两个问题。Transformer的中文翻译是转换器，意思是这种新模型可以实现灵活而强大的信息处理与转换能力。

Transformer的核心是一个称为自注意力机制（self attention）的模块。假设输出序列是 $X=[x_1, x_2,\cdots, x_n]$，首先对X进行三次独立的变换，得到三个序列：$Q=[q_1,q_2,\cdots,q_n]$，$K=[k_1,k_2,\cdots,k_n]$，$V=[v_1,v_2,\cdots,v_n]$。其中，q_i称为查询

(query)向量；k_i称为键(key)向量；v_i称为值(value)向量。将q_i和每个k_i计算距离，得到第i个词和第j个词的相关性a_{ij}，再用这个相关性计算v_j的加权和。具体公式如下：

$$x'_i = \sum_j f\left(q_i, k_j\right) v_j = \sum_j a_{ij} v_j$$

式中，f是计算相关性的函数，需要满足$\sum_j a_{ij} = 1$；x'_i是经过自注意力机制后第i个词的输出。

自注意力机制可以理解为一个"关注—提取"过程。对句中的任意一个词x_i，首先用q_i通过k_j关注句子中的每个词(包括自身)，计算出相关性后再提取和自身最相关的词的语义。经过这样的语义提取过程，就可以把上下文相关的信息提取出来，从而对每个单词的语义进行确认和提纯。例如，句子"你吃苹果吗？"中的"苹果"具有多重语义，可能是可以吃的苹果，也可能是电子产品的苹果。因此，在经过自注意机制之前，"苹果"的词向量在语义上是混杂的。然而，自注意力机制可以关注到"吃"这个词，因此确定这个"苹果"必然是那种"可吃的水果"(图2-75)。因此，自注意力机制可以视为一个语义提纯机制，为精确表达和理解语言的意义提供了可能。

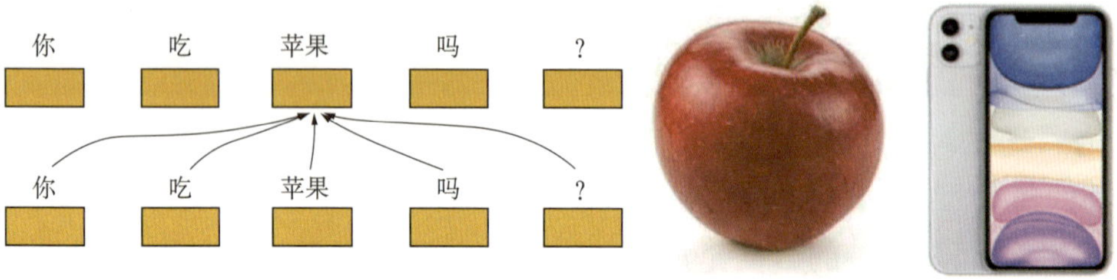

图2-75　自注意力机制提纯语义信息

自注意力机制还有另一个重要特征，即可以对超长序列进行建模。参考它的计算过程可以知道，输入序列中的每个词都可以通过注意力机制观察到所有其他词，不论这个词离自己多远。这和RNN有根本不同。RNN是依时间顺序逐渐积累语义的(图2-72)，因此在积累到靠后的单词时，前面单词的语义会被遗忘。自注意力机制从根本上解决了这一问题，不论距离多远，重要的词义也不会丢失。

基于自注意力机制，谷歌公司在2017年的论文中提出了Transformer结构，如图2-76所示。为了提取多个侧面的语义信息，Transformer中的自注意机制是“多头”的，每个头对应一个提取角度。除此之外，Transformer还包含了一个全连接层，两个层归一化操作。前者增加了模型的灵活性，后者使模型训练更稳定。在这些模块之间还包含一些跨层连接，这些连接有利于信息的传递，从而让训练更加容易。

最后，Transformer结构层层叠加起来，可以让每个词的语义越来越清晰，这就为理解语言提供了坚实的基础。

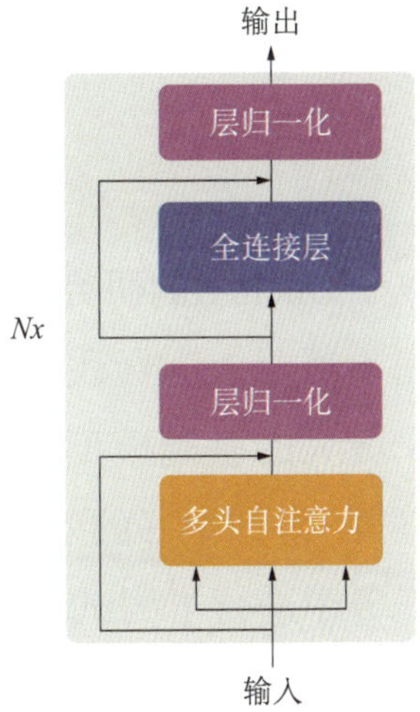

图2-76 Transformer结构

④ 大语言模型的诞生

2018年，OpenAI基于Transformer结构开发了第一版大语言模型，称为generative pretrained transformer（GPT）。这个模型有几个特点：首先，它是个标准的语言模型，即通过历史词串预测下一个词；其次，它的主干是一个12层的Transformer，上下文窗口大小为512个Token（一个英文单词平均包含1.25个Token），具有强大的上下文建模能力；最后，它的模型参数是1.17亿，训练数据多达40GB，参数量和数据量都很庞大。正因为如此，GPT也被称为大语言模型（large language model，LLM）。

作为一个强大的语言模型，GPT可以用来生成非常流畅的句子。例如下面是用GPT写的一篇小说，题目是《孙悟空大战李逵》。可以看到，GPT生成的句子比传统*N*-gram模型要好很多，不仅用词合理，而且前后逻辑通顺。

一日，天界与人间的交界之处，云雾缭绕，风云突变。孙悟空与李逵在一座荒芜的古战场上偶然相遇，这座战场见证了无数古代英雄的较量，今日又将上演一场史诗对决。孙悟空，用他的如意金箍棒一挥，声势浩大，天空中雷声大作。他的眼中闪烁着战斗的兴奋，因为他知道李逵力大无穷，绝非等闲之辈。

OpenAI的研究者还测试了GPT用于预训练的效果。因为语言模型的训练数据不需要人为标注，原则上人类积累的所有文本都可以用来做预训练。有了这个庞大的基础模型，再用少量数据做微调，即可在特定任务上（如情感识别、问答等）得到很好的效果。在实验中，他们用GPT预训练过的模型在12项语言理解任务中进行了测试，其中9项超过了当时最好的系统。

然而，OpenAI的研究者没有满足于这一成就，他们觉得语言模型应该不仅可以用来生成通顺的句子或做预训练，而且它可能是理解语言的钥匙。这是因为单词预测虽然看起来简单，但要做好却并不容易，需要对语言有深入的理解。这类似于我们在英语考试中的完形填空题，虽然只是填一个词，如果不理解文章的意思也很难填对。

因此，如果一个模型可以把单词预测的事做好，它必然要学会理解我们的语言。同时，Transformer具有强大的语义解析能力：它可以通过自注意力机制从超长上下文中确定单词的精确语义。因此，OpenAI的研究者相信，用“单词预测”这个任务去驱动Transformer进行学习，只要数据足够多，模型足够大，就有可能让机器理解人的语言。这正是GPT的底层逻辑。

基于这一思路，OpenAI持续研究。2019年，他们推出GPT-2，模型参数达15亿，上下文长度扩展到1024个Token；2020年，GPT-3推出，参数达到1750亿，上下文达到2048个Token，训练数据也扩展到570GB。2022年，OpenAI推出里程碑式的新模型，商用名为ChatGPT。ChatGPT（GPT-3.5）在模型结构上与GPT-3相同，但其价值观与人类进行了对齐，同时拥有了写代码的能力。2023年，OpenAI推出更强大的GPT-4，据说参数规模达到1.8万亿，上下文长度8192个Token，而且可以读懂图片内容。2024年5月，GPT-4o上线，拥有了视听功能，可以和人通过语音和视频进行交流。2024年9月，OpenAI 推出o1系统，拥有了更强大的推理能力，可以解决数学、物理等专业问题，能力达到博士生水平。

GPT的成功引发了大语言模型的热潮，众多研究机构投入这一领域，包括OpenAI公司、清华大学、谷歌公司、脸书公司等。特别是2022年年底以ChatGPT

为名的GPT-3.5发布以后，大语言模型广为人知，人工智能进入新时代。

GPT的发展历程如图2-77所示。

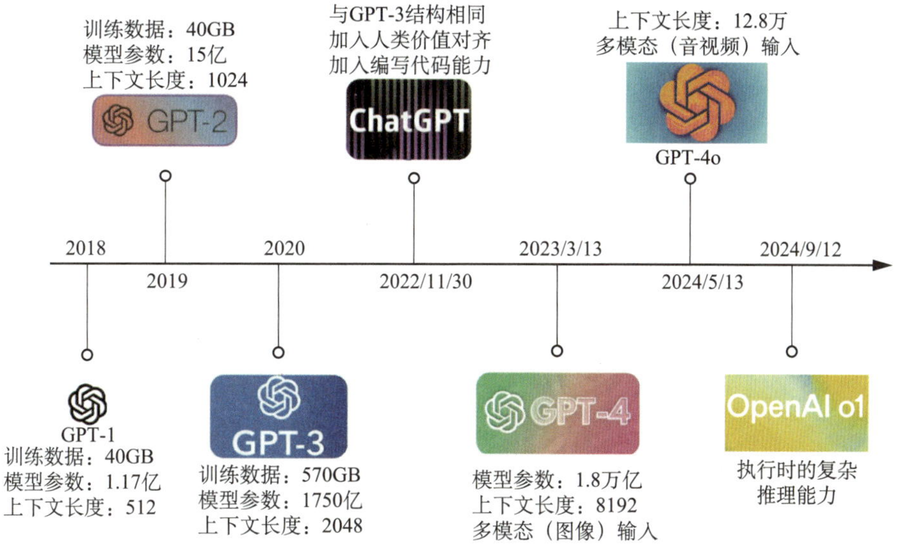

图2-77　GPT的发展历程

小结

语言模型描述的是单词的前后顺序关系，即在特定上下文环境h_t中后接某个词x_t的概率$p(x_t|h_t)$。传统N-gram语言模型是一种统计方法，统计在训练语料中上下文h_t之后单词x_t出现的频率。这种统计方法不能处理过长的上下文，因此无法描述语言中的远距离相关性。

基于RNN的神经网络语言模型开创了语义计算的先河。和N-gram的统计方法不同，RNN语言模型是一种基于学习的生成式模型，学习的目标是基于上下文h_t尽可能准确地预测下一个单词x_t。为了实现这一目标，模型首先将单词嵌入一个连续的语义空间，并在该语义空间中建立RNN模型。语义嵌入解决了单词的语义表示问题，而RNN模型解决了时序建模和语义累积问题。

RNN语言模型有两个主要困难：①词向量的语义混杂；②远距离语义的快速遗忘。Transformer架构提供了完美的解决方案，它通过自注意力机制可以对远距离语义进行提取和关联，并且通过这种关联澄清了单词在上下文中的确切语义。Transformer为理解人类语言打开了一扇大门。

2018年开始，以OpenAI为代表的众多研究机构共同开启了大语言模型的新时代。他们以Transformer为骨架，用海量数据训练参数高达上千亿的神经语言模型，取得了惊人的进展。研究者发现，当上下文长度足够长，数据量足够大，大语言模型可以精确理解人的语言。这是个了不起的成就，因为一旦打破了语言障碍，机器就可以接触和学习人类长期积累起来的知识宝库，从而获得强大的智能。

2.10 大模型的基本原理（2）

学习目标

（1）理解大语言模型（LLM）通用智能的基本思想，明确“提示词”在任务描述中的关键作用，理解LLM如何减少对任务专用模型的依赖。

（2）掌握示例学习和思维链推理技术的基本原理，理解其如何提升LLM解决复杂问题的能力。

（3）认识尺度定律，分析模型大小、数据量、计算资源与LLM性能之间的关系，明确其对大模型发展的影响。

（4）理解检索增强生成技术的原理，认识其如何解决LLM的“幻觉”问题，并提高信息准确性与更新效率。

（5）理解多模态大模型的基本概念，明确文本、图像、音频、视频等不同模态数据的融合原理与应用优势，分析多模态大模型在实际问题中的潜力与前景。

本节继续讨论大模型的基本原理。自2018年OpenAI推出GPT之后，大语言模型技术已经经历了若干次技术迭代。这些技术包括基于提示的通用求解方案、示例学习、思维链推理等。不仅如此，研究者还将基于Transformer的序列建模方法扩展到图像、音频、视频等领域，训练各个领域的大模型。最后，研究者正在将各个模态的信息进行整合，训练出了多模态大模型。与单一文本模态的大语言模型相比，多模态大模型相当于给大模型装上了眼睛、耳朵等感觉器官，从而进一步延展了机器智能的边界。

1 大语言模型技术

短短几年时间内，大语言模型（LLM）经历了数次技术突破，这些突破共同奠定了今天强大的人工智能。本节对这些技术做简单回顾。

1）生成式人工智能

2019年，OpenAI推出GPT-2，用“生成”的方式解决通用问题，这是生成式人工智能的开端，也让人们看到了通用人工智能的曙光。

今天，几乎任何一个LLM应用都拥有了这种通用智能，它们不仅可以与人闲聊，还可以回答用户提出的各种问题。例如给出一个问题的解决办法、对一件事情进行分析和推理，甚至回答脑筋急转弯。用户给模型的输入被称为提示词（prompt）。一些问答的例子如下。

讨论与建议

我：小明不好好学习，有什么办法？

LLM：让他多读一些科学家的故事，同时要多对他进行鼓励。

分析与推理

我：小明爸爸的儿子是谁？

LLM: 小明爸爸的儿子是小明。

脑筋急转弯

我：小明没带伞，却没有淋湿头发，为什么？

LLM：因为小明没有头发。

从这些问答中，我们可以看到LLM不仅理解了人类语言，而且可以给出合理的回答，表现出了处理通用问题的能力。LLM的这种能力，根本原因是通过理解人的语言学习到了人类的表达方式，而且吸收了人类长期积累的知识宝藏。因此，它们不仅表现出类似人的交流方式，而且可以对各种问题给出解答。

特别重要的是，传统的人工智能需要对不同任务训练不同的模型，LLM的出现从根本上改变了这种局面，它可以以“生成”的方式完成以前特定领域模型才能完成的任务。以机器翻译任务为例，传统上我们需要训练一个专用的翻译模型。有了LLM，可以通过提示词告诉它要完成的任务是“翻译句子”，LLM就会以“词语接龙”的方式输出翻译结果。再如情绪分类任务，如图2-78所示，传统上需要训练一个分类模型，模型的输出是1或0，分别代表正面和负面情绪。有了LLM，只要用提示词告诉它要完成的任务是“判断下面这句话的情绪是正面还是负面”，LLM就会用自然语言的方式输出是“正面”还是“负面”。

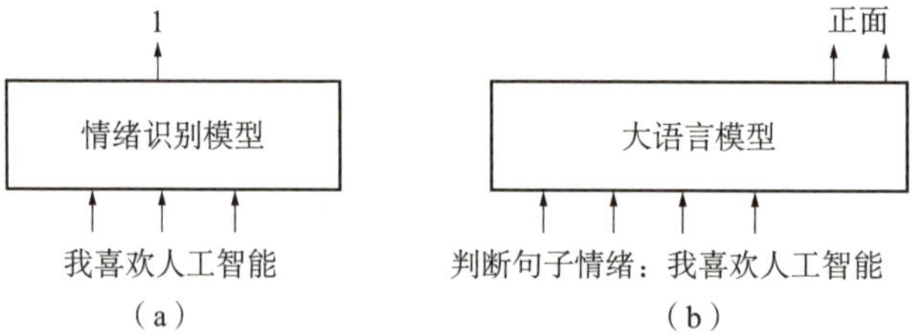

图2-78 传统情绪识别模型与LLM

用提示词来设定任务而不是为每个任务设计单独的模型，这是人工智能的一次飞跃，意味着LLM具有了某种通用智能。这种通用智能是人脑的工作基础：我们只有一个大脑，但这个大脑可以完成各种任务，甚至尝试解决从没见过的任务。LLM的出现让我们第一次看到了通用人工智能的曙光。

另外，用生成自然语言的方式给出反馈（包括解答过程和答案）也是一个重要的创新，提供了一种通用的信息交流方式。事实上，人在解决问题的时候也是通过自然语言来输出解决过程和结果的。自然语言是个通用的人机接口，既适用于任何复杂的、甚至全新的任务，又具有对人类的友好性、透明性。

2）示例学习

2020年，OpenAI推出的GPT-3包含了一项创新技术：用示例来描述任务。如图2-79所示，当给模型不同的示例时，它会学习到示例中所隐含的关系，并利用这一关系来回答用户的问题。示例学习对于难以用语言定义的任务有重要意义，同时也再次证明了大语言模型的理解能力。

我：拿来–Bring; 关闭–Close; 增加–
LLM: Add
我：拿来–食物；关闭–窗户；增加–
LLM：收入
我：拿来–带走；关闭–打开；增加–
LLM：减少

图2-79　用示例来描述任务

3）思维链

2022年，谷歌的研究者提出思维链（chain of thought，CoT）的概念，用以引导大模型解决复杂问题。人在解决复杂问题的时候，不是靠拍脑袋做决定的，而是有一个认真思考的过程。LLM的推理也是这样的，如果不给它任何指导，它只能拍脑袋做决定。思维链就是告诉LLM通过仔细思考再给出答案。那么，如何告诉大语言模型如何思考呢？CoT采用示例的方法见表2-4，在提问时首先展示一下演算过程，LLM就会照猫画虎，按类似的过程解决问题。

表 2-4　采用示例的 CoT 方法

项　目	直 接 提 问	带 CoT 示例的提问
模型输入	Q：The cafeteria had 23 apples. If they used 20 to make lunch and bought 6 more，how many apples do they have?	Q: Roger has 5 tennis balls. He buys 2 more cans of tennis balls. Each can has 3 tennis balls. How many tennis balls does he have now? A: Roger started with 5 balls. 2 cans of 3 tennis balls each is 6 tennis balls. 5 + 6 = 11. The answer is 11. Q: The cafeteria had 23 apples. If they used 20 to make lunch and bought 6 more，how many apples do they have?
模型回答	A: The answer is 27.	A: The cafeteria had 23 apples originally. They used 20 to make lunch. So they had 23 − 20 = 3. They bought 6 more apples，so they have 3 + 6 = 9. The answer is 9.

4）尺度定律

2020年，OpenAI的研究发现，以Transformer为架构的LLM非常强大，只要给它足够的数据和足够的计算资源，就可以训练非常强大的模型。而且模型的性能与模型大小、数据量、计算消耗成比例增长，这一结论称为“尺度定律”。

尺度定律意味着只要付出更多的计算和数据资源，就可以训练更强大的模型。换句话说，现代人工智能之争很大程度上是资源之争。因此，很多大型企业开始投放大量资源训练更庞大的模型。例如，谷歌发布的 PaLM-E模型，参数量高达5620亿；微软和英伟达联合推出的MT-NLG，模型参数也达到了5300亿；xAI公司推出的开源模型Grok-1，参数量为3140亿。

越来越庞大的模型带来了性能的提升，同时也引发了忧虑。一是这些模型正在耗尽人类产生的数据，下一步学什么、从哪里学都是问题；二是这些规模庞大的模型不论是训练还是运行都需要消耗大量算力，由此引发的能源消耗已经成为AI进一步发展的障碍。

5）检索增强生成

大语言模型虽然强大，但也有不少缺陷。首先，现在的主流大模型动辄千亿参数，训练起来对电力和计算资源的消耗非常大。因此，大模型不可能频繁更新，这导致它无法掌握最新信息。其次，大模型有时会“脑补”一些不准确的内容，即所谓的大模型“幻觉问题”，生成出错误信息。最后，大模型的大量模型参数和计算能力消耗在了常识性知识的记忆上，而这些知识完全可以通过检索即时获取，不必占用模型的宝贵资源。

为了解决这些问题，研究者在2020年提出了一种称为检索增强生成（retrieval augmented generation，RAG）的新方案。这一方案的思路是为大模型引入检索功能，使它可以从在线文档中读取资料。RAG解决了LLM无法及时更新的问题，使它可以在线访问最新信息。 同时，通过检索得到的外部资料还可以让LLM避免“幻想”。尤其是在生成事实性知识时，检索的可靠性更强。最后，RAG极大减轻了LLM在知识记忆上的负担，提高了模型的运行效率。

图2-80所示为RAG的典型结构。用户输入一个问题或指令，系统中的检索器（retriever）根据这个输入从外部知识库中找到相关资料。这些资料可能是互

联网上的公开文档，也可能是用户数据库中的个人数据。然后，系统将最相关的内容和用户的原始输入一起送入生成模型，就可以得到更加精准、质量更高的生成结果。

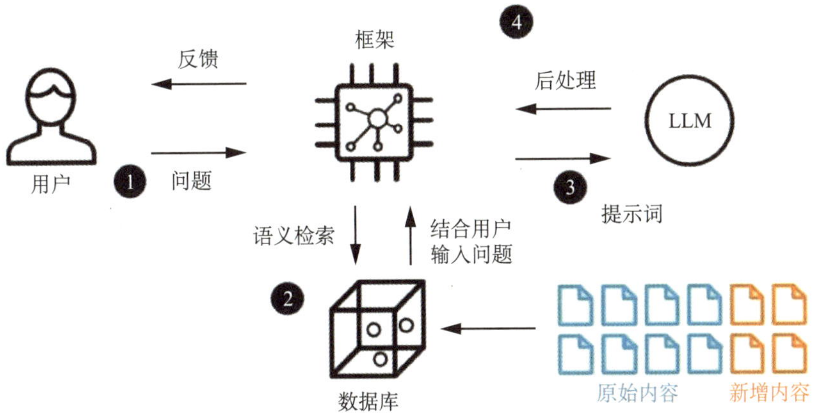

图2-80 RAG示意图

6）大模型的手和脚

大语言模型很强大，但它只能输出文字，不会对物理世界产生直接影响。这就像我们的大脑，只会产生想法，但要动作起来，还需要有手和脚。如何给LLM装上手和脚呢？只需要把设备的程序接口告诉LLM，它就可以通过生成和运行程序来控制这些设备，就像我们的大脑通过神经信号来控制四肢一样。例如，微软的研究者就设计出一款应用，用LLM来控制无人机，如图2-81所示。用户只需要说出任务目标，LLM就可以通过生成Python程序来控制无人机完成任务。

图2-81 微软用LLM控制无人机

给大模型装上硬件躯体可能是现代人工智能下一个重要的突破口。一方面，有了硬件支撑，拥有强大智能的大语言模型可以直接走入现实世界，帮我们完成各种任务（如抢险救灾，太空探测）；另一方面，有了躯体的人工智能可以在现实世界中自我探索，自我成长，从而突破人类当前的探索疆域，获得越来越强大的能力。

② 多媒体大模型

图2-82 老虎图片中的像素是有序的

大语言模型的基本原理是对词的前后相关性进行学习，通过学习这种相关性间接地学会语言本身的规律。事实上，这种前后相关性不仅是语言的规律，也是自然界的规律。一张老虎的图片，如图2-82所示，其中的像素不是杂乱无章的，只有合理的组合才能形成耳朵、尾巴等部件，这些部件也只有通过合理的组合才能形成一只老虎。

类似地，我们听一段音乐，音符的组合必须符合音乐原理，听起来流畅、悦耳，不符合音乐原理的组合会让人感觉刺耳、烦躁。看一段视频，高山流水、花飞花落，这些都必须符合自然规律才会让视频显得真实。如果视频中的片段被打乱顺序重新组合，就会让人难以理解。

总而言之，顺序性是自然界的基本规律。理解了这种顺序性，就有望理解和掌握自然界的规律，进而生成逼真的音视频。

基于这一思路，可以用预测单词的方式来预测图片中的像素点，从而逐渐生成一张图片，如图2-83所示。

图2-83 通过顺序预测像素点的方式逐渐生成一幅图片

2021年，OpenAI推出的DALL·E就是基于这一原理。该模型基于Transformer架构，可以根据用户的自然语言描述来生成高质量的图像，如图2-84所示。2023年，谷歌公司推出了MusicLM，同样基于Transformer架构，用20万～30万小时的音乐数据训练模型，可以根据用户的描述生成流畅的音乐。

图2-84　DALL·E 生成的图片

这种逐点预测的方法虽然能生成逼真的图片和流畅的音乐，但生成速度比较慢。后来研究者发现，顺序性本身意味着规律性，而有规律的数据只会存在于整个数据空间的一个曲面上。如图2-85所示，看起来自然、合理的图片都分布在黄色曲面上。因此，可以从一幅随机图片开始，一点点趋近这一黄色曲面。当到达这个曲面时，就得到了一张合理的图片。

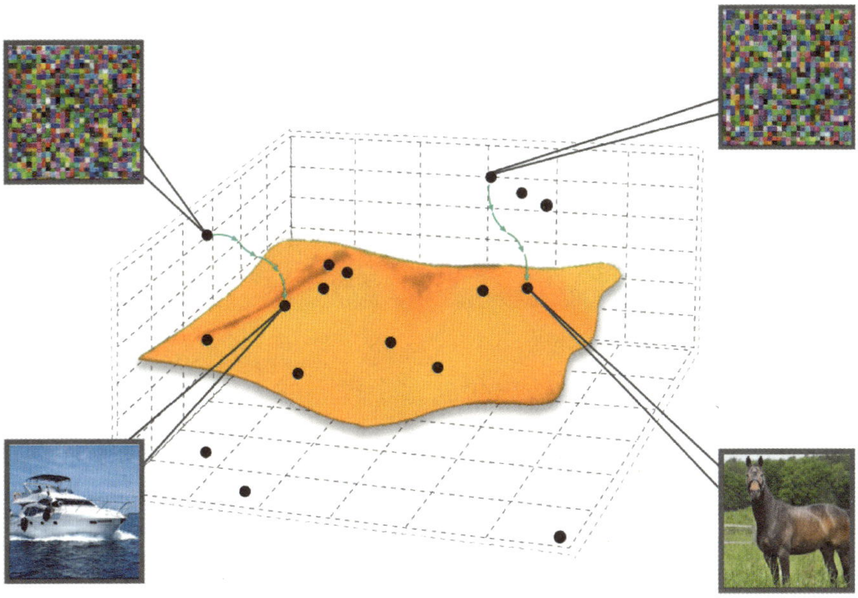

图2-85　正常、合理的图片都分布在黄色曲面上

OpenAI 于2022年推出的DALL·E 2 就是基于这一思路。具体来说，它采用的是一种称为扩散模型(diffusion model)的神经网络模型。一滴红墨水滴到水里逐渐扩散，最终和水融为一体，这一过程就是扩散过程。扩散模型对这一过程进行建模，由此推导出一个逆扩散过程，就如同把红墨水从水中再提取出来一样。应用到图片生成上，这一过程类似一个去噪过程：从一幅完全随机的噪声图片开始，一点点去除噪声，直到生成一幅清晰的图片，如图2-86所示。

图2-86　扩散模型通过去噪生成图片的例子

同样的技术也可以扩展到视频生成。与图像、文字、声音一样，视频也可以视为一个序列数据，只不过这种数据更复杂些，在空间和时间上都有相关性。2024年2月，OpenAI发布视频生成模型Sora，其基本原理也是扩散模型。在Sora之后，很多机构也推出了自己的视频大模型。目前，人工智能已经能生成长达数分钟的高清视频。

③ 多模态大模型

多模态大模型是指输入和输出包含多个模态的大模型。这里的模态主要指文本、声音、视频。从基础原理上，多模态大模型和单一模态的文本大模型没有本质区别，都是基于Transformer对序列数据进行建模，只不过输入和输出可以有多种形式。多模态建模之所以能够成功，可能的原因是文本、声音、视频都可以映射到统一的概念空间。例如“牛”这个词，它在视觉上对应着牛的形象，在听觉上对应着牛的声音。尽管这些表现形式各不相同，但在概念层面这些都是同一个对象——牛，因此有可能被映射到一个概念空间。

OpenAI在2023年推出的GPT-4是最早的多模态大模型之一，它不仅可以接受文本输入，还可以接受图像输入，以“看图说话”的方式用文字和人交流。GPT-4在训练时，既有图像数据，也有文本数据。有趣的是，加入图像数据并没有损失文本对话的精度，相反还提高了文本理解的能力。这可能是因为文本和图像在概念层次是统一的，所以加入图像数据有助于概念空间的建立。

有了图像识别能力，GPT-4相当于有了眼睛，可以回答任何与图片有关的问题。例如提供一幅图片，GPT-4可以对这幅图中的内容进行描述，甚至分析出更深层次的内容，如图2-87所示。例如给它一幅冰箱里现有果蔬的照片，GPT-4可以告诉你根据照片中的蔬菜可以做哪些菜肴。

我：描述一下图片中的场景。

GPT-4：这张图片展现了一个宁静、艺术气息浓厚的庭院场景。场景的焦点是一个架在门口的画架，画架上放置着一幅正在创作的花卉油画。画中描绘了几朵粉色的剑兰花，背景采用了淡绿色和蓝色的柔和色调，给人一种清新、宁静的感觉。

在画架左侧的花园里，有几株盛开的粉色剑兰，似乎是画中花朵的原型。花园里还种有其他绿色植物，形成一种自然、随意的布置。右侧可以看到一段绿色的木质栅栏，栅栏的尽头隐约能看到一朵紫色的小花。

图2-87 GPT-4可以读懂图片中的场景

有了眼睛的GPT-4可以看到考卷，因此可以直接进行答题。这与原来只有文本模态的LLM有很大不同。对于单一文本模态的LLM，必须把题目变成文字，大模型才能答题。这使得LLM的答题种类受到限制，如几何题就没有办法解答。现在有了图像模态，GPT-4可以直接写出解答步骤和结果，哪怕是解答几何题也没有问题。

OpenAI在大量专业考试上测试了GPT-4的性能，发现它的能力极为强大，在很多考试上甚至可以超过大多数人类应试者，如图2-88所示。

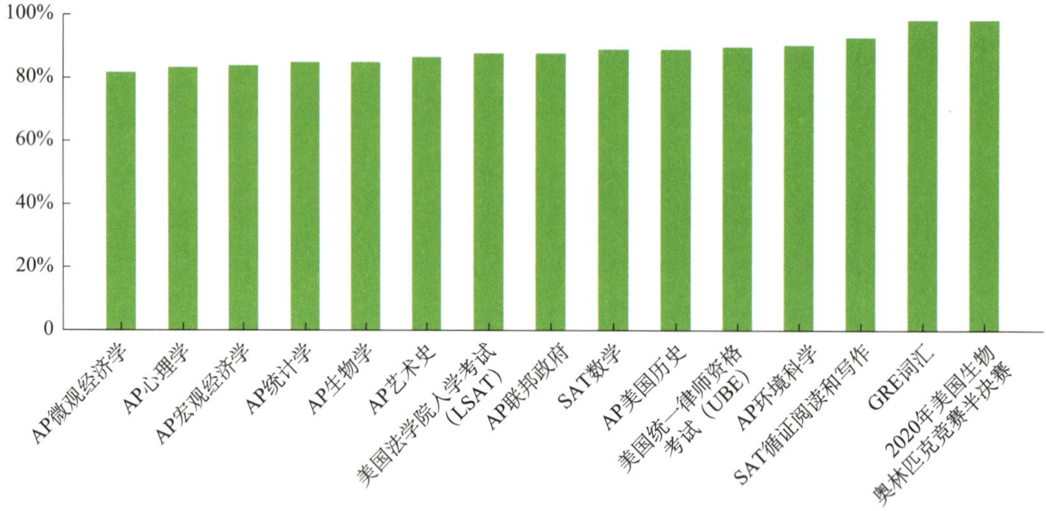

图2-88　GPT-4在专业考试中成绩所占的百分位（即超过了百分之几的参赛者）

注：SAT为美国大学入学能力测试；AP为美国大学预科；GRE为美国研究生入学考试。

2024年5月，OpenAI发布GPT-4o，在GPT-4的基础上增加了语音和视频两种新模态，输出也可以用语音来代替文字。测试发现，GPT-4o可以像真人一样和人聊天，甚至参与多人对话。它可以倾听问题并给出建议。它还具有视觉能力，可以看到周围的环境，分析和理解周围正在发生的事情，并做出应对。

图2-89　GPT-4o可以作为盲人的眼睛

GPT-4o有大量应用场景，如代替盲人的眼睛为其引路（图2-89），作为人工智能教学助手用于自学或答疑，作为人工智能医生回答医疗咨询，作为心理治疗师缓解焦虑，以及辅助装潢设计或艺术创作、帮助求职者练习面试技巧等。

小结

大模型开启了人工智能的新时代。可以将大语言模型类比于构建人的大脑，它的核心是通过大量文本数据学习人类语言，并利用所获得的语言理解能力吸收人类历史上积累的大量知识，构造超强大脑。如果加上语音、图像、视频等多模态感知能力和生成能力，就是今天的多模态大模型。大模型把通用人工智能的研究往前推进一大步。现在很多科学认为，在不太久远的未来，以大模型为基础的通用人工智能将成为现实。

目前，科学家们正在努力提高大模型的能力，特别是深入思考的能力。2024年9月，OpenAI新推出的OpenAI o1就是一个开创性成果。这一模型会深入思考解题方案，主动尝试各种求解策略并选择最优解法。测试表明，OpenAI o1可以在物理、化学等专业问题上达到博士生水平。2025年年初，DeepSeek AI团队推出DeepSeek R1，拥有类似OpenAI o1的推理能力，但成本只有OpenAI o1的3%～4%，震惊世界。大模型的这种深入思考能力曾经是人类所独有的，今天我们所享受的所有科技成果，最初都来源于人类对自然、对自身的深入思考。如今，人工智能也具备了这种深入思考的能力。可以想象，这会对科技进步产生巨大的推动力。

第 3 单元

人工智能应用

3.1 机器视觉：人脸识别

学习目标

（1）理解人脸识别的基本概念，掌握人脸辨认与人脸确认的区别，明确其在实际生活中的典型应用场景。

（2）了解人类识别人脸的生理机制，理解梭状回在面孔识别中的作用，并了解脸盲症和异族效应的概念。

（3）掌握传统人脸识别方法的基本原理，包括基于几何关系和特征脸的方法，明确它们的特点及局限性。

（4）掌握基于深度神经网络的人脸识别技术，理解网络中的层次性特征学习与嵌入向量的概念，分析深度学习方法相比传统方法的优势。

（5）认识人脸识别技术的潜在风险，明确隐私泄露、仿冒攻击、视频伪造等安全问题，并思考相关的防范策略。

人脸识别已经在我们的生活中司空见惯了。但是，你有没有想过，机器是如何将我们的脸分辨出来的？这不是一个简单的问题，因为对机器来说，一张人脸的图片只不过是一堆光点（像素点）的集合，要让机器从这些零散的光点中识别出一张人脸，甚至能够区分出不同的人，这可不是一件容易的事。本节将讲述人脸识别背后的基本原理，并讨论人脸识别技术带来的潜在风险，包括隐私泄露和伪造攻击等。

① 什么是人脸识别

人脸识别是利用面部特征进行身份验证的生物识别技术。简单来说，它让机器能够从大量人脸中精准地找到目标人脸，或者判断两张人脸是否属于同一个人。前者称为人脸辨认，后者称为人脸确认。本节主要以人脸确认为例展开讨论。

人脸识别的概念在1964年由伍德罗·布莱索首次提出。经过半个多世纪的发展，如今人脸识别技术已在安防、金融、公共安全等领域得到了广泛应用。从手机解锁、支付验证，到机场的安检系统、城市中的智能监控设备，人脸识别技术已经在我们的生活中随处可见。人脸识别发展历程与硬件设备的发展如图3-1所示。

② 人如何分辨面孔

人之所以可以一眼就能辨认出亲人和朋友的面孔，这背后有一套非常复杂的机制。首先，当我们看到一张人脸时，视觉信号会传递到大脑后部的枕叶区，在这里处理最初的图像信息。然后，这些处理后的图像会被传送到一个叫作梭状回（图3-2）的特殊脑区，在这里进行更深层次的面孔识别。如果你是一个善于交际的人，梭状回的活跃程度可能会更高，这意味着你对人脸的识别更加敏感。

有趣的是，研究表明，婴儿从很小的时候就有很强的面孔识别能力。6个月大的婴儿不仅可以区分不同种族的人脸，甚至还能识别不同猴子的脸。然而，随

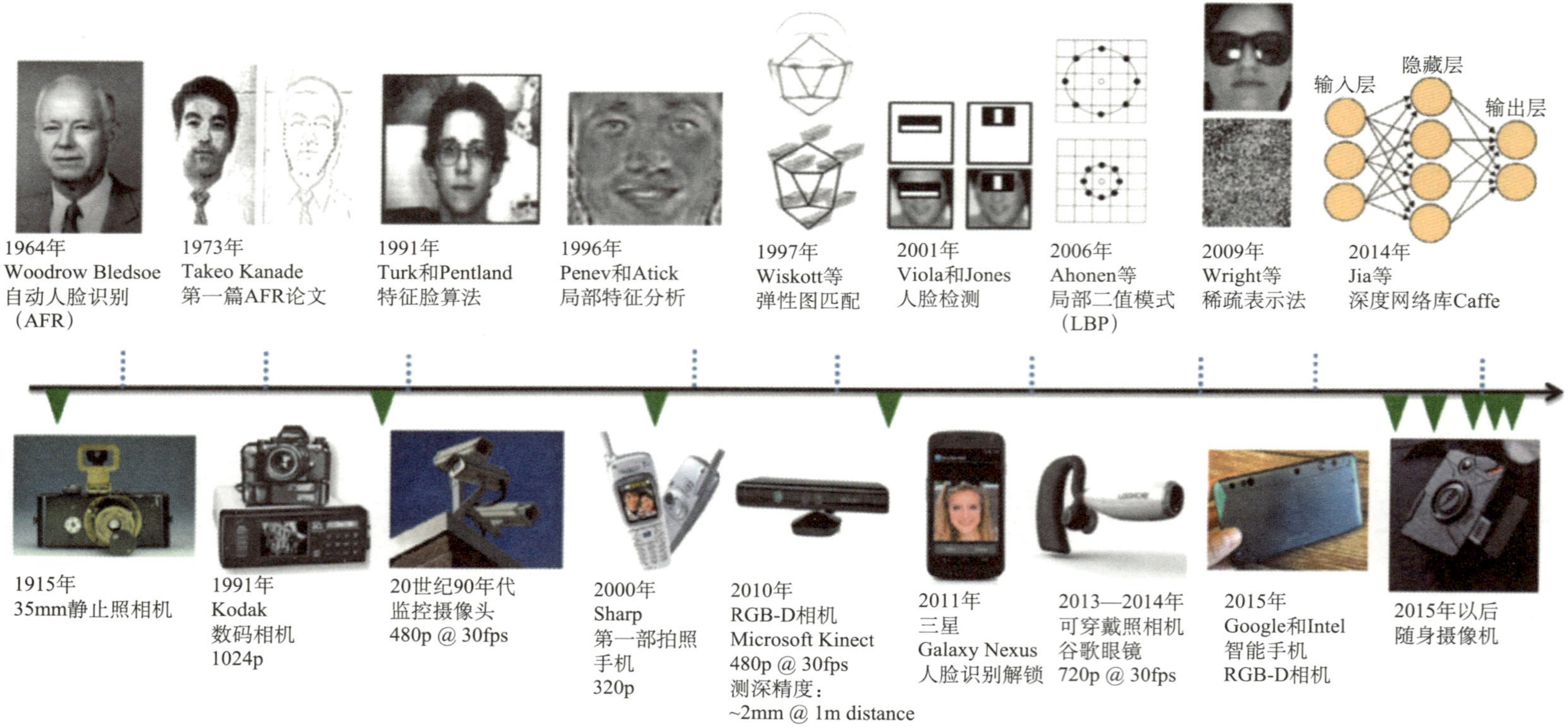

图3-1　人脸识别发展历程（上）与硬件设备的发展（下）

着我们渐渐长大，大脑的识别系统开始变得更具选择性。实验表明，成年人通常只能更好地识别自己常见种族的面孔，这种现象被称为“异族效应”（图3-3）。异族效应的产生是因为大脑在成长过程中会优先发展对常见特征的识别能力，减少了对不常见特征的敏感度。

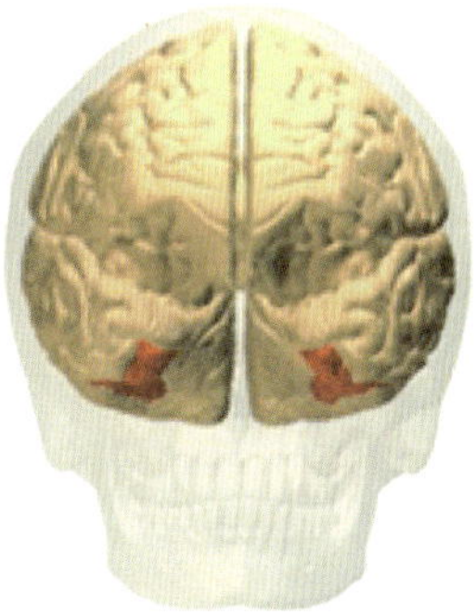

图3-2　梭状回视觉区

不过，并不是所有人都能轻松识别人脸。如果梭状回发育不全或受到损伤，就可能会患上“脸盲症”。严重的脸盲症患者可能连自己最亲近的家人都辨认不出来，只能依靠发型、身材或衣着来判断。在一些极端案例中，甚至连自己的脸都难以辨认。

图3-3　异族效应示意图

注：图中不同猩猩的脸，在人看来都是差不多的。

③ 传统人为特征设计方法

经过长期进化，人类的视觉系统已经具备了强大的感知能力，这使我们能够迅速识别出一张脸的轮廓和五官部件，并基于这些信息区分不同的人。

对于计算机而言，识别人脸却并没有那么简单。计算机“看到”的图像不是一个完整的画面，而是一个个感光点（称为像素），如图3-4所示。计算机需要从这些无序的点中抽取出有意义的人脸，这是一项很困难的任务。

为了让计算机识别出人脸，早期的人脸识别研究主要集中在如何从原始图像中提取能够可以区分人脸的特征，再基于这些特征对人脸进行识别。这种方法称为特征设计法。

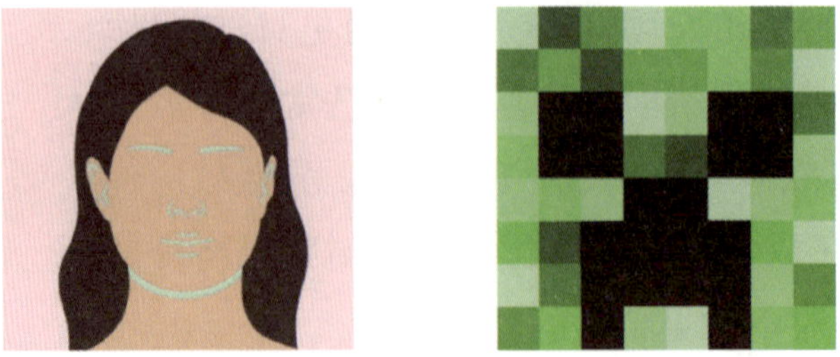

图3-4　计算机眼中的人脸图片是一堆混乱的像素点

1）基于几何关系的方法

人脸各个部件（如眼、口、鼻等）之间的几何关系包含了人脸的个体特征，因此早期研究多将人脸部件间的几何关系作为识别的特征。提取几何关系特征首先需要定位人脸的关键点，再根据这些关键点的坐标计算它们之间的几何关系（如“两眼间距”“鼻子下端到唇上端的距离”）。关键点的设定和几何关系的计算有多种方法，图3-5展示了四种常见的几何特征计算方法。

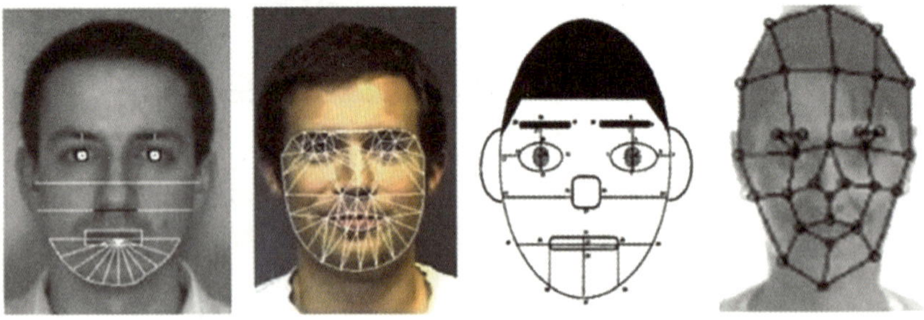

(a)　(b)　(c)　(d)

图3-5　四种提取脸部关键点并计算几何特征的方法

基于几何关系的方法关注人脸的局部细节，可解释性较强。然而，它的缺点也很明显：需要对各个部件进行精确定位，而这本身就是个十分困难的任务。因此，随着技术的进步，这种方法逐渐被淘汰了。

2）基于特征脸的方法

特征脸（eigenface）是人脸识别领域的经典方法之一，也是早期的代表性方法。其基本思想是找到若干“基础人脸”，并将每一张人脸图片表示为这些基础人脸的加权和。这些“基础人脸”称为特征脸。特征脸的方法最早由 Sirovich 和

Kirby 在1987年提出，后来 Matthew Turk 和 Alex Pentland 进一步将其应用于人脸分类，被认为是第一个有效的人脸识别方法。

图3-6展示了从人脸数据库LFW中总结出的特征脸。每个特征脸代表了人脸的某种变化，不同特征脸所代表的变化是不同的，因此这些特征脸可以通过互相组合生成各种不同的人脸。

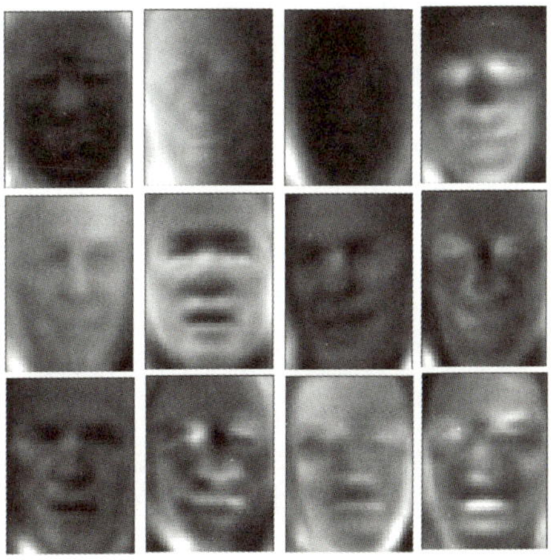

图3-6　从人脸数据库LFW中总结出的特征脸

特征脸的提取可以通过主成分分析（PCA）这一工具来实现。PCA的目标是找到一组“基础人脸”，使得他们的加权组合能够最大程度地恢复原始数据中的人脸信息。如图3-7所示，一张鲍威尔的照片被分解成四张基础人脸的加权和，权重分别为0.31、-0.13、-0.11和-1.56。这些权重代表了在图片重组过程中每个特征脸的贡献，因此可以作为鲍威尔这张照片的特征向量。

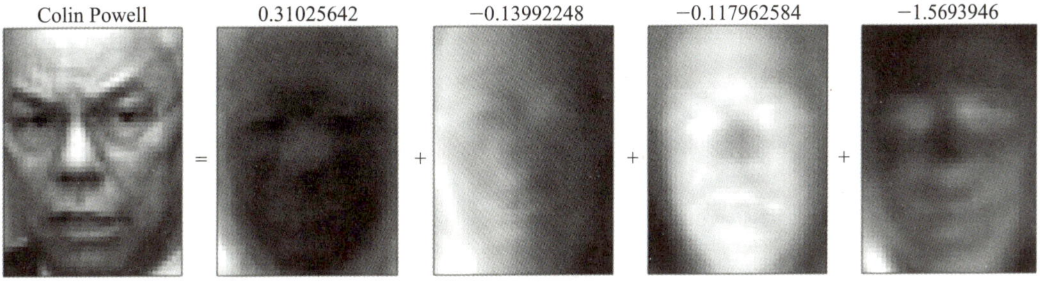

图3-7　一张人脸可以表示成多个特征脸的加权和

基于这一特征向量，可以训练一个线性分类器（参见2.3节）。在识别时，考察待识别人脸的特征向量相对于分类面的位置。图3-8展示了分类器如何判断一个人是否为鲍威尔：如果落在分类面的左上侧，则认为是鲍威尔；如果落在右下侧，则认为不是。

与基于几何关系的方法相比，特征脸方法更注重人脸的整体特性，信息更为丰富，同时不需要精确定位各个人脸部件。然而，它的不足在于对局部特征的关注较少，因此在细节处理上不如几何关系方法精细。

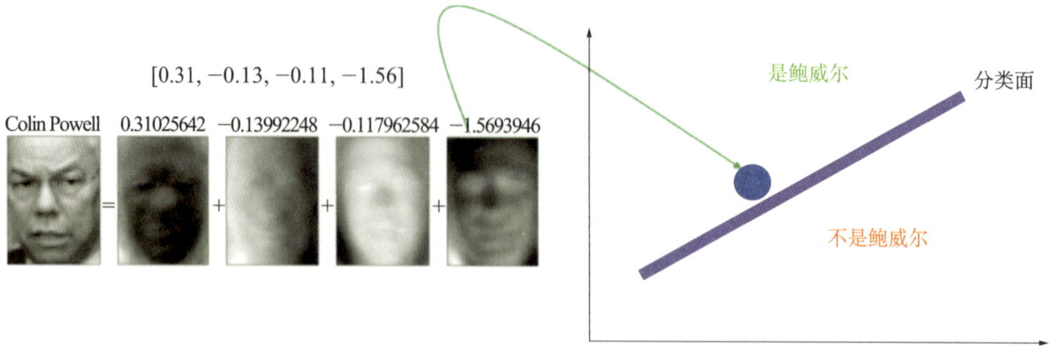

图3-8　线性人脸分类器及测试过程

④ 深度神经网络方法

近年来，深度神经网络在人脸识别中表现出了卓越的性能。与基于人为特征设计的方法相比，深度神经网络可以从原始图片中逐层提取人脸信息，从而获得和人脸相关的抽象特征（参见2.8节）。这种层次性特征学习避免了人为特征设计的缺陷，特别是在训练数据足够丰富时表现更为出色。

图3-9所示为一个用于人脸识别的深度卷积网络（参见2.7节）。输入的是原

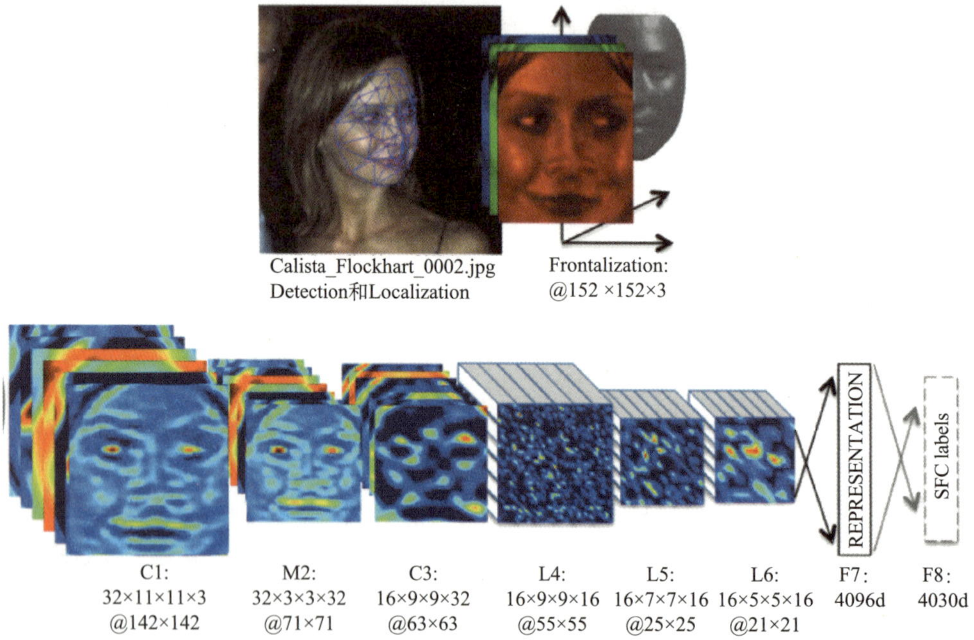

图3-9　基于深度卷积网络的人脸识别系统

始的人像图片。首先对人脸进行定位，再通过一个三维模型将侧脸转换成正脸。将转换后的人脸图片输入一个包含 6个卷积层的神经网络，最后经过两个全连接层后到达输出层。输出层的每个节点对应一个特定的人。学习的准则如下：输出层对应目标人节点的输出接近1，而其他节点的输出接近0。

训练完成后，网络会在底层检测简单的线条和边缘，在中间层识别出五官等人脸部件，而在高层则能够提取出整张人脸的抽象特征，如图3-10所示。

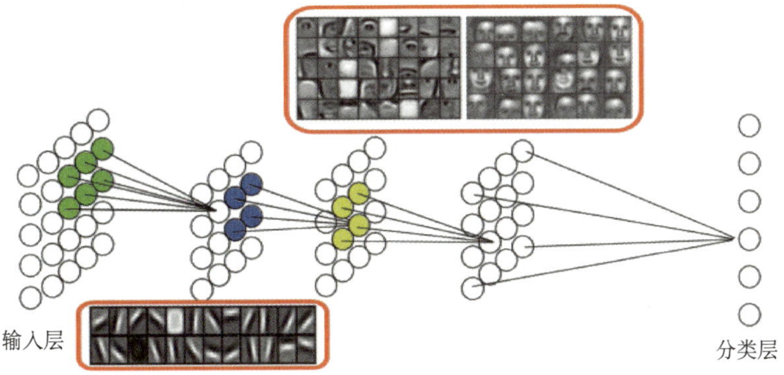

图3-10　人脸识别网络各层卷积核学到的特征

这种逐步递进的学习方式，使深度神经网络在倒数第一个隐藏层得到一个可以全面表达人脸独特性的向量，这一向量被视为人脸在低维空间中的嵌入（embedding）。通过计算这些特征向量之间的距离（一般为余弦距离），就可以判断两张人脸图片之间的相似度，进而确定两张人脸图片是否属于同一个人（图3-11）。

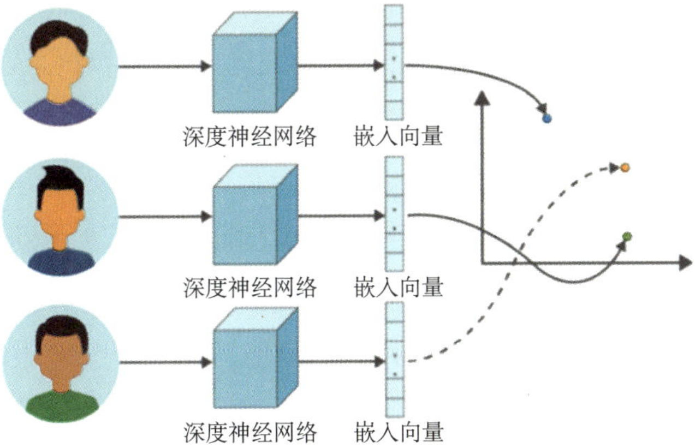

图3-11　深度神经网络判断两张人脸图片是否属于同一个人

自2014年深度神经网络首次应用于人脸识别以后，人脸识别的精度快速提高。在 LFW（labelled faces in the wild）数据集上，深度学习模型很快取得了超过99%的识别准确率，达到了实用化水平。

思考：基于人为特征设计的人脸识别方法和基于深度学习的方法有什么不同？深度学习方法有哪些优势？

答：传统方法依赖人为设计的特征，这些特征在区分不同人脸时效果有限，且容易受光照、视角变化等因素的影响。相比之下，深度神经网络抽取的高层特征更具有区分性，并且具有更高的稳定性，能够在各种环境下保持较高的识别准确率。

⑤ 人脸识别的潜在风险

尽管人脸识别技术在许多领域为我们提供了便利，但也带来了一些潜在的风险和挑战，尤其是在安全性和隐私保护方面。例如，人脸识别系统通常应用于无人值守的场景中，如门禁系统和手机解锁。攻击者可能仅通过一张目标人物的面部照片就能骗过验证系统，获得未经授权的访问权限。

为了应对这类风险，研究人员开发了活体检测技术。活体检测要求用户在验证过程中随机做出一些动作，如眨眼或转头，由此确认验证者是真人而非照片或视频。这种动态验证方式能有效过滤掉静态的伪装手段，提升系统的安全性。然而，随着视频伪造技术的进步，攻击者现在已经可以实时合成目标人物的虚假视频，如图3-12所示，并利用这些视频来骗过活体检测。如何快速检测伪造的验证视频是目前一个重要的研究方向。

另外，基于对抗样本的仿冒攻击给人脸识别系统带来了新的风险。攻击者可以通过佩戴特制的眼镜或其他装饰物欺骗人脸识别系统，使其将攻击者误认为是目标人物。图3-13中的左图展示了一副仿冒眼镜，这种眼镜可以让系统错误地识别佩戴者的身份；右图展示了伪装攻击的具体效果，其中上一列是佩戴眼镜的攻击者，下一列是系统识别出的人物。

图3-12　Deepfake技术用后面绿布前的人物动作控制前面主持人的动作

图3-13　仿冒眼镜欺骗人脸识别系统

随着这些新型攻击手段的出现，人脸识别系统面临的安全挑战也愈发严峻。如何有效地检测和防范这些仿冒行为以确保验证过程的真实性，已经成为当前人脸识别技术的重要课题。此外，隐私泄露和数据滥用问题也值得我们高度关注。由于人脸识别技术涉及个人的生物特征数据，这些数据一旦被不当利用或泄露，将会给个人隐私和安全带来严重威胁。

小结

总体上，人脸识别技术的发展经历了从几何特征分析、特征脸到深度学习三个阶段。特别是深度学习技术的应用，极大地提升了人脸识别在复杂环境下的性能，使这一技术真正走向实用。然而，随着技术的普及，信息泄露和仿冒攻击等问题也逐渐浮现，成为人们关注的焦点。解决这些问题不仅需要技术手段的创新，还需要法律法规的完善，让人脸识别技术在法律框架下合法合规地运行。

3.2 机器视觉：绘画大师

学习目标

（1）理解图像内容与风格的基本概念及区别。

（2）掌握深度卷积神经网络中内容与风格的具体表示方式，理解神经元激发值和激发值关系在内容与风格提取中的作用。

（3）掌握风格迁移的基本原理与实现过程，理解如何借助深度神经网络融合不同图像的内容与风格，生成具有艺术风格的新作品。

（4）理解风格迁移在艺术领域的实际应用，以还原毕加索隐藏画作为案例，分析其在艺术研究与保护中的价值。

（5）探讨人工智能绘画对艺术定义的影响，思考AI创作的作品是否具有艺术性，明确人工智能与人类艺术创作的关系及未来趋势。

人工智能还是一位绘画大师。研究人员发现，深度神经网络可以学习图像中的关键因子，如内容和风格。那么，如果可以将大师的风格提取出来并迁移到另一幅画上，是不是就可以生成具有同样风格的、充满艺术感的作品？事实证明这是可行的。本节将讨论AI绘画的基础原理，并探讨人工智能与艺术相结合带来的文化冲击——当机器也能“绘画”时，艺术的定义是否会因此改变？

① 内容与风格

一张图片中的信息可以分为两类：内容和风格。内容是图片所展示的事物本身，例如一把椅子、一棵树，或者一栋建筑；而风格则是这些事物的表现形式，例如色彩、纹理和形状。

通过一个简单的例子可以更好地理解内容与风格的不同。如图3-14所示，尽管前两幅图在色彩和纹理上有很大不同，但它们展示的内容是相同的——它们都是狗。而后两幅图虽然在内容上有所不同（分别是狗和猫），但它们的风格却很相似。

图3-14　内容与风格

② 深度神经网络中的内容与风格

德国图宾根大学的研究者发现，一个用于图像识别的深度卷积神经网络，能够将图片的“内容”和“风格”分离开。他们通过观察发现，在网络的较深层次，神经元的激发值可以还原图片中的物体，但会丢弃风格细节（图3-15上半部分）。相反，神经元激发值之间的相关性则体现了色彩分布等风格信息（图3-15下半部分），而且随着网络层次的加深，神经元感受野逐步扩大，所代表的风格信息在空间尺度上也越来越大。

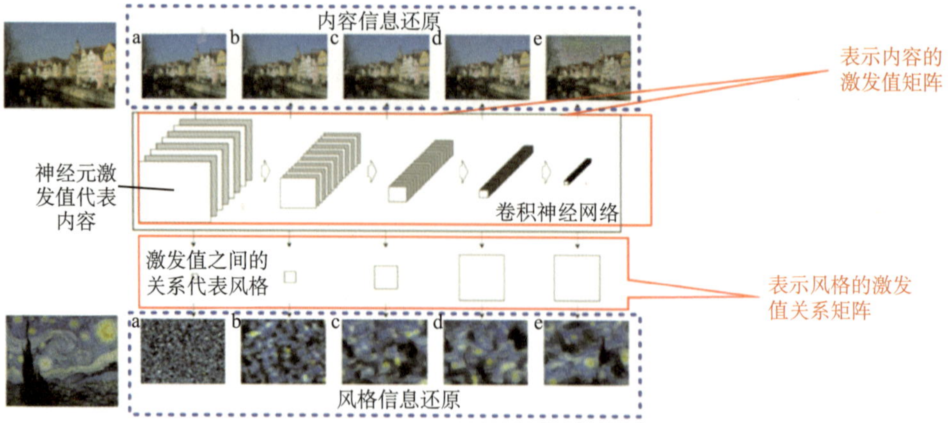

图3-15　神经网络中对内容与风格的表示

拓展阅读

神经网络中的风格矩阵

图片的风格是体现在神经元激发值之间的关系矩阵上。那么，如何计算这个关系矩阵呢？设在卷积神经网络的第m层中有N个激活平面。我们将第i个激活平面表示为一个长向量$F(m, i)$。通过计算不同激活平面之间的关系，可以得到风格矩阵。具体关系公式如下：

$$R(i, j \mid m) = \sum_{t} F(m, i; t) * F(m, j; t)$$

式中，$F(m, i; t)$是$F(m, i)$的第t个元素；$R(i, j|m)$表示第m层中第i和第j两个激活平面之间的关系。所有i和j的$R(i, j|m)$构成一个矩阵，就是表示图片风格的关系矩阵。显然，随着网络层次加深，激活平面的数量增加，风格矩阵也变得更大。

明确了内容和风格在神经网络中的表示方式，可以采用一种迭代更新法来复现任意图片的内容或风格。例如，我们要复现某一参考图片C的内容。首先随机初始化一张噪声图片A，对该图片逐渐调整，使其在某一卷积层上的激发值F(A)一点点趋近于参考图片在该卷积层上的激发值F(C)。调整过程一般采用梯度下降算法，损失函数是F(A)和F(C)之间的平方误差，即$\|F(\mathrm{A})-F(\mathrm{C})\|^2$。图3-16展示了这一调整过程。

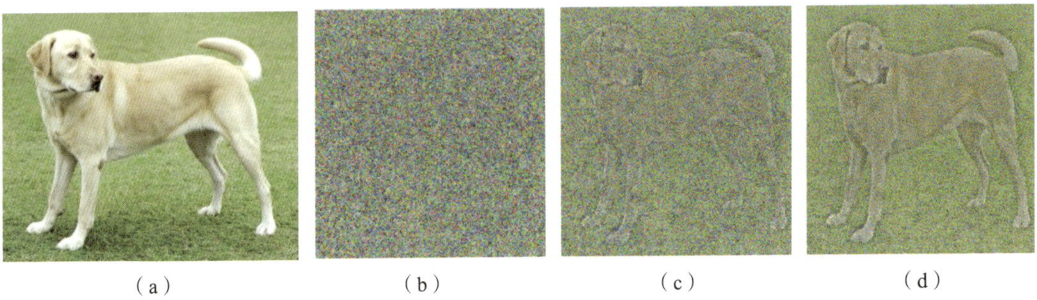

图3-16　迭代更新法复现图片内容

注：(a)为内容参考图片；(b)～(d)为从一张随机图片逐渐还原出参考图片的内容。

值得说明的是，卷积神经网络这种内容-风格分离特性与网络结构和训练目标是密切相关的。卷积网络的结构特性决定了当图片上出现某一模式时，该模式对应的卷积平面在相应位置会出现高激发值，这意味着神经元的激发值反映了图片中所包含的内容。同时，不同特征平面代表不同的模式，这些模式之间的协同激发关系反映了图片内容的呈现方式，因此反映了图片的风格特征。

③ 基于风格迁移的绘画大师

利用深度神经网络的这种内容-风格分离能力可以实现图片的风格迁移，即将一张图片B的风格迁移到另一张图片A上。换句话说，就是我们希望得到一张图片，该图片在内容上与A一致，但在风格上与B一致。

实现这一目标的方法如下：首先确定内容图片A和风格图片B，然后随机生成一幅初始图像X。利用迭代更新法不断调整X，使X经过一个卷积网络后得到的激发值与A的激发值相近，而激发值之间的关系矩阵与B的激发值关系矩阵相近。经过多次调整后，X将逐渐接近A表达的内容，但具有与B相似的风格。图片风格迁移如图3-17所示。

图3-18展示了通过这种方法生成的几幅作品。左上角的图像是原始图片（图宾根小城），而另外三幅则是经过风格迁移后的结果，每一幅都应用了不同的艺术风格。提供风格的三幅名画分别来自画家约瑟夫·特纳、文森特·梵高和爱德华·蒙克（每个子图的左下角）。可以看到，这种风格迁移技术确实能够生成大师风格的作品。

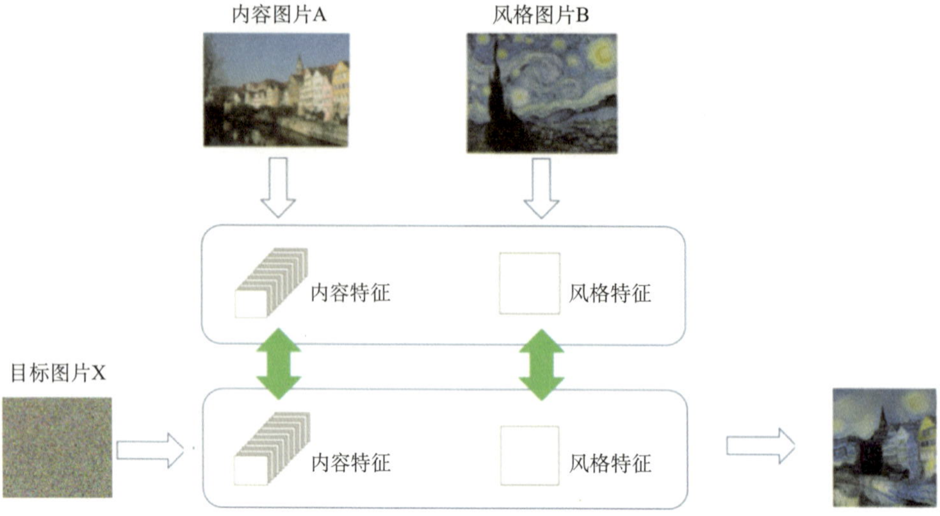

图3-17 图片风格迁移示意图

图3-18 对左上图用各种风格进行迁移的结果

研究者们还对这种方法进行了改进，使我们可以从多个风格图片中混合出一种独特的风格。如图3-19所示，四个角上四幅作品代表了四种不同的艺术风格，而中间的图片是将这些风格以不同比例混合后得到的效果。这一结果体现了风格迁移技术的灵活性和创新潜力。

图3-19　不同风格的混合效果

④ 还原毕加索的隐藏画

在艺术史上，一些大画家也曾经历过艰难时刻。例如，毕加索在1901—1904年经历了极度的经济困境。为了节省开支，他不得不在已经使用过的画布上创作新作品。如图3-20所示，通过X射线扫描，人们发现毕加索在这一时期创作的画作*The Crouching Beggar*（图3-20（a））背后隐藏着另一幅风景画（图3-20（b））。

经过人工编辑，这幅隐藏的画作得以部分还原（图3-20（c））。这幅画描绘了巴塞罗那的奥尔塔花园，但由于是通过X射线扫描得到的，复原出的图像仅包含内容信息，缺少了色彩和风格细节。

为了解决这个问题，科学家们应用了前面介绍的风格迁移技术，成功为这幅隐藏的作品“赋予”了艺术风格。他们选用了圣地亚哥·鲁西诺尔的*Terraced Garden in Mallorca*作为参考风格（图3-20（d）），因为这幅画在时间和内容上与毕加索的隐藏画作相似。最终，利用风格迁移方法生成的还原图像（图3-20（e））不仅保留了原作品的内容，还再现了与时代相符的风格特性。

(a) (b) (c) (d) (e)

图3-20　还原毕加索的隐藏画

小结

一幅图片包含两类重要信息：内容和风格。研究表明，这两类信息在深度神经网络中以不同的方式呈现。具体来说，内容信息通过神经元的激发值来表达，而风格信息则体现在这些激发值之间的关系中。借助这一特性，深度学习模型能够将一幅图片的内容与另一幅图片的风格融合，创造出独具特色的艺术作品。

风格转换不仅展现了人工智能技术在艺术创作中的巨大潜力，也促使我们重新思考人工智能时代对艺术的定义。一个必须考虑的问题是：人工智能创作的作品具有艺术性吗？传统上，人们总是认为艺术性是人类所特有的，是人类情感被激发后产生的共鸣。人工智能无论能力多强，智力多高，始终不是人，因此不会真正理解人类的情感，也就无法激发艺术共鸣。据此，一些人不承认人工智能创作的作品的艺术性。另外，也有人认为应该承认人工智能可以生成艺术作品这一事实。尽管人工智能本身可能缺乏情感，但它模拟的是人的创作过程，体现的仍然是人的情感。此外，人工智能生成的作品最终还是由人来判断，筛选出符合人类审美的作品。这种筛选过程本身就是让人工智能创作的作品与人类情感对齐的过程，也是赋予作品艺术性的过程。不论持哪种观点，人工智能渗透到艺术创作中已经成为不争的事实，很多艺术家正在利用人工智能工具进行创作，极大地提高了工作效率。

3.3 机器视觉：伪造与鉴别

学习目标

（1）理解深度神经网络生成虚假图像和视频的基本原理，明确生成因子的概念及其在虚假人脸生成中的作用。

（2）掌握生成对抗网络的基本结构与原理，理解生成器与判别器之间的互动学习过程。

（3）掌握换脸与人脸控制技术的基本原理和实现方法，明确其技术特点与应用场景。

（4）掌握虚假图片鉴伪的基本方法，理解AI生成图像的典型缺陷，明确利用图像细节进行鉴伪的基本思路。

（5）探讨深度伪造技术带来的社会伦理与法律风险，明确当前伪造与鉴伪之间的博弈局面，理解应对深度伪造挑战的重要性。

随着深度神经网络技术的飞速发展，其强大的生成能力可以轻松地合成逼真的音视频。这一技术在电影制作、广告宣传和虚拟人物生成等领域有广泛的应用前景。然而，深度生成技术也可能被滥用，合成具有欺骗性甚至对社会造成危害的虚假视频。最常见的例子就是“换脸”技术，这种技术不仅能够改变视频中人物的面貌，还能让静态图片动起来。这些虚假视频可能带来严重的社会问题，如何对其进行鉴别成为研究界和整个社会的关注焦点。

在本节将探讨人工智能换脸的基本原理、图片和视频的鉴伪技术。我们还将讨论人工智能的伦理问题——如何确保技术被用于造福社会，而不是引发负面影响。

① 虚假人脸生成

随着深度学习技术的发展，人工智能生成的图片越来越逼真，几乎可以做到以假乱真。图3-21展示了三张人脸照片，其中只有一张是真实的，另外两张都是由AI生成的虚假照片。你能分辨出哪一张是真实的吗？

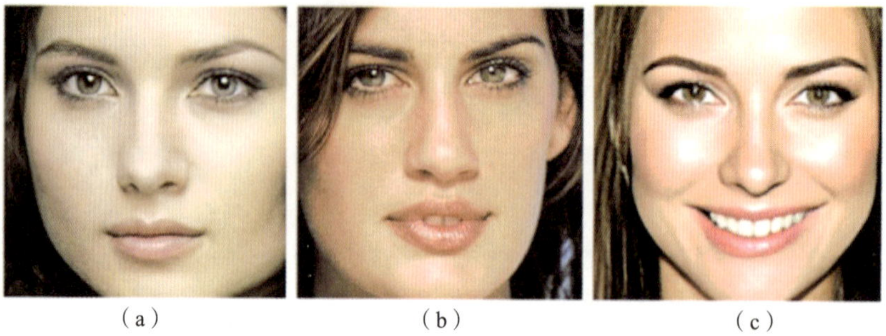

图3-21　分辨真实与虚假照片

注：(b)是 CelebA 数据集中真实的照片，(a)和(c)是AI生成的虚假照片。

那么，这些虚假人脸是如何被生成的呢？基本的原理是深度学习模型通过逐层学习，掌握了图片背后的“生成因子”。这些生成因子可以理解为决定图片内容和风格的基本特征，类似于生物的DNA。对于人脸来说，这些生成因子可能包括头发形状、肤色、脸型，以及眼睛、嘴巴等五官的轮廓。这些生成因子经过组合后就能生成一张逼真的人脸图片。

对抗生成网络(GAN)是一种常用的人脸合成模型，如图3-22所示。GAN包含两个模块：生成器(generator)和判别器(discriminator)。生成器的任务是从随机噪声中“创造”出一张看似真实的图片，而判别器则负责区分生成的图片和真实图片。生成器和判别器之间展开了一场“智力博弈”：生成器不断提升生成图片的质量，试图骗过判别器；而判别器则变得越来越敏锐，试图识破生成器的“伪装”。经过这种反复对抗的过程，生成器最终学会了生成极其逼真的图片。

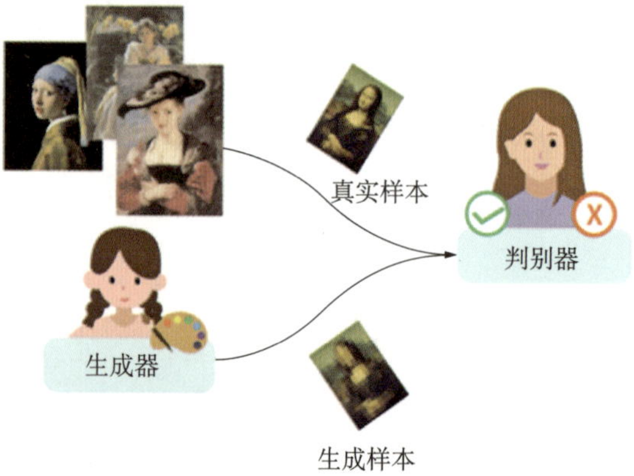

图3-22　对抗生成网络示意图

当我们用GAN生成人脸时，一张随机噪声图片可以看作一种生成因子的组合，生成器将该图片“转化”成一张人脸。当训练数据足够丰富时，就可以训练出非常强大的生成模型，合成逼真的人脸图片。图3-23展示了通过GAN生成的虚假人脸——它们看起来和真实人脸几乎没有区别。

图3-23　基于GAN生成的人脸图片

② 换脸伪造技术

除了生成完全虚构的人脸，深度生成网络还可以对已有的人脸进行修改，从而实现换脸效果。本节将探讨换脸背后的技术秘密。

1）传统换脸技术

换脸并不是一个新概念。早在深度学习出现之前，研究人员就已经尝试过通过图形学技术实现换脸。这种方法不依赖3D重建技术，首先提取源人脸和目标人脸的关键点，再将源人脸的几何关系替换为目标人脸的几何关系，如图3-24所示。这种方法虽然能够实现换脸，但经常留下明显的修改痕迹，很容易被识别出来。

图3-25是基于这一方法的换脸效果。可以看到，该方法在一定程度上实现了换脸效果，但逼真度不足，瑕疵也比较明显。

图3-24　传统换脸技术的实现步骤

图3-25　传统换脸技术的实验结果

2）Deepfake换脸技术

近年来，基于深度学习的换脸技术—— Deepfake引起了广泛关注。与传统方法相比，Deepfake技术能够生成极为逼真的图片和视频。

Deepfake采用了自编码器（autoencoder）结构，如图3-26所示，其核心设计是不同的人共享一个编码器，但拥有各自独立的解码器。编码器负责提取所有人的共同特征，如表情变化和口唇运动，而个性化特征（如肤色和面貌）则由各自的解码器处理。

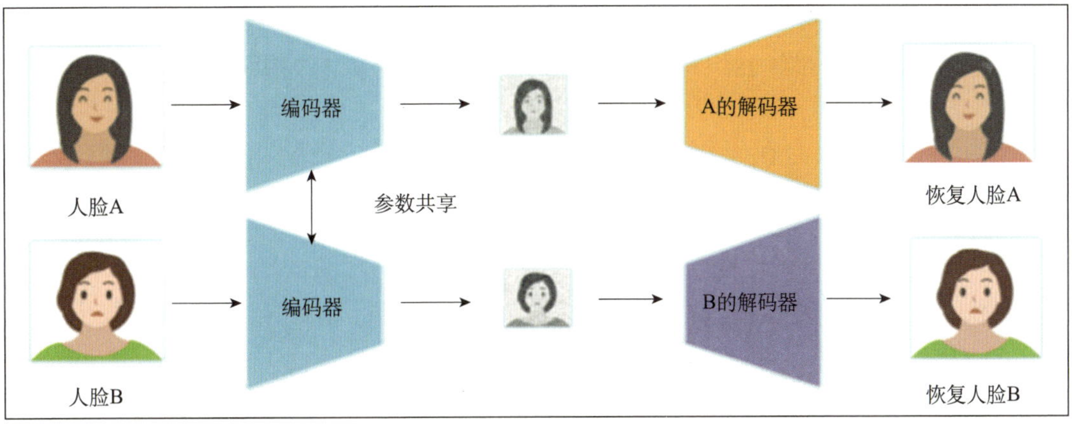

图3-26 基于编码-解码的Deepfake训练过程

模型训练完成后，将A的面部图像输入共享编码器中，再通过B的解码器进行解码，就可以生成一张带有A表情的B面部图像，从而实现换脸效果，如图3-27所示。

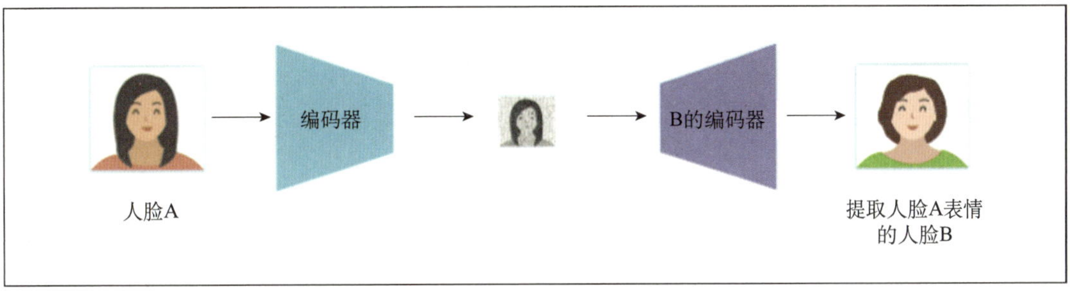

图3-27 基于编码-解码的Deepfake换脸过程

3）人脸控制技术

除了换脸技术，深度学习还可以用来操控人脸的动作和表情，使静态照片中的人物“动起来”。这种技术与换脸不同，它保持了源图片中的人脸特征，通过迁移他人的动作和表情合成虚假视频。图3-28所示为用蒙娜丽莎的图片生成的伪造视频。

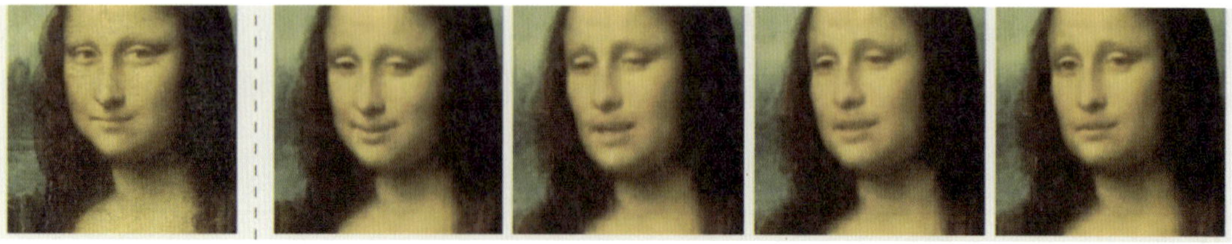

图3-28　利用蒙娜丽莎的图片生成的伪造视频

换脸技术的核心在于将视频中的人脸替换为另一张脸，而人脸控制技术则将一个人的动作和表情应用到另一个人的脸上。无论是换脸还是人脸控制，背景都是保持不变的，变化的只是面部表情和动作。

图3-29展示了人脸控制的基本流程：首先，从目标图片或视频中提取出表情和动作特征，然后将这些特征应用到源图片中，从而生成具有同样表情和动作的图片或视频。

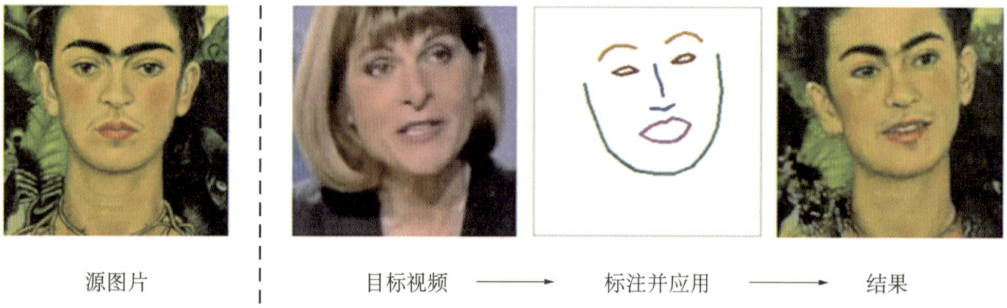

图3-29　人脸控制伪造视频的示意图

图3-30展示了一个人脸控制模型的结构。图中，左上角的“表情动作编码器”负责提取表情和动作特征，左下角的“面容编码器”负责提取面部的外观特征。最后，解码器（右上）将这两部分信息结合，生成带有表情和动作的图片。

③ 虚假图片鉴别

不论是从无到有的人脸合成，还是利用 Deepfake 进行换脸，抑或是表情和动作控制，这些合成的图片和视频已经逼真到肉眼难以分辨的地步。然而，这并

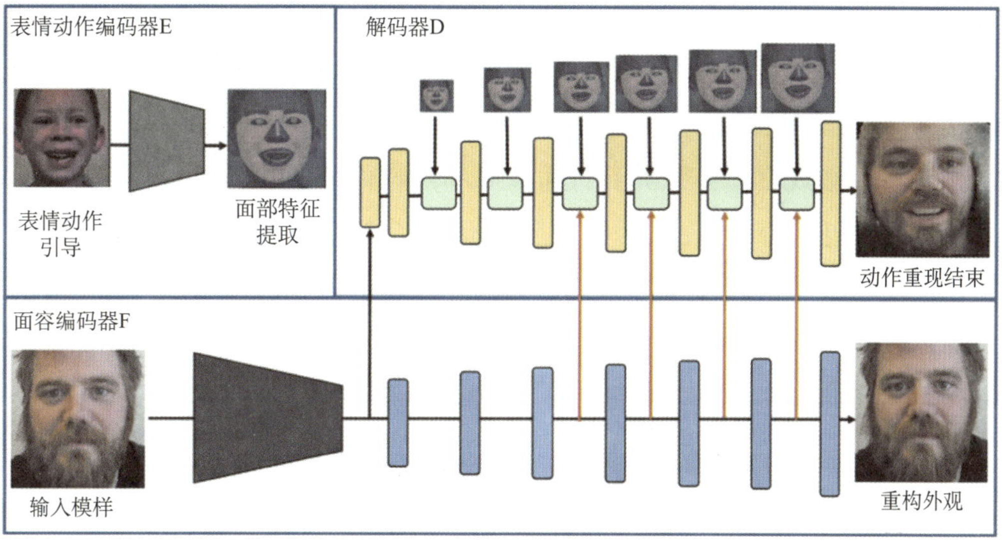

图3-30　人脸控制模型结构图

不意味着这些伪造图片毫无破绽。事实上，尽管人工智能生成的图片在整体上看起来非常逼真，但在细节上仍然存在着明显的缺陷。

图3-31展示了一些由人工智能生成的图片，这些图片在细节方面仍有明显的不足。例如，人工智能虽然能够生成相对真实的人脸，但在处理瞳孔对称性、光照反射一致性等细节时经常出现纰漏。这说明人工智能目前只能掌握视觉世界的大体规律，对于物理规律和生物规律的学习和模拟还有待提升。

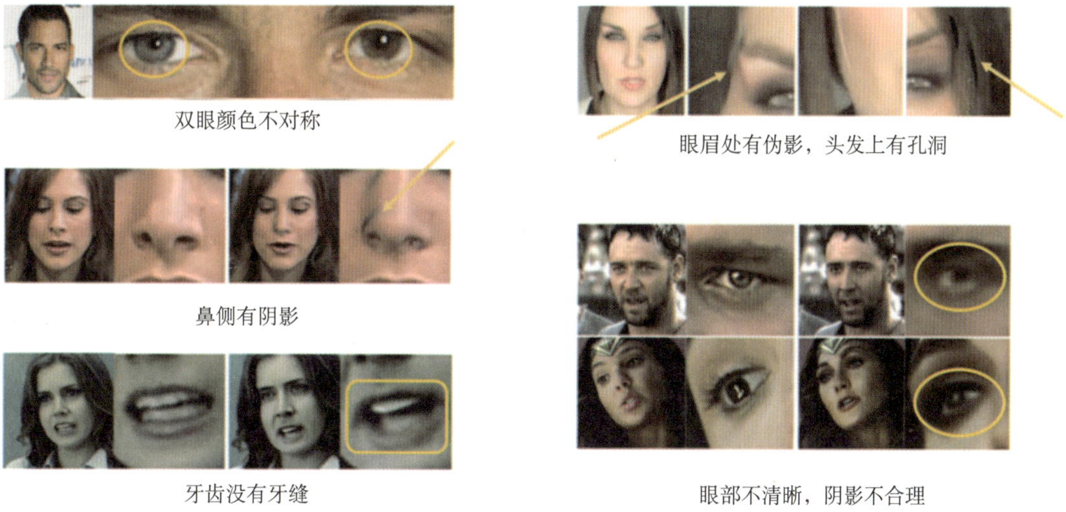

图3-31　生成图片的面部缺陷

研究人员抓住了这些细节上的不足，开发了多种识别虚假图片的方法。

例如，美国布法罗大学的研究人员推出了一种基于双眼特性的检测工具，它能够以高达94%的准确率识别出由 GAN 生成的虚假人脸图片。

你可以仔细观察图3-32所示的这些图片，看看这些眼睛有哪些问题？例如，两只眼睛的颜色是否对称，是否存在反光不一致、睫毛不对称等情形。由于生理特性和物理规律，人类的眼睛具有很强的对称性，而人工智能生成的图片往往无法照顾到这些细节，从而露出马脚。然而，技术总是在不断进步的，未来人工智能生成的图片也会越来越逼真，鉴伪工作也会越来越困难。

图3-32　通过检测眼部对称性来判断虚假人脸

④ 社会风险

人工智能伪造的图片和视频资料越来越难辨真假，如果不加以防范，可能会引发严重的社会问题。首先，以 Deepfake 为代表的换脸技术不仅会侵犯个人隐私，引发道德和法律纠纷，严重的还可能引起社会混乱。例如，伪造公众人物的不实讲话，可能引起公众的恐慌。虚假视频还被用于高科技犯罪，如诈骗和勒索。目前已经有不少这方面的案例，敲诈者利用公开的人脸图像生成虚假视频，再通过这些视频进行诈骗和勒索。他们甚至利用区块链等技术手段逃避追查，给执法部门带来了巨大挑战。

更令人担忧的是，网上有大量开源的 Deepfake 工具，制作虚假图片和视频的门槛很低，几乎任何人都可以轻松伪造这些内容。

面对这些挑战，一些机构已经开始行动。脸书和微软等公司发起了 Deepfake 检测竞赛，美国国防部也启动了虚假视频检测项目。然而，“道高一尺，魔高一丈”，伪造技术与鉴伪技术之间的斗争仍在胶着中。未来如何有效应对人工智能造假，仍然是我们需要深入思考的问题。

小结

随着深度学习技术的快速发展，图片和视频的伪造手段也变得更加多样化，主要包括两种形式：换脸和人脸控制。换脸技术将图片或视频中出现的人脸替换为另一张人脸，而人脸控制技术则是操控人脸的表情和动作，使静态图片“活”起来。这两种技术在某些领域确实带来了创新和便利，但也带来了严重的社会隐患。

目前，关于图片和视频鉴伪的研究已经取得了一定进展，能够识别部分伪造内容。然而，到目前为止还没有一种通用的鉴伪方法可以应对各种伪造技术。随着技术的不断进步，伪造与鉴伪之间的对抗也将持续下去。未来，我们不仅需要在技术层面继续深入研究，还需要通过完善法律和伦理规范，确保人工智能技术被合理和负责任地使用。

3.4 机器听觉：语音识别

学习目标

（1）理解语音识别的基本概念及典型应用场景，明确语音信号承载的信息内容，认识语音识别技术在人机交互中的价值。

（2）掌握语音发声机理和共振峰结构的基本原理，明确语音信号中的共振峰如何表征不同的发音特征。

（3）掌握早期基于模式匹配和统计模型的语音识别方法，明确其基本原理与局限性。

（4）理解现代基于深度学习的端到端语音识别框架的原理与优势，明确端到端方法与传统方法的本质区别。

（5）认识语音识别技术发展过程中数据规模和深度学习的重要性，探讨现代语音识别技术对语言和文化交流的深远影响。

语音是人类最自然的交流方式。从智能手机中的语音助手到智能家居的语音控制，语音识别技术已经深深地融入我们的日常生活中（图3-33）。但你是否好奇，机器是如何“听懂”我们说话的呢？

华为语音助手　　苹果语音助手　　百度智能音箱　　语音报警器

图3-33　语音识别在生活中的一些典型应用

本节将探讨语音的生成过程，讨论语音识别技术的演进和现代语音识别方法。通过学习这些内容，你将发现，语音不仅仅是简单的物理振动，它还承载了丰富的信息，而人工智能方法可以帮助我们提取这些信息，实现自然的人机交流。

① 语音：世界上最美的声音

声音是由物体振动产生的，不同的振动会产生不同的声音。振动源推动周围空气往复运动，使空气产生疏密相间的变化。这种变化传递到人耳中，我们就听到了声音。这种疏密相间的变化本质上是一种波动，因此称为声波。

语音是人类发出的声音，是一种特别的声音。语音的振动源是声带。当肺部气流冲击声带时，声带产生振动，这种振动推动口腔和鼻腔中的空气形成声波，最终传导到外界，成为我们听到的语音。

人的语音是一种特殊的声音。我们在发音时，气流经过喉部冲击声带，声带的振动在口腔和鼻腔中传播。在传播过程中，声波会经过复杂的反射，最终由唇部传播出来，形成我们听到的语音。

尽管语音只是简单的空气振动，但其中蕴含了丰富的信息，如发音内容、发音人、情绪、身体状态等。有趣的是，人类能够在极短的时间内理解这些信息。这种通过声音来传递信息的能力是人类在漫长进化过程中逐渐形成的，在动物界是独一无二的。

本节我们关注如何从语音中识别出发音内容。要实现这一目标，一个首要的问题是：我们的发音内容是如何编码在语音信号中的呢？这需要从声音的谐振现象说起。

② 语音中的内容信息

1）理解谐振现象

尝试对着一个装有半瓶水的瓶子吹气，如果吹的力度和角度恰到好处，你会听到“呜呜”的声音，如图3-34所示。这种现象被称为谐振。

图3-34　向瓶子中吹气产生的谐振现象

谐振是指当声源的频率与系统的固有频率一致时产生的叠加效应。就像荡秋千时，如果推的节奏恰好与秋千的摆动频率相吻合，秋千就会越荡越高。

在向瓶子吹气的实验中，我们还会发现，当瓶子里的水量不同时，发出的“呜呜”声也不同：瓶子中的水越多，音调越高。这是因为水越多，瓶中的空气柱越短，其固有振动频率越高。

2）语音的共振峰结构

人的发声过程也是一种谐振过程：声带的振动通过口腔和鼻腔组成的声道传导，在特定频率上产生谐振。谐振的频率是由声道的形状决定的。通过改变舌头和唇齿的形状可以调节声道的形状，从而改变谐振频率，进而发出不同的声音。换句话说，我们发音的内容编码在了声音信号的谐振频率上。

可以通过将语音信号转化为频谱图来观察这一谐振现象。如图3-35所示，频谱图的横轴表示时间，纵轴表示频率，颜色的深浅代表声波在特定时间和频率上的能量分布。观察频谱图，可以发现有一些颜色较深的横纹，这些横纹就是声道谐振频率的位置，我们称之为“共振峰”。不同形态的共振峰对应着不同的声道结构，正是这些差异让我们能够听到各种不同的语音。

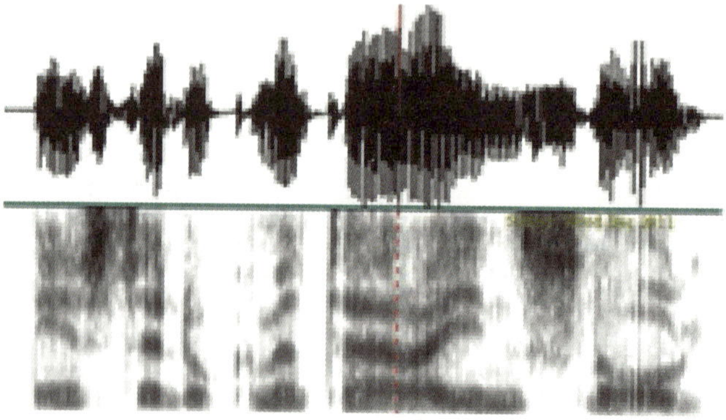

（a）语音信号的波形图和对应的频谱图

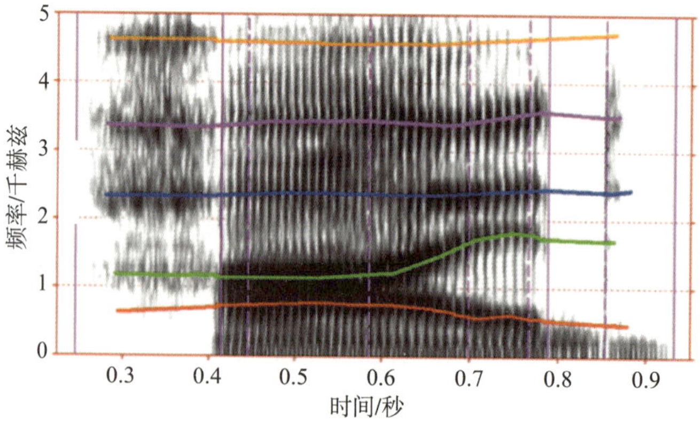

（b）频谱图上的共振峰结构，每条黑色横纹代表一个共振峰

图3-35　语音信号的频谱图

③ 早期语音识别方法

1）基于模式匹配的语音识别

早期的语音识别技术就是基于“不同发音的共振峰不同”这一原理，通过分析语音的共振峰来区分不同的发音。1952年，AT&T 公司的科学家首次利用语音的第一和第二共振峰实现了对十个英文数字的识别。如图3-36所示，每个小图对应一个数字，横轴对应第一共振峰F_1，纵轴对应第二共振峰F_2。图中的曲线展示了发音时共振峰的变化轨迹。可以看到，不同数字在F_1—F_2平面上形成了独特的轨迹。AT&T的研究者正是利用这一轨迹上的差异实现了对不同数字的有效区分。

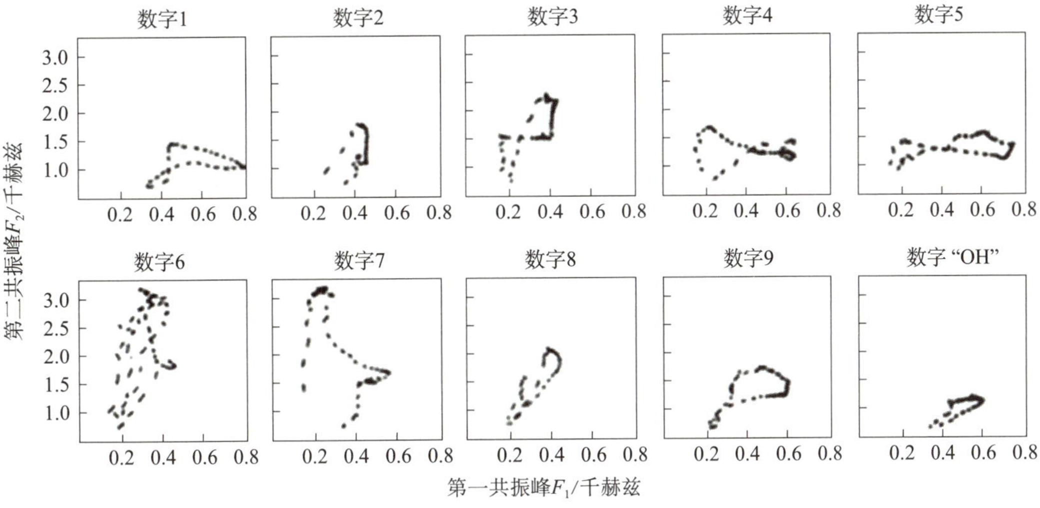

图3-36 AT&T的数字识别方法

2）基于统计的语音识别

基于模式匹配的方法无法描述发音中的各种变动性。例如，不同的人在发一个“啊”声或同一个人发两次“啊”声时都会有所差异。另外，人在识别声音的时候不仅要听清发音，还需要有语言背景，才能听清对方说的话。例如，在参加一个专业很强的报告会时，即使把报告者的每个发音都听清楚了，如果没有相关的专业背景还是很难听明白对方在说什么。20世纪80年代，研究者引入了统计模型方法来对发音过程进行建模，用来描述发音的各种变动性，这一模型称为声学模型；同时引入了语言模型，让语音识别有了可以参考的语言知识。

（1）声学模型。声学模型的目的是描述语音的生成过程。该模型将句子拆分为最基本的发音单元——音素，每个音素进一步被分解为3个更小的基元，称为“状态”。语音的生成过程可以看作状态的跳转过程。

应用最广泛的声学模型是隐马尔可夫模型（hidden Markov model，HMM）。如图3-37所示，每个音素（如b、p、m、f等）被表示成一个独立的HMM，音素的HMM前后连接组成句子。本质上，一个HMM是一个状态序列，包含若干状态（图中是3个）。状态之间可以按顺序跳转（图中圈与圈之间的连接），也可以在同一个状态内部循环（圈上的自环连接）。每个状态都对应一个分布函数，描述其可能生成的声学特征（如共振峰）。通过这种状态跳转和生成，隐马尔可夫模型可以描述一个完整的发音过程，并且可以计算模型对一段语音的生成概率。

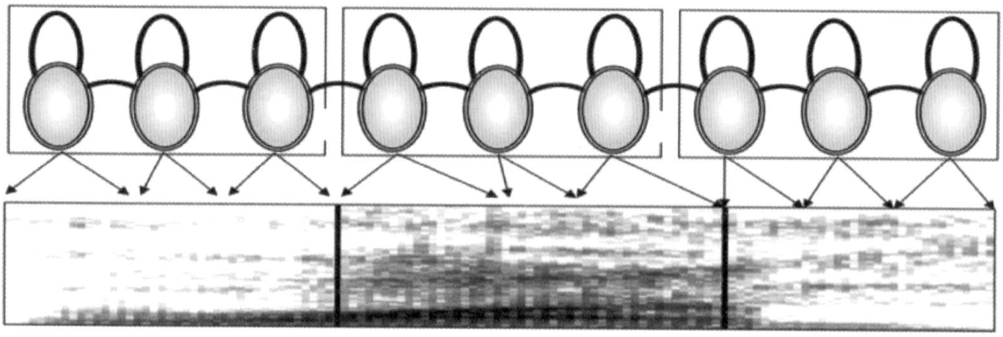

图3-37 隐马尔可夫模型描述语音的生成过程

注：每个圆圈代表一个发音状态，每3个发音状态代表1个发音单元（音素）。

在为每个音素建立了对应的 HMM 模型后，即可对音素进行识别。方法是将待识别的语音送入每个音素的HMM，计算由每个HMM生成该语音的概率，生成概率最高的HMM所对应的音素即识别结果。连续语音识别要复杂得多，要考虑音素在时间上的各种拼接顺序，并选择生成整段语音概率最大的拼接方式。

HMM 是一种生成模型，旨在描述语音的生成过程。这一模型的识别过程本质上是对语音生成过程的一种反向推理。这种模型在2012年之前是语音识别的主流，直到深度学习技术兴起后才逐渐被代替。

我被鱼刺卡了（0.80）
我被鱼翅卡了（0.15）
我被鱼池卡了（0.05）

图3-38　不同句子的语言模型分数不同

（2）语言模型。在语音识别中，除了声学信息，语言信息同样重要。语言信息可以通过语言模型引入，用来选择更合理的句子。图3-38展示了一个例子。在这个例子中，待识别的句子在发音上比较模糊，声学模型不足以区分“鱼刺”“鱼翅”和“鱼池”这三个词。然而，如果引入语言模型就可以很容易地做出选择，因为“我被鱼刺卡了”的合理性很高，语言模型的概率高达90%。所以，基本上可以断定句子里说的是“鱼刺”。

④ 现代语音识别技术

随着深度学习技术的兴起，端到端语音识别方法逐渐成为主流。这种方法将语音信号作为输入序列，直接输出对应的文字序列，形成一个端到端识别框架。当数据量足够大时，这种方法可以获得高精度的识别结果，并且识别速度很快。

与传统的 HMM 模型不同，端到端识别方法不再试图描述语音的生成过程，而是通过学习直接从语音信号中提取对应的发音内容。图3-39展示了一个端到端语音识别系统的基本框架。编码器用于提取语音信号中所包含的发音模式，解码器以这些发音模式为输入，利用学习到的语言知识进行识别。当前的主流系统都以Transformer作为编码器和解码器的网络结构，极大地提高了语音信号的序列建模能力和语言知识的学习能力。

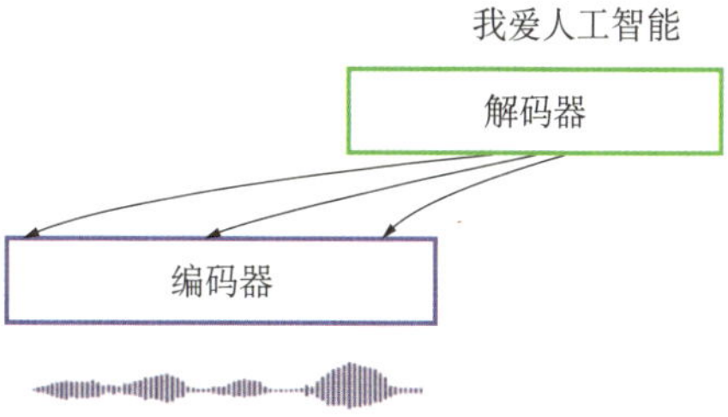

图3-39　端到端语音识别框架

本质上，端到端识别框架利用了深度神经网络灵活而强大的学习能力，通过大规模训练让模型自主学习出从语音到文本的复杂映射过程。以OpenAI的Whisper系统为例，训练该模型用了68万小时的语音数据，覆盖多达99种语言。

小结

语音是一种特殊的声音，是人类互相交流的工具。在发音时，声带的振动在口腔和鼻腔形成的声道中产生谐振，从而产生特定的共振峰。这些共振峰反映了声道的特性，同时也承载了发音内容的信息。早期语音识别通过分析语音中的共振峰信息实现了对简单发音单元的区分。

现代语音识别基于深度学习方法，特别是端到端识别框架。相比传统方法，深度学习模型能够提取语音中的发音模式，可以从大数据中学习语言知识，可以对远距离上下文进行建模。目前，现代语音识别技术在很多测试中已经接近甚至超过人类听音员的水平，广泛应用在人机交互、命令控制、会议转写、紧急呼救等各种场合。

3.5 机器听觉：语音合成

学习目标

（1）理解语音合成的基本概念与应用场景，认识其在人机交互领域的重要性。

（2）掌握人类发音的基本机理，理解“源-滤波模型”在语音合成中的核心作用，明确声门激励信号与声道调制的概念。

（3）掌握传统语音合成方法（参数合成法、拼接合成法和统计合成法）的基本原理，明确各自的特点与局限性。

（4）掌握基于深度学习的端到端语音合成技术的核心思想与结构，明确其相较于传统方法的突破点与优势。

语音合成（speech synthesis）是指从文本合成语音，也称为文本到语音转换（text-to-speech，TTS）。语音合成的生活应用场景举例如图3-40所示。人们很早就希望机器能够开口说话，为此奋斗了两百多年，但直到最近，机器能够真实自然地发音才成为现实。本节将讨论语音合成技术的演进过程，学习每种技术背后的基本思路，讨论当前基于深度学习的语音合成技术的模型框架。

(a) 地图导航　(b) 机场广播　(c) 医院叫号

图3-40　语音合成的生活应用场景举例

① 人是如何发音的

要让机器发声，首先需要理解人类是如何发声的。从上一节我们已经知道，人类发音的机理是声带的振动在口腔和鼻腔产生了谐振，类似吹箫时的发音过程（参见3.4节）。声带及相关的振动生成器官统称为“声门”，而口、鼻、唇等声音传导器官统称为“声道”。

为了更好地描述这一过程，科学家提出了一种称为“源-滤波模型”的人类发音模型，如图3-41所示。根据这一模型，声门首先产生振动信号$e(n)$。对于元音和浊辅音，$e(n)$表现为周期性的脉冲信号；对于清辅音，$e(n)$则是一段白

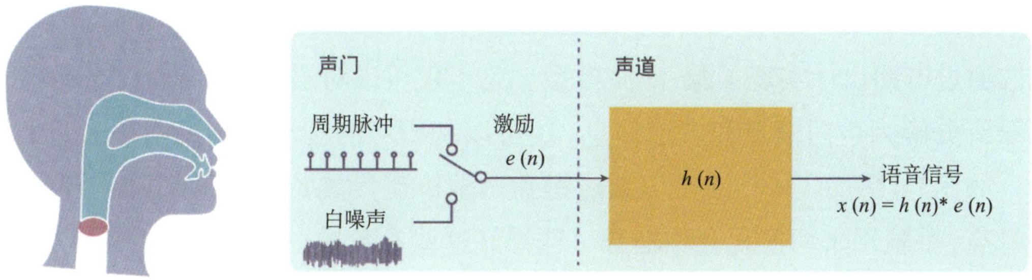

图3-41　源-滤波模型示意图

注：式中*表示调制过程。

噪声信号。随后，信号$e(n)$经过声道$h(n)$传导后发生了变化（这一过程称为调制），得到的输出信号$x(n)$就是我们实际听到的声音。

这个发音模型为合成人声提供了理论基础：只要我们能够构造出合理的激励信号$e(n)$和声道特性$h(n)$，就能基于发音模型合成人的语音。源-滤波模型为传统语音合成技术奠定了基础。

② 早期的语音合成器

1769年，匈牙利发明家沃尔夫冈·冯·肯佩伦（Wolfgang von Kempelen）依据人类发声原理制作了一台机械发声器，这是让机器“开口说话”的早期尝试之一。如图3-42所示，这台机械装置的皮质风箱相当于人类的肺，木质空箱内的阀门则模拟了声道。当挤压风箱时，气流冲过阀门进入空箱，可以发出一些类似人声的简单发音。

图3-42　Kempelen 发声器的复现模型

1939年，贝尔实验室的科学家霍默·达德利（Homer Dudley）发明了声码器，首次通过电路设计实现了源-滤波模型。它不仅可以对语音信号进行“分析”，即将语音分解为声门信息和声道信息，还可以利用声门和声道信息对语音进行重构。如图3-43所示，操作者可以通过键盘调整声道参数$h(n)$，而踏板则控制元音的音高，手腕用来切换元音和辅音。选择好这些参数后，机器便可以按照人类发音模型合成语音。声码器的发明为语音合成技术奠定了基础，也成为现代语音信号处理技术的重要起点。

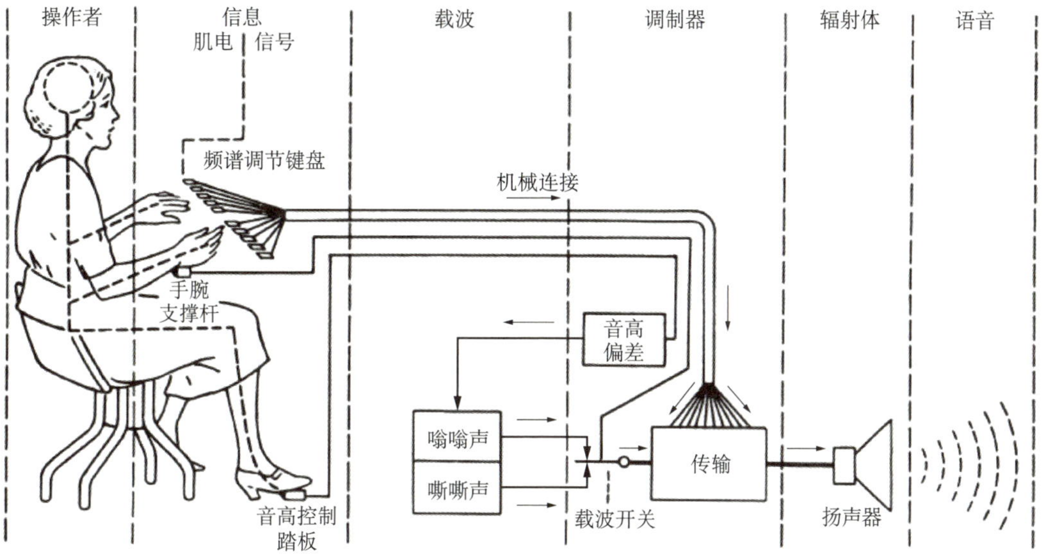

图3-43　声码器合成语音示意图

③ 传统语音合成技术

传统语音合成系统可以分为两步：第一步，通过一个“文本分析”模型，将文本转换为发音单元（通常为音素）序列；第二步，通过一个“声学模型”把这些音素串转换成语音信号，如图3-44所示。我们只讨论声学模型部分。

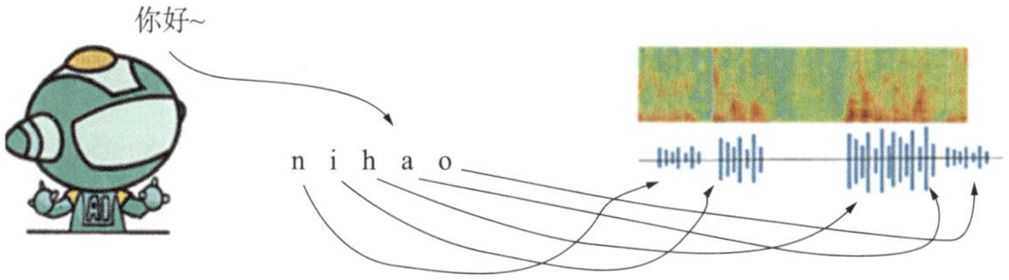

图3-44　语音合成整体框架

1）参数合成法

早期的语音合成方法是参数合成法。该方法为每个发音单元（如音素）设计声门和声道参数，并基于源-滤波模型合成语音。一个典型的例子是共振峰合成法。如图3-45所示，不同音素的共振峰位置各不相同。根据这一知识，可以为每个音素确定共振峰的位置和宽度，再通过声码器(源-滤波模型)合成相应的声音。

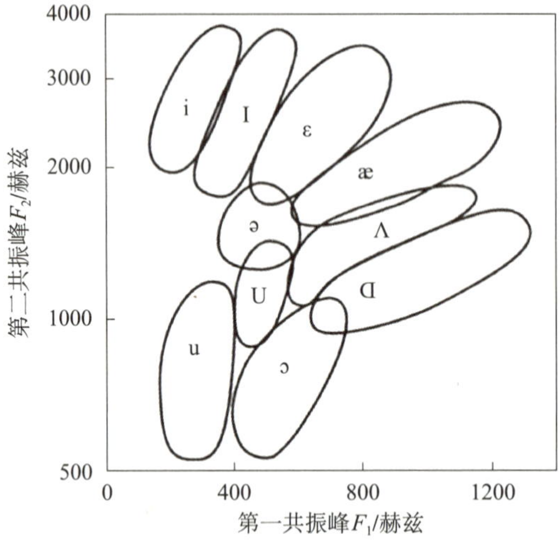

图3-45　共振峰合成法

注：不同音素在F_1—F_2平面上的位置不同。F_1表示第一共振峰，F_2表示第二共振峰。

参数合成法的优点在于结构简单且计算量小，但生成的语音通常带有明显的“机械感”，自然度较低。NEC的DECTalk语音合成系统是这种方法的代表之一，著名物理学家史蒂芬·霍金使用的辅助发音设备用的就是DECTalk合成系统。

2）拼接合成法

随着技术的发展，拼接合成法逐渐兴起。这种方法首先录制大量语音片段，尽可能覆盖各种音素组合。合成语音时，从语料库中为每个音素选择最合适的录音片段，把它们拼接起来成为完整的句子。由于声音片段是事先录制的真实语音，生成的声音比参数合成更接近人声。图3-46展示了如何从句子“拿黑衣帽”中提取音素片段，并拼接成新句子“你好”的过程。

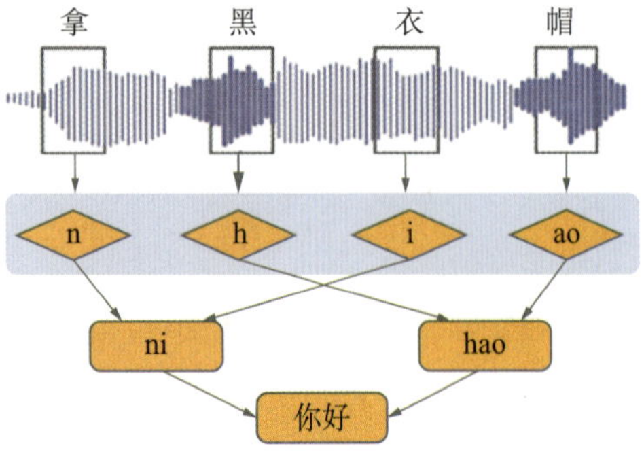

图3-46　拼接合成法示意图

拼接合成法生成的语音质量较高，但这种方法需要存储大量语料，占用存储空间较大。同时，由于语料是固定的，发音的灵活性受限，例如不能合成各种音色的声音。

3）统计合成法

2000年以后，研究者提出了基于统计模型的语音合成方法。与拼接法保留原始录音片段不同，统计合成法将语料库中每个音素的语音片段“总结”成一个称为隐马尔可夫模型（HMM）的统计模型。在前一节讨论过，HMM模型可以描述发音的动态过程，因此可以用来合成声音。具体方法是，首先用HMM模型生成每个音素的声门和声道参数，再利用声码器（源-滤波模型）从这些参数合成语音。

如图3-47所示，对每个音素（如“n”“i”“h”“ao”）分别建立HMM模型，利用这些模型生成声门和声道参数，再通过声码器读取这些参数并合成语音。

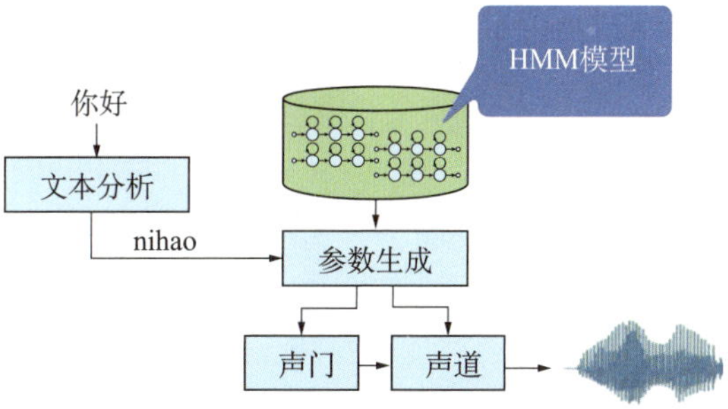

图3-47　统计合成法示意图

统计模型的一个优势在于它的可扩展性。通过调整模型参数，合成系统可以改变发音的特性。例如，只需少量训练数据就可以让模型模拟不同人的声音，或调整语音的情感表现。

然而，由于HMM学习的是声音的平均特性，无法模拟真实语音中丰富的动态特性。因此，基于HMM生成的语音通常较为平滑，变化不明显，缺乏真实语音的动态感。

④ 基于深度学习的语音合成技术

近年来，基于深度神经网络的端到端语音合成取得了显著进展。所谓端到端方法，是指从输入文本到生成语音的整个过程由一个统一的神经网络模型来完成。这一技术不仅简化了合成系统，而且大幅提升了合成语音的自然度、流畅性和表现力。

端到端模型的主干是一个序列到序列神经网络，如图3-48所示。只要有足够的数据，这种神经网络不仅可以学习音素到语音的转换，还能学习语音在时间上的变化规律，从而生成更为自然、真实的语音。与传统的HMM方法相比，训练端到端模型需要更多语音数据。例如，传统HMM方法通常只需约1000句声音样本就能建立一个基础模型，而端到端模型通常需要至少几十个小时的训练数据才能达到较好的效果。

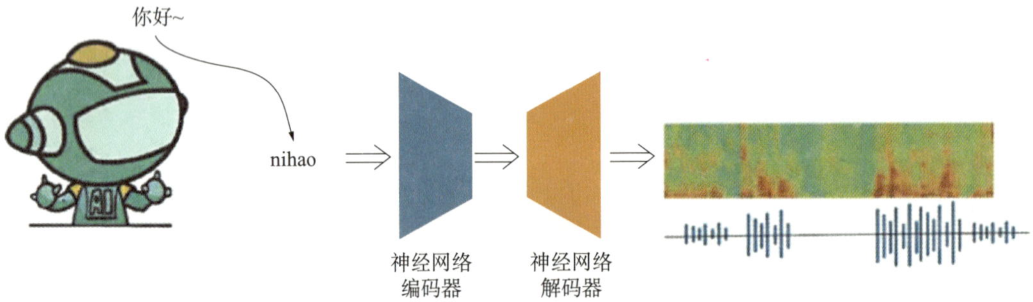

图3-48　端到端语音合成系统示意图

特别重要的是，端到端模型不再像传统方法那样分别处理声门和声道参数，而是直接生成语音的频谱甚至是时域信号。这种方法颠覆了传统基于声码器（源-滤波模型）的语音合成框架，带来语音质量的显著提高。

最后，端到端系统在处理上下文信息方面也表现出色。它不仅能够理解长句子的发音变化，还可以根据语境调整发音。例如，系统能够自动处理不同时态下的发音差异，校正拼写错误，识别标点符号的停顿，检测词语重读。

总结来看，端到端语音合成技术具有以下优势。

（1）简化文本分析：文本处理由神经网络自动完成，无须单独的文本分析器。

（2）不再依赖传统声码器：语音生成过程完全由神经网络处理，不再依赖传统声码器。

（3）自动处理上下文信息：神经网络能够自动学习和应用上下文信息，使合成的语音更加自然、流畅。

小结

语音合成技术使机器能够“开口说话”。传统方法基于源-滤波模型，将声音分解为声门信号和声道参数，合成时基于这些参数对语音进行恢复。这种方法物理机理明确，但合成语音的自然度较低。

现代语音合成技术采用基于深度神经网络的端到端模型，通过一个统一的神经网络从文本直接合成高质量的语音。得益于神经网络的大规模数据学习能力，这种方法能够捕捉到复杂的发音规律和语境信息，使合成的语音更加自然、流畅。

3.6 语言处理：机器翻译

学习目标

（1）理解人类语言的三大基本特性（高度抽象性、规则与灵活性、歧义性），明确这些特性如何影响跨语言交流。

（2）理解基于规则的机器翻译方法的基本原理，掌握直接翻译、转换翻译与中间语翻译方法的区别，明确其存在的局限性。

（3）掌握统计机器翻译（SMT）的核心思想与实现原理，明确平行语料库、短语对齐及概率模型的作用，并理解其优点和局限性。

（4）掌握神经机器翻译（NMT）的端到端翻译思想和注意力机制的原理，明确NMT相比SMT的技术优势与当前存在的技术瓶颈。

（5）认识机器翻译的历史演进，探讨未来机器翻译技术的发展趋势与面临的挑战。

全球有5000～7000种语言，给国际交流带来了极大障碍。机器翻译旨在通过计算机实现跨语言的交流，是人工智能领域的重要研究方向之一。早期的机器翻译主要依赖词典和语法规则，后来研究者提出统计机器翻译方法，利用大量平行语料库来学习语言间的对应关系。现代机器翻译技术采用端到端学习方法，借助神经网络的强大学习能力，通过大数据学习发现语言之间的对应性，大幅提升了翻译的质量。

① 人类语言的特点

要实现机器翻译，首先要了解人类的语言。据统计，全球的5000～7000种语言中，大部分是口语，没有书写系统。在这些语言中，汉语的使用人数最多。我们从几个方面分析语言的特性，正是这些特性使跨语言沟通变得极为困难。

首先，语言具有高度抽象性。我们看到的语言符号只是外在的书写形式，真正重要的是符号背后高度浓缩的信息。例如“蛋白质”只是三个字，但背后却是“蛋白质”这一概念的所有内涵和外延。

其次，语言兼具规则性和灵活性。一方面，语言要符合明确的语法规则，正是这些规则使语言可以被描述和理解。另一方面，语言又是动态的，人们在实际使用中可以打破语法规则，创造出新的表达形式。例如我们会说“椅子给我”，虽然不符合语法规则，但大家都能理解它的意思。

最后，语言还具有混淆性。不论哪种语言，都有大量多义词和同音词。为了消除这种语义混淆，需要把句子作为一个整体，在上下文中理解每个词的意义。例如，英语中的bank既有“河堤”的意思，也有“银行”的意思；中文的“好”既可以是“好朋友”的“好”，也可以是“好高兴”的“好”。

② 机器翻译的萌芽：规则方法

语言的多样性为人类交流带来了巨大的障碍。因此，自计算机诞生之初，科学家们便开始设想利用机器来实现跨语言的沟通。1947年，美国数学家沃伦·韦弗（Warren Weaver）首次提出了机器翻译的设想，并在1949年发表了《翻译备忘录》，这是机器翻译研究的起点。

在美苏冷战时期，出于情报工作的需要，双方都加快了对机器翻译技术的研发。当时的翻译主要依赖词典和人为设计的语法规则，称为基于规则的翻译方法。这种方法首先通过查词典将源语言中的单词逐一翻译为目标语言的单词，然后根据目标语言的语法规则（如句子成分的顺序）对翻译结果进行调整，以生成合理的句子，如图3-49所示。

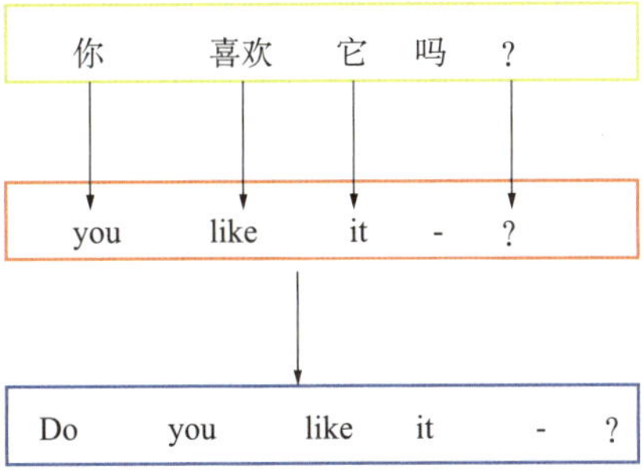
你 喜欢 它 吗 ?
you like it - ?
Do you like it - ?

图3-49 基于规则的翻译方法

1954年，美国乔治敦大学在 IBM公司的协助下，用 IBM-701型计算机完成了首个英俄机器翻译试验。这个系统基于6条文法规则和250个单词，成功将约60句俄语翻译成英文。该试验向公众展示了机器翻译的可行性，极大地激发了研究者们的热情。当时的研究人员乐观地认为，在3～5年，机器翻译将能够解决语言翻译中的各种困难。

然而，人们很快发现情况远没有那么乐观。单纯依靠词典和规则，机器难以处理复杂的语法结构，也无法理解微妙的语义变化。一个经典的例子是，当英语谚语“心有余而力不足”翻译成俄语时，其意思却变成“酒是好的，肉变质了”。这暴露了基于规则方法的局限性。

1966年，美国科学院的自动语言处理咨询委员会（ALPAC）发布了一份题为《语言与机器》的报告。报告指出，“目前没有太多理由大力支持机器翻译的研究”，并认为“机器翻译遇到了难以克服的语义障碍”。至此，机器翻译的研究进入低谷期，并持续了十余年。

20世纪70年代，基于转换的翻译方法（transfer-based machine translation）开始受到关注。这种方法首先对源语言句子做自下而上的语法解析，之后在每一个层次上进行翻译，最后基于各层得到的翻译结果生成目标语言的句子。

尽管思路很清晰，但人们很快发现实际语言太复杂，很多时候难以解析，翻译就更加无从谈起。基于规则的翻译方法逐渐走向没落。

③ 统计机器翻译

20世纪80年代末期，研究者开始尝试基于数据驱动的统计机器翻译（statistical machine translation，SMT）方法。1990年，IBM Watson的研究者在*Computational Linguistics*上发表了一篇题为*A Statistical Approach to Machine Translation*的论文，标志着统计机器翻译的诞生。

SMT的核心思想是通过大量平行语料库来学习不同语言之间的对应关系。平行语料库指的是两种语言一一对应的句子对。例如，中文的“我吃饭了”对应英文的I have eaten，这两句话组成了平行语料库的一个样本。通过统计大量这样的句子对，机器能够学习到源语言与目标语言之间的短语对齐关系，并将这些关系构建成词典。

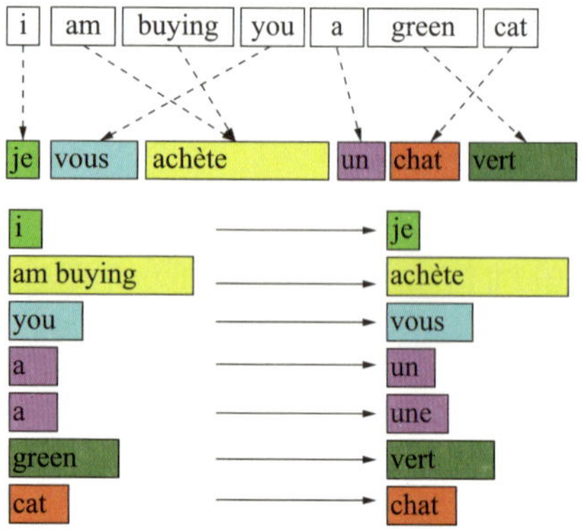

图3-50 统计机器翻译中的短语对齐与词表构造

如图3-50所示，SMT系统首先将源句和目标句中的短语进行对齐，并基于这种对应关系学习短语之间的对应关系。在实际系统中，短语的对应关系可能并不唯一，可能出现一对多或多对一的情况。为了解决这一复杂性，系统会考虑多种可能的翻译组合，并利用语言模型选择概率最大的翻译结果。图3-51所示为SMT系统的基本框架。

统计机器翻译方法保留了传统规则方法中关于词典和规则的概念。区别在于，SMT中的词典和规则不再是人为设计的，而是通过数据学习得到的，并被表达成了概率形式。这使得系统在面对复杂语言现象时更具灵活性。

SMT方法也存在一些局限性。首先，它依赖平行语料库，数据的质量和覆盖范围会直接影响翻译结果。此外，统计模型在处理长句或复杂结构时，常常会出现语义不连贯或翻译生硬的问题。尽管如此，在神经机器翻译兴起之前，SMT一直是机器翻译的主流技术。

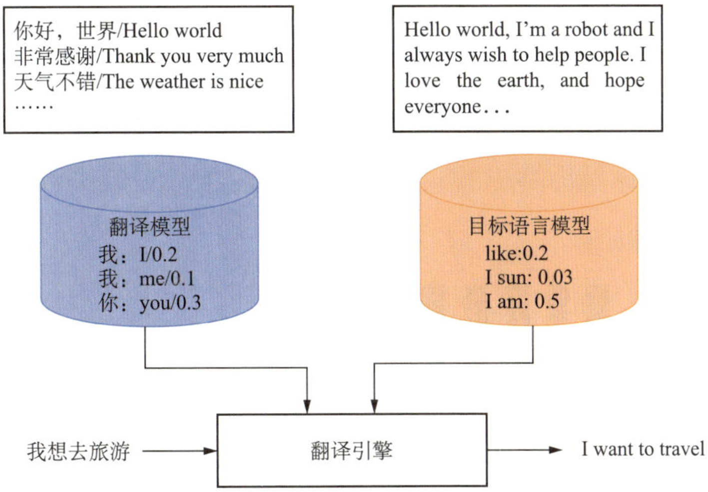

图3-51　统计机器翻译基本框架

注：翻译模型存储了对应短语，用于短语层次的翻译；目标语言模型存储了目标语言的语言学知识，用于选择最通顺的翻译方式。

④ 神经机器翻译

自2014年以来，随着深度学习技术的迅猛发展，神经机器翻译（neural machine translation，NMT）成为机器翻译领域的主流技术。NMT 通过深度神经网络实现了“端到端”的翻译，它不再依赖传统的词典和规则，而是从输入的源语言句子直接生成目标语言句子。

2016年，谷歌上线了基于NMT的翻译系统，标志着机器翻译正式进入神经网络时代。2018年3月，微软宣布其中英机器翻译系统在WMT 2017 评测集上已达到人类翻译员的水平，进一步证明了 NMT 技术的成熟度和实用性。

NMT的核心在于神经网络模型强大的学习能力。与统计机器翻译不同，NMT不再依赖预定义的词典和语言规则（语言模型），而是通过大规模平行语料的学习，将两种语言的对应规律隐式地编码在神经网络的权重中，从而生成更加自然、流畅的翻译结果。

图3-52展示了基于注意力机制的NMT 模型结构。首先，编码器对源语言句子进行编码，生成一串语义向量，每个语义向量对应一个词。随后，解码器逐字生成翻译结果。在每一步生成时，解码器都会参考整个源句子，并通过注意力机

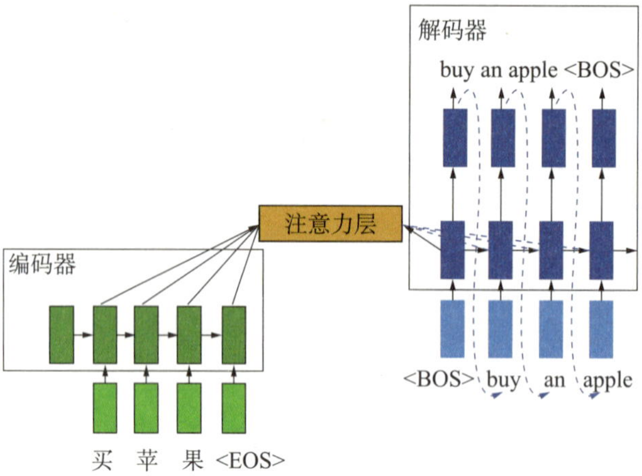

图3-52 神经机器翻译框架

制定位需要关注的单词，从而生成更为精准的翻译。

相较于传统SMT方法，NMT 具有显著优势。首先，NMT 系统结构更为简洁，消除了中间的翻译步骤，直接生成翻译结果。其次，NMT 能够更好地处理词语间的长距离依赖和复杂的句子结构，使翻译结果在语义上更加连贯和准确。

目前，NMT在主流语言之间的翻译效果已达到实用水平，但仍面临一些挑战。首先，对于小语种翻译，由于缺乏充足的平行语料，翻译质量仍然有限。此外，NMT对于领域关键词、低频词、新词的翻译性能较差。尽管如此，NMT的出现极大地提升了机器翻译的整体水平，是目前最强大的翻译技术。

5 打破语言边界

自1947年沃伦·韦弗提出机器翻译的概念以来，机器翻译技术已发展了70余年，如图3-53所示。1949年，沃伦·韦弗在《翻译备忘录》中提出机器翻译的设想。1954年，乔治敦大学和 IBM公司实现俄—英机器翻译系统。1966年，ALPAC发布《语言与机器》，机器翻译进入低谷。1968年，Peter Toma成立Systran，是最古老的机器翻译公司之一。1976年，蒙特利尔大学的John Chandioux等提出基于语言分析的英法翻译系统TAUM-METEO。1984年，Makoto Nagao提出基于样例的翻译方法。1988年，IBM提出统计机器学习方法。2014年，谷歌提出端到端神经机器翻译方法。2016年，谷歌神经机器翻译系统上线。在此过程中，虽然经历了不少波折，但整体上是在不断进步的，并逐渐达到了实用水平。

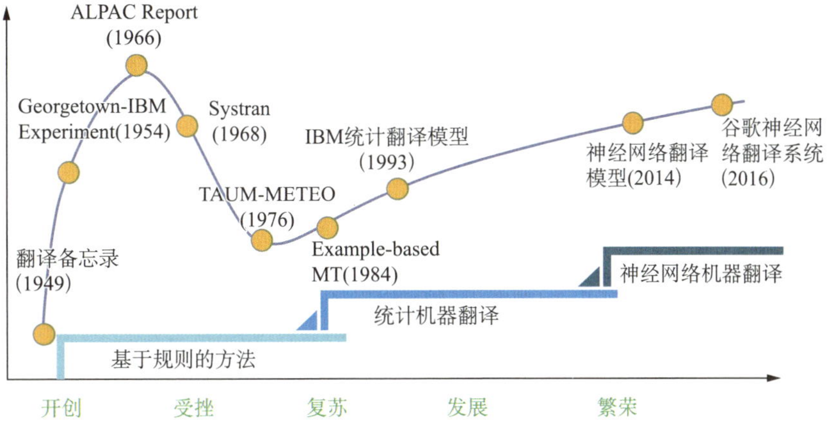

图3-53　机器翻译的历史

如今，神经机器翻译（NMT）在一些主流语言对（如中—英、英—法）上的翻译性能已经接近人类水平。然而，在处理小语种和低资源语言时，NMT翻译质量仍然存在明显不足，打破全球语言边界的理想尚未完全实现。针对这一问题，研究者们提出了多种应对策略，包括无监督学习、跨语言迁移学习，以及将知识与数据相结合的翻译方法。这些新技术正在逐步提升NMT在小语种和低资源语言翻译中的表现。相信随着技术的不断演进，未来人类跨语言交流的障碍将被彻底打破。

有趣的是，机器翻译已经不再局限于人类语言之间的互相转换。例如，有一家日本公司就推出了一款“爱犬翻译机”，如图3-54所示。这款设备可以将狗的叫声翻译成简单的人类语言，如“好无聊呀”“我喜欢你”等。也许将来有一天我们真的可以开发出和宠物自然交流的人工智能技术，虽然不那么精确，但至少可以给生活增添别样的乐趣。

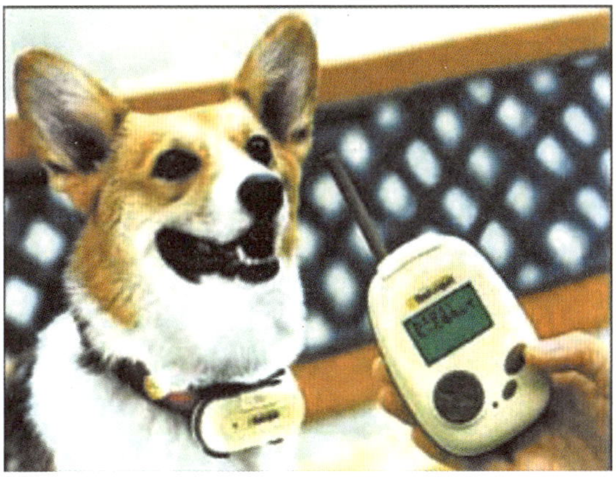

图3-54　日本TAKARA公司发明的一款爱犬翻译机获2002年时代杂志最佳发明奖

小结

机器翻译技术的发展经历了三个主要阶段：基于规则的翻译、基于统计的翻译和基于神经网络的翻译。最初的规则翻译方法依赖人工编写的词典和语法规则，能翻译简单句子，但难以处理实际生活中复杂的语言现象。随后，统计机器翻译（SMT）利用平行语料库自动学习语言之间的对应关系，翻译效果显著提高。然而，SMT对复杂句子的理解能力有限，无法实现有效的翻译。近年来，神经机器翻译（NMT）凭借大规模神经网络的学习能力，实现了从源语言到目标语言的端到端翻译。这种模型能够隐式地捕捉语言之间复杂的映射关系和目标语言的表达方式，使主要语言之间的翻译质量接近甚至超越人类水平。然而，在小语种上的翻译仍然面临挑战。可以预期，随着技术的不断进步，实现全球无障碍沟通的愿景将在不久的将来成为现实。

3.7 人机对战：AlphaGo的秘密

学习目标

（1）理解围棋的基本规则与复杂性，明确围棋与国际象棋在人机对弈中的差异，认识传统基于棋局评估与搜索的方法应用于围棋的局限性。

（2）掌握蒙特卡洛树搜索（MCTS）的基本原理，理解随机模拟、路径选择、节点扩展和反馈机制，明确其在围棋AI中的作用。

（3）掌握AlphaGo的核心结构，理解策略网络和价值网络的作用与工作机制，明确两者如何与MCTS结合以实现对围棋局势的精准评估。

（4）掌握AlphaGo训练过程中的自我对弈方法，明确其与传统监督学习的区别，理解自我对弈在棋类AI自主学习中的作用。

(5) 理解AlphaGo Zero完全摆脱人类经验、依靠自我对弈的创新之处，认识其在人工智能发展史上的里程碑意义。

在人工智能的发展历程中，棋类游戏一直是人工智能的“必争之地”。早期的计算机下棋程序依赖路径搜索，通过模拟人类棋手的“心算”过程，推演对手的应对来找到对己方最有利的走棋方式。然而，这种方法在围棋中却行不通，因为围棋的局面变化极其复杂，难以准确评估棋局的优劣。

2016年，AlphaGo在围棋领域取得突破。它通过结合搜索算法、深度神经网络和自我对弈，逐步掌握了高超的棋艺，最终战胜了人类顶尖棋手。本节将探讨AlphaGo 背后的核心技术。通过了解这些技术，你将发现，曾被视为充满神秘智慧的围棋，在现代人工智能面前也可以被理解和攻克。

① 围棋

围棋，中国古称“弈”，英文名称为Go。围棋起源于中国，相传由尧帝发明，用以教导其子丹朱。据传说，尧帝的儿子丹朱顽皮好斗，常常弄得浑身是伤。为了让他平心静气，尧帝发明了围棋，通过这种智力游戏磨炼丹朱的性情。

在晋朝时期，围棋更是风靡一时，民间还流传着许多围棋的传奇故事。其中最有名的是烂柯山的传说：相传衢州有一位名叫王质的樵夫，在山中砍柴时遇到两位仙人下棋，渐渐看得入迷，等他回过神来时，斧柄都已经腐烂了。回到村里后，发现村民全是生面孔，原来世间已经过了几百年。

围棋的棋盘为19条纵横线构成的矩形网格，交点共361个。对弈双方分别执黑白棋子，轮流落子，以围占的地盘大小定胜负。围棋的变化极其丰富，被誉为变化无穷的智慧游戏。《棋经十三篇》中将围棋的局面变化称为势。对于人类棋手来说，高水平的对局往往考验的是棋手对势的把握能力，这种能力既涉及局部战术，也涵盖全局战略。因此，围棋常被赋予深刻的哲学内涵，并被视为培养战略思维的高端智力游戏。

② 围棋的困难

计算机下棋因其规则明确、胜负分明，很早就受到人工智能研究者的偏爱。图灵、香农、麦卡锡等都有过深入研究。1997年5月11日，IBM公司开发的“深蓝”战胜了当时的国际象棋世界冠军卡斯帕罗夫，被认为是人工智能领域里程碑式的成就。

“深蓝”能够击败卡斯帕罗夫的关键在于Alpha-Beta剪枝算法，它基于极小-极大搜索的原理。该算法的基本思路是，从当前局面出发，在所有可能的走法中选择一条“即使对手做出最佳应对，我方仍能获得最大优势”的走法。Alpha-Beta剪枝算法在此基础上去掉了一些不必要的路径搜索，极大地提高了搜索效率（参见2.1节）。

极小-极大算法（包括Alpha-Beta剪枝）的关键在于对局面的评估。在国际象棋中，评估局势相对简单。例如，可以通过计算双方棋子的数量或位置优劣来判断局势。这些信息称为“启发信息”，人和计算机都可以依靠这些信息对棋局做出判断。

然而，围棋的局势判断要复杂得多。围棋盘面变化无穷，只能凭直觉或经验才能对形势作出判断，这对计算机来说是一项巨大挑战。由于无法准确评估局势，“深蓝”所依赖的搜索和剪枝算法在围棋中就难以适用了。因为这一算法需要预判几步之后的局势，当局面评估不准确时，搜索就失去了意义。

那么，有没有可能多搜索几步，直到局面足够明朗再做判断呢？特别是，是否可以一直搜索直到终局，再根据终局的胜负来打分？理论上这是可行的，但由于围棋落子太多，路径的扩展将是天文数字，因此同样不现实。正因如此，在“深蓝”获胜后的十多年时间里，并没有哪一款围棋程序能击败人类顶尖棋手。

③ 围棋国手 AlphaGo

2016年，DeepMind的AlphaGo成功战胜韩国顶尖棋手李世石，标志着人工智能在围棋领域取得了突破性胜利。此后，AlphaGo横扫中日韩顶级棋手，保持全胜战绩。2017年，AlphaGo 击败当时的世界冠军、中国九段棋手柯洁。此战之后，AlphaGo再无敌手，宣布退役。

AlphaGo的成功震撼了整个围棋界，连一向对AI围棋持保留态度的聂卫平九段也不得不承认其超凡的实力，称其棋力“至少在20段以上”。中国围棋协会更是破例授予AlphaGo职业九段称号。AlphaGo的强大源于其背后复杂而精巧的技术支撑，其中最关键的是蒙特卡洛树搜索（MCTS）与深度神经网络的结合。

1）蒙特卡洛树搜索

蒙特卡洛树搜索（MCTS）是 AlphaGo成功的核心技术之一。围棋中的最大挑战在于如何评估当前局势，而 MCTS 通过模拟走棋到终局来进行评估。为了提高模拟走棋的效率，MCTS 并不会扩展所有可能的路径，而是通过随机采样的方式估计每种走棋方式的胜率，并优先扩展那些胜率较高的走法。

MCTS 的基本步骤包括：选择、扩展、模拟和回传。首先，从当前棋局出发，按照某种策略选择路径，直到遇到未扩展的节点。接着，生成新的子节点，并通过自我对弈模拟后续棋局的发展，直到终局决出胜负。最后，将胜负结果逐层回传，把胜负分值累加到路径的所有节点上。这一过程反复进行，最终确定胜率最高的走法作为当前的最佳选择。图3-55展示了MCTS算法的基本过程。

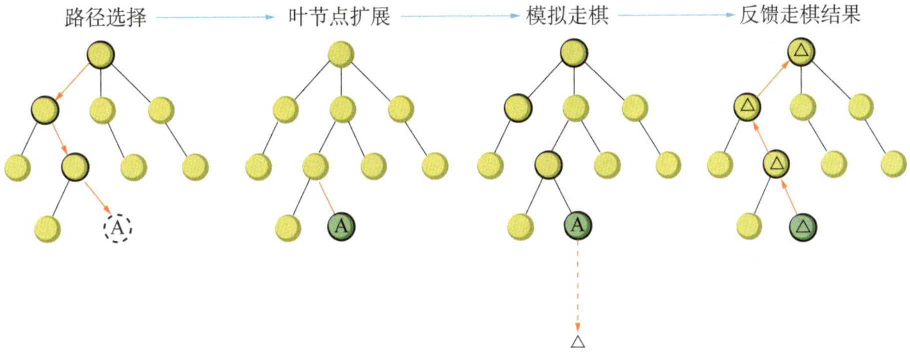

图3-55　蒙特卡洛树搜索(MCTS)算法

（1）路径选择：以当前棋局作为根节点，自上而下依次选择节点，直至遇到第一个未扩展的子节点A。在做路径选择时，一方面选择那些胜率大的节点，同时照顾之前访问较少的节点。

（2）叶节点扩展：初始化子节点A，包括节点的胜率和被访问次数。

（3）模拟走棋：从节点A开始进行模拟走棋，直到决出胜负。该胜负值作为节点A此次模拟获得的收益。

（4）反馈走棋结果：对节点A的一次模拟也是对其所有祖先的模拟，所以节点A获得的收益要逐层上传，直至到达根节点。

重复上述过程，树中每个节点积累的收益将代表该节点的己方胜率。当模拟完成后，根结点中收益最大的子节点所对应的走棋方式即为最优落子。

MCTS 本质上是一种对走棋路径的随机采样方法，关键在于保留一棵可扩展的搜索树，在随机采样时以这棵树为基础进行有序扩展，从而提高模拟走棋的效率。

2）深度神经网络

深度神经网络是 AlphaGo 取得胜利的另一个关键因素。MTC是一种走棋方法，但并没有把走棋的经验记忆下来。为此，AlphaGo引入了深度学习方法，设计了两个卷积神经网络：策略网络和价值网络，如图3-56所示。策略网络用于评估每个落子点的优劣，价值网络则用于判断当前局势的胜负。

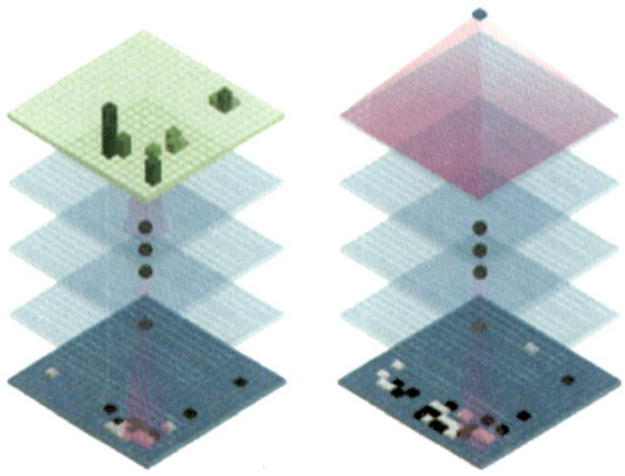

（a）策略网络　　（b）价值网络

图3-56　AlphaGo中的策略网络和价值网络

这两个网络与MCTS相辅相成：MCTS依赖神经网络来选择更有效的路径，而神经网络通过不断学习MCTS的模拟结果，逐渐掌握了下围棋策略和对局势的评估方法。具体而言，在MCTS的“路径选择”过程中，策略网络的输出是节点选择的“先验概率”，即当模拟走棋还没进行、胜率尚未积累之前的节点选择依据。在MCTS 的“叶节点扩展”过程中，价值网络用于计算扩展节点的“缺省价值”，即在没有进行模拟走棋之前对该节点的价值评估。

MCTS和深度神经网络的关系可以这样理解：MCTS 是棋手的思考过程，而神经网络则相当于棋手的大脑，积累了在特定棋局下的应对方案和棋局进行评估的能力。

3）自我对弈

AlphaGo的另一个重要训练手段是自我对弈，即自己跟自己下棋。通过这种自我对弈，AlphaGo生成了大量数据，持续强化其棋力。自我对弈不仅在训练阶段至关重要，在实际对战中也是构造MTC的关键步骤，相当于落子前模拟和对手走棋的思考过程。

总结来说，AlphaGo的成功源于搜索算法（MCTS）、神经网络（策略和价值网络）和自我对弈的有机结合。正是这种结合，使AlphaGo突破了人们对围棋的神秘化认知，展现了人工智能在棋类游戏中的强大实力。

4 自学成才的 AlphaGo Zero

AlphaGo 的成功很大程度上要归功于自我对弈，但其训练过程仍然应用了大量人类棋手的经验和知识。例如，AlphaGo 使用了16万局人类棋谱，在设计棋盘特征时使用了诸如“气”“打劫”等人类经验。

2017年，DeepMind发布了AlphaGo Zero，完全抛弃了人类经验，单纯依靠自我对弈自学成才。AlphaGo Zero最重要的改进在于训练神经网络时完全摒弃了人类棋谱，完全从零开始，通过不断地自我对弈逐步提高对弈水平。仅仅经过三天的训练，AlphaGo Zero就能够战胜曾经击败李世石的AlphaGo；经过40天的训练，它又战胜了曾经击败柯洁的AlphaGo Master。

AlphaGo Zero的学习过程包括自我对弈和网络训练两部分，整个训练过程完全摆脱了对人类经验的依赖，如图3-57所示。

（1）自我对弈：从开局开始，每一步走棋都进行一次蒙特卡洛树搜索，并利用当前的策略网络和估值网络来指导搜索路径的选择。双方交互走棋直到决出胜负。

（2）网络训练：基于对弈过程中生成的数据，对估值网络进行更新，使其输出与对弈结果更加一致（例如，如果获胜，对己方棋局的估值应该增大）；同时更新策略网络，使其输出更贴近蒙特卡洛树搜索的结果。

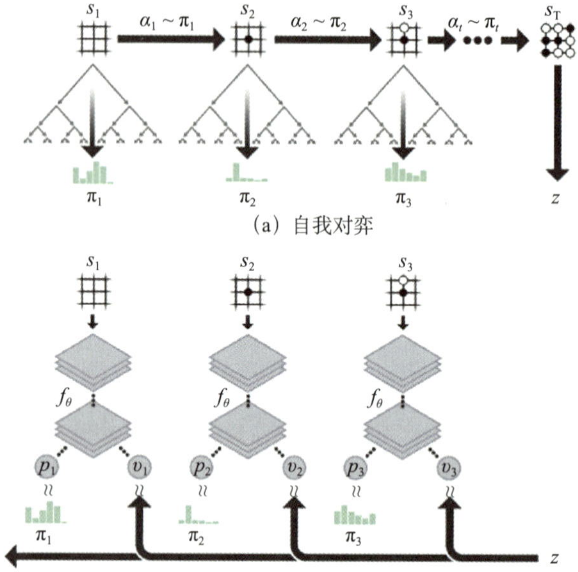

图3-57　AlphaGo Zero的自我对弈和网络训练过程

与依赖人类经验的 AlphaGo 相比，AlphaGo Zero 的成功在某种意义上可能更加重要，它意味着在目标明确的封闭任务中，机器通过自我学习有可能找到比人类更优的解决方案。

小结

从图灵1947年的国际象棋程序到2017年 AlphaGo Zero 的横扫天下，人工智能在棋类领域的研究走过了整整70年。早期的对弈算法依赖基于启发式知识（人为设计的局面评估方案）的路径搜索算法（如 Alpha-Beta 剪枝）。这一方法在国际象棋中取得了巨大成功，但在围棋领域却遇到了困难。根本原因在于围棋的局面难以准确评估，因此无法获得启发式知识。AlphaGo 的成功在于将蒙特卡洛树搜索与深度神经网络相结合，解决了局面评估问题，最终成为围棋国手。接着，AlphaGo Zero更进一步，完全摆脱了对人类经验的依赖，依靠自我对弈从零开始学会了走棋技巧。

这场从规则驱动到数据驱动，再到自我学习的变革，不仅展现了人工智能在复杂决策任务中的巨大潜力，还预示着在一些特定任务上，机器有可能通过自我探索找到超越人类经验的解决方案。

3.8 人机对战：AI打游戏

学习目标

（1）理解电子游戏与棋类游戏在人机对战中的异同，明确电子游戏环境的复杂性、不确定性以及对AI实时决策能力的要求。

（2）掌握强化学习的基本概念与过程，明确强化学习在电子游戏中的应用原理，理解如何通过与环境交互实现策略优化。

（3）掌握深度强化学习的基本思想与实现原理，明确其在Atari游戏中取得突破的关键因素，理解深度神经网络与强化学习结合的优势。

（4）认识OpenAI捉迷藏游戏AI的技术特点，理解AI如何通过自主探索与团队协作演化出复杂策略，思考其对AI自主适应能力与创造力的启示。

（5）理解AlphaStar在《星际争霸Ⅱ》中表现出的高水平战略能力与实时决策能力，掌握其训练过程中的关键方法，探讨其在复杂环境中群体协作与战略规划的意义及实际应用前景。

人工智能不仅在棋类游戏上展现出强大的智力，还会打电子游戏。这两者有相似之处：它们都要在对战中学会战胜对手的技能，因此都适合强化学习。不同之处在于游戏的环境更复杂，不确定性更强。特别是像《星际争霸》这种开放环境下的多人对战游戏，需要更复杂的策略学习。本节将探讨人工智能打游戏背后的基本原理，重温强化学习方法。

① 打游戏与下棋

对于机器来说，打游戏和下棋两种任务很相似，都是学习在特定状态下的行为策略，只不过面对的场景不同。下棋时，机器看到的是当前棋盘，需要分析棋盘局势和对手的可能应对，选择收益最大的走棋步骤，得到的反馈是“是否获胜”。而在电子游戏中，机器看到的是游戏画面，需要通过画面确定最有利的行动方式，反馈则是“得分多少”或“是否通关”。

总体上看，电子游戏的复杂度比棋类游戏更高，因为机器需要应对快速变化的环境并做出实时决策，这对系统状态的评估和动作选择提出了更高的要求。

图3-58　Breakout游戏

例如，在经典的 Breakout 游戏（图3-58）中，玩家控制一个托板接住掉落的小球，使其反弹并击碎彩色壁板，得分取决于击碎的壁板数量。要掌握这款游戏，机器首先需要“观察”屏幕，识别小球和托板的位置、壁板的破裂情况等。基于这些观察，机器要实时预测小球轨迹，迅速生成控制托板的动作。

② 强化学习回顾

与围棋等棋类游戏类似，机器学习打电子游戏依赖的也是不断尝试，通过反馈来调整自己的行为策略。这种学习方法称为“强化学习”（参见2.4节）。

总体上，强化学习（reinforcement learning，RL）是一种以结果为导向的学习方式，智能体通过与环境的互动逐步优化自身的行为策略，以获得更大的收益。一般来说，这种奖励不是即时的，而是一个滞后的、累积的奖励。

强化学习是机器学习的重要分支，与监督学习和无监督学习共同构成三大基本学习方法（参见2.4节）。强化学习不依赖明确的标签，而是要通过试探、反馈、再优化的迭代过程逐步改进策略。在和环境的交互过程中，既要以当前最优策略为指导，又要勇于尝试新策略。

③ 玩转 Atari 游戏

2015年，DeepMind公司在《自然》杂志上发表了一篇论文，报告了他们的AI系统在29款雅达利（Atari）游戏中超越了人类玩家的表现。DeepMind 的技术核心在于将强化学习和深度神经网络相结合。

Atari 游戏是20世纪70—80 年代电子游戏产业的代表。它是一系列游戏的集合，如图3-59所示。这些游戏画面朴素、规则简单、目标单一，难度会随着时间逐渐增加，以鼓励玩家追求更高的分数。Atari游戏种类繁多，如乒乓球类、射击类、迷宫类、竞速类、平台跳跃类等，是早期街机游戏的代表。

图3-59　Atari游戏

DeepMind的Atari AI系统使用深度神经网络作为决策模型，用强化学习方式对模型进行训练，让神经网络学会在特定游戏场景下应该采取的最佳动作。具体来说，游戏画面经过卷积神经网络处理后，直接输出控制操纵杆的指令。在训练过程中，屏幕上显示的分数被用作奖励信号。训练的目标是通过调整卷积神经网络的参数，使模型获得更高的分数。这类似于把游戏机交给一个孩子，让他通过不断尝试来掌握游戏技巧，最终成为游戏高手。DeepMind所用的深度神经网络包括两个卷积层和两个全连接层，输出层对应17个游戏杆操纵动作，如图3-60所示。

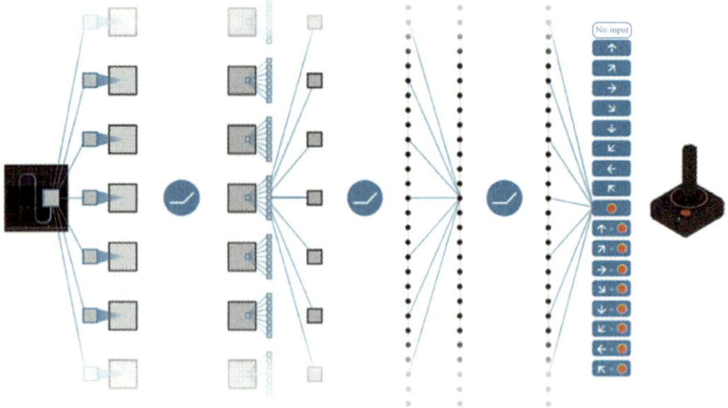

图3-60 DeepMind 打Atari游戏的神经网络

④ 捉迷藏的 AI

2019年，OpenAI发布了一个玩捉迷藏游戏的AI系统，引起了广泛关注。这个游戏设计了一个虚拟世界，其中有两个小人，一个负责躲藏，另一个负责寻找。游戏场景中还包含一些道具，如挡板、箱子等，供小人们利用。设计者给予了这两个小人足够的自由，唯一的目标就是蓝色小人尽量藏好自己，而红色小人尽量抓住蓝色小人。这种设计构成了一个标准的对抗游戏。

研究者让这两个小人通过强化学习进行训练，使用的方法与雅达利游戏AI类似。经过上亿次的游戏对战，研究者惊讶地发现，这两个小人逐渐学会了使用道具的复杂技巧。例如，蓝色小人会利用挡板搭建一个小房间，把自己藏在角落里；而红色小人则学会了叠起箱子站在上面，观察藏起来的对手，如图3-61所示。

图3-61 OpenAI的捉迷藏AI

图3-62展示了一个更复杂的游戏场景。其中包括了更多的小人，蓝色小人的任务仍是躲藏，而红色小人的任务还是寻找。随着训练次数的增加，蓝色小人开始通过合作掩护自己，而红色小人则不断探索破解蓝色小人藏身之处的方法。

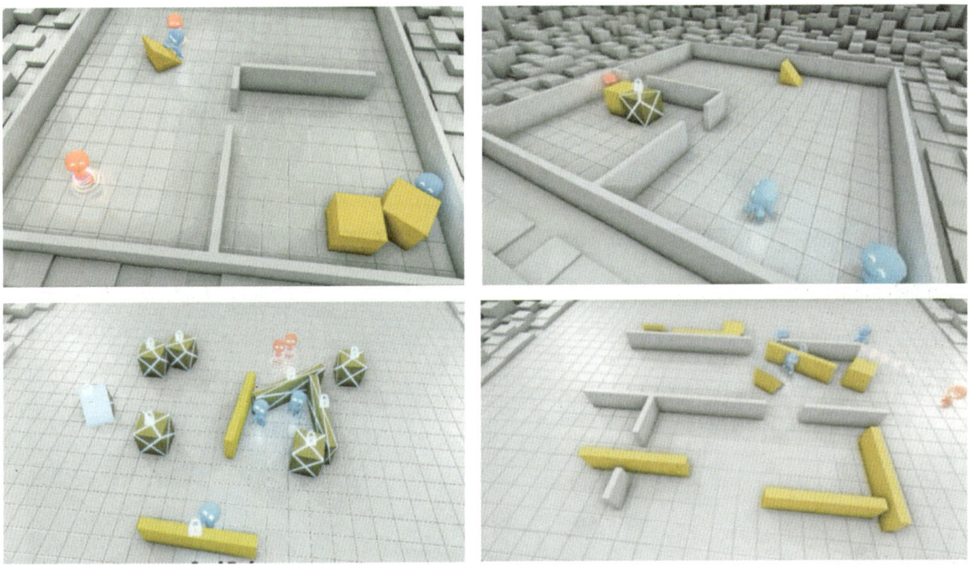

图3-62　OpenAI捉迷藏的AI学会利用各种工具

这个AI系统令人震撼之处不仅在于小人们学会了多种巧妙的策略，更重要的是它展示了一个简单的生存目标下，AI在对抗环境中可以演化出高度智能的行为。通过学习和适应环境，AI能够发现新的方法和策略，甚至创造出原本不存在的工具。这一实验让人们看到了AI在虚拟世界中的演化潜力，如果这种能力迁移到真实世界中，将带来强烈的震撼。

5 AlphaStar

2019年，DeepMind 再次引起轰动，这次他们的AI程序AlphaStar在即时战略游戏《星际争霸Ⅱ》中表现出色超过了99.8%的人类玩家，跻身顶级玩家行列。

在实际对战中，AlphaStar 展现了高度的战略意识和灵活的应变能力。与围棋中的固定规则不同，《星际争霸Ⅱ》是一个开放的竞技环境，因此玩家需要根据对手的行为和游戏局势动态调整战术。在与职业选手 TLO 和 MaNa 的比赛中，AlphaStar 以10∶1的战绩获得压倒性胜利，展现了AI在复杂环境中超强的组织和决策能力。

AlphaStar 的成功要归功于强化学习和自我对战的结合。与 AlphaGo 类似，AlphaStar 首先从人类玩家的对战数据中学习到了基本的行为策略，然后通过大量自我对战进行策略强化。据统计，AlphaStar 的训练量相当于人类玩家不间断地训练了200年。经过这一高强度的自我学习过程，AI逐步掌握了高超的对战技巧和强大的战略把控能力，如图3-63所示。

图3-63　AlphaStar对战人类玩家画面

AlphaStar 的成功表明，AI不仅能够学习个体策略，还可以在复杂环境中协调大规模的群体行为。这一突破预示着类似的技术可以用于训练作战指挥系统，甚至推演整个社会的发展进程。

小结

人工智能在电子游戏领域的出色表现展示了AI技术的巨大潜力。从早期的Atari游戏到复杂的《星际争霸Ⅱ》，AI不仅能够在简单、封闭型的游戏中超越人类，在复杂、开放的游戏环境中也表现出与人类旗鼓相当的水平。

深度强化学习是AI游戏背后的技术骨架。这种方法结合了强化学习目标驱动的学习方式和深度神经网络的总结、记忆能力，通过大量尝试获得经验，并把经验存储在神经网络中，从而变得越来越强大。目前，这一技术已经在机器人、量化交易、工业自动化、广告投放与商品推荐等领域得到广泛应用。

3.9 搜索引擎的秘密

学习目标

（1）理解搜索引擎的基本概念与发展历程，明确搜索引擎在互联网信息检索中的重要作用。

（2）掌握倒排索引技术的基本原理，理解其如何高效定位与用户搜索关键词相关的文档。

（3）掌握网页重要性评估的基本思想，理解页面属性和超链接关系对网页重要性的影响。

（4）掌握PageRank算法的核心思想及其迭代计算方法，明确网页间链接结构对网页重要性的影响，理解PageRank算法如何解决链接重要性的循环计算问题。

（5）认识现代搜索引擎整合了众多人工智能技术，思考搜索引擎作为人工智能技术集中展示平台的重要意义。

搜索引擎是互联网时代获取信息的重要工具，广泛应用于我们的日常生活中。一个优秀的搜索引擎需要解决两个关键问题：①如何找到和用户搜索意图相匹配的文档；②如何对这些文档进行重要性排序。前者依赖于“倒排索引”技术，后者则依赖于排序算法，其中最著名的是谷歌公司的PageRank算法。本节将介绍这些关键技术，揭开搜索引擎背后的工作机制。

① 互联网时代

互联网是人类历史上最伟大的发明之一，推动了全球知识的共享与积累。互联网的起源可以追溯到20世纪60年代初期，而真正起步是1969年阿帕网（ARPANET）的上线。阿帕网是世界上第一个广域数据包交换网络，成为互联网的前身。经过多年的发展，互联网逐渐演变成今天我们熟知的全球性信息网络。

截至2023年年底，互联网用户已超过53亿，遍布全球。2023年，国际电信联盟发布报告称，全球互联网使用率已达到67.4%，显示出互联网在现代生活中的普及程度。

随着互联网的发展，网上的数据量正在以惊人的速度增长。据Inforgraphics预测，到2025年互联网上每天产生的数据将达到463EB，其中包括数十亿条社交媒体信息，数千亿封电子邮件，海量的图片、视频、音频等各种形式的数据（图3-64）。

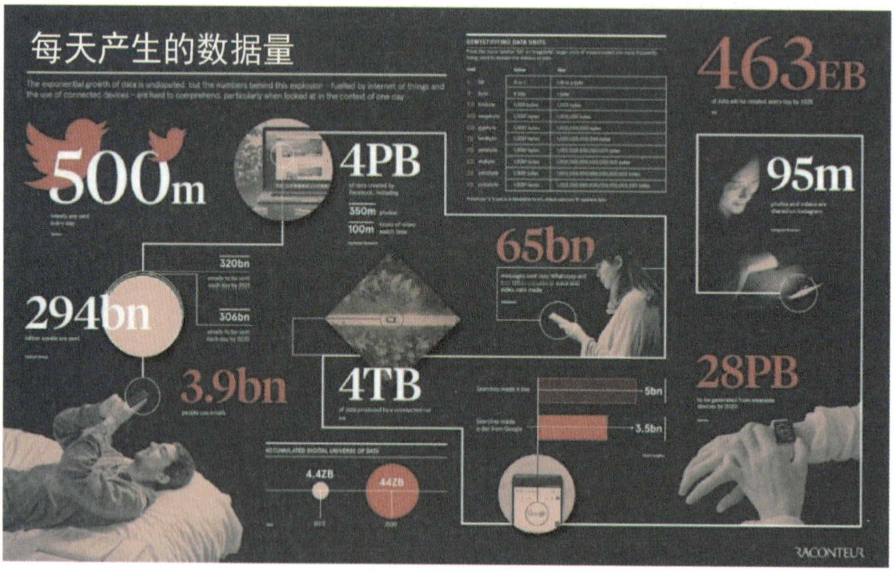

图3-64　互联网每天产生的数据量

面对如此庞大的信息海洋，如果没有合适的工具，找到有价值的、满足自己需要的内容无异于大海捞针。

② 什么是搜索引擎

搜索引擎正是帮助我们从互联网上高效获取信息的工具。最早的搜索引擎可以追溯到1990年的 Archie系统，这一系统可以帮助用户从运行文件传输协议（file transfer protocol，FTP）的服务器上寻找所需要的文件。

1989年，英国计算机科学家蒂姆·伯纳斯-李（Tim Berners-Lee）在欧洲核子研究组织（CERN）发明了万维网（world wide web），并于1991年向公众开放。万维网使用超文本传输协议（HTTP），允许文档之间互相连接。1993年，图形化的网页浏览器 Mosaic Web 诞生，随后一年内诞生了数千个网站。同年，一个面向网页的搜索引擎World Wide Web Wanderer在MIT诞生，目的是维护一个称为“Wander索引”的资源列表，以记录Web服务器的增长。

1996年，拉里·佩奇（Larry Page）与谢尔盖·布林（Sergey Brin）在斯坦福大学启动了一个名为 BackRub的研究项目，成为今天互联网巨头谷歌的前身。1998年，谷歌公司正式成立，以搜索引擎作为主营业务。凭借其简洁的界面和强大的搜索能力，谷歌迅速成为互联网时代的领导者。2000年，百度作为国内技术提供商上线，并在中国市场占据了主导地位，成为国内搜索引擎的龙头。

③ 网页定位

搜索引擎的首要任务是从海量数据中迅速找到与用户查询相关的文档。要知道，互联网上的信息数量庞大，搜索引擎需要在极短时间内搜索到用户想要查找的内容，并且要同时应对大量用户的请求，必须设计一种高效的查询算法。“倒排索引”是当前广泛采用的一种技术。

我们可以通过一个小例子来理解倒排索引的原理。假设有1万名学生，每个学生可以加入几个兴趣小组，每个小组由几十名学生组成。如果我们想知道两位学生是否在同一个小组，应该如何做呢？最直接的方法是逐个检查每个小组，看看他们是否都在其中。然而，如果小组数量庞大，这种方法的效率会很低。

更高效的做法是提前为每位学生记录他们参加的小组信息。这样，当我们查询两位学生是否有共同小组时，只需检查他们各自的记录，并找出重叠的小组即可。这种由学生到小组的记录方式就是倒排索引的核心思想。

将这种方法应用到搜索引擎中，关键词就类似于“学生”，文档则类似于“兴趣小组”。我们设计一个表，表中每一行是一个关键词，同时记录包含该关键词的所有文档。这相当于建立了一个从关键词到文档的指针。有了这个指针，就能快速定位与用户搜索意图相关的文档。下面给出了一个具体示例。

第一步：确定一批关键词，如“谷歌”“地图”“创始人”等。为每个关键词建立一个空的索引项。

第二步：离线处理每篇文档。如果它包含某个关键词K，则把这篇文档加入K的倒排索引中。处理完成后，每个关键词的倒排索引中就包含了所有与之相关的文档。图3-66是用5篇文档生成的一个倒排索引表，其中第一行表示“谷歌”这个词包含在文档1～5中。

第三步：处理搜索请求时，以“谷歌创始人”为例，首先查找“谷歌”和“创始人”这两个词的倒排索引，然后检查两个索引项的公共部分，即可得到同时包含“谷歌”和“创始人”两个词的文档。这些文档即可作为搜索请求返回的结果。在图3-65所示的倒排索引表中，文档3是搜索返回的结果，因为文档3同时出现在“谷歌”和“创始人”两个词的倒排索引中。

单词ID	单词	倒排索引
1	谷歌	1,2,3,4,5
2	地图	1,2,3,4,5
3	之父	1,2,4,5
4	跳槽	1,4
5	Facebook	1,2,3,4,5
6	加盟	2,3,5
7	创始人	3
8	拉斯	3,5
9	离开	3
10	与	4
11	Wave	4
12	项目	4
13	取消	4
14	有关	4
15	社交	5
16	网站	5

图3-65　倒排索引

④ 网页重要性评价

搜索引擎不仅需要找到包含关键词的网页，还要对这些网页进行排序，以便用户在最短时间内获取到最有价值的信息。

1）网页重要性评估

如何评估一个网页的重要性呢？一个简单的做法是根据网页的属性来判断它的重要性，例如搜索词是否出现在标题中、是否被加粗、是否位于段落的开头等。搜索引擎可以通过这些信息初步判断网页的重要性。例如，在搜索“人工智能”时，若网页标题中包含该关键词，或关键词出现在文档的首句，则该网页的重要性可能更高，如图3-66所示。

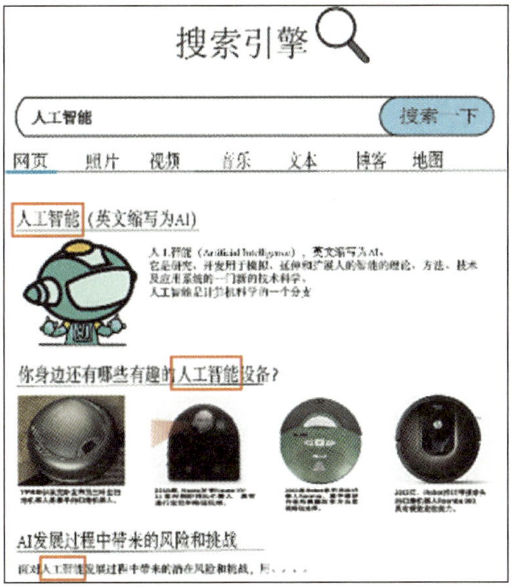

图3-66 基于属性的页面排序

然而，单靠这些属性信息并不足以全面评估网页的重要性。另一种方式是基于网页之间的链接关系。网页中的超链接类似于引用关系，如果一个网页被多个网页链接指向，那么它很可能更具有权威性。这就像在社交网络中被众多人关注的用户通常更有影响力。同样，被多个网页链接的网页也应该在搜索排名中更靠前。

为此，我们可以将网页间的链接关系视为一个有向图，如图3-67所示，其中每个节点代表一个网页，节点之间的有向边表示链接关系，边的方向是链接的指向。如果某个节点被多个边所指向，则该节点的重要性自然更高。这种基于链接的评价方法为网页的重要性排序提供了第二个视角。

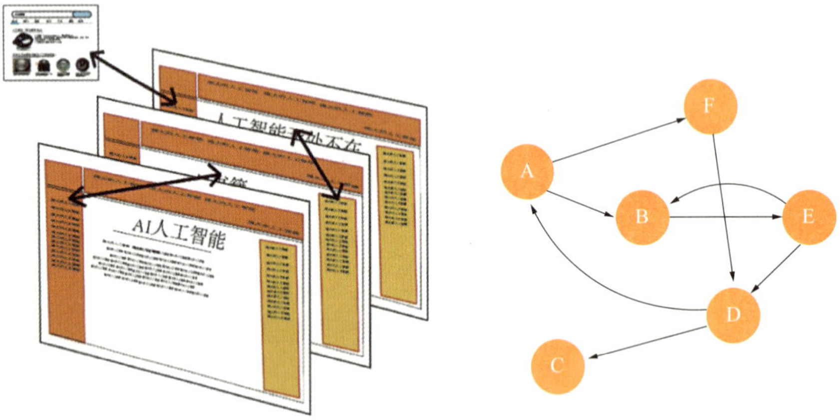

图3-67　网页中的超链接可以表示成一个有向图

2）PageRank算法

仅依靠外部链接的数量来评估网页的重要性并不总是准确的。这是因为不同来源的链接所代表的意义是不同的：来自权威网页的链接要比普通网页的链接更有价值。换句话说，如果某个网页被重要网页链接到，说明它自身也比较重要。基于这一思路，在计算网页重要性时需要将链接来源的重要性考虑在内，这样计算出来的重要性才更合理。然而，这会带来一个循环计算问题：计算网页 A 的重要性时需要知道链接到它的网页 B 的重要性，而计算网页 B 的重要性时又可能依赖于网页 A 的重要性。为了解决这个问题，谷歌公司的创始人Larry Page和Sergey Brin于1998年提出了一种称为PageRank的排序算法，用迭代的方法计算网页的重要性。

在PageRank算法中，每个网页的PageRank值代表该网页被随机访问的概率，概率越大，说明网页的重要性越高。初始时，所有网页的PageRank值相同。每次迭代时，网页会根据从其他网页接收到的 PageRank 值调整自身的重要性。那些被重要网页链接的网页会得到更高的 PageRank 值，这个值又会进一步影响链接到它们的网页的重要性。这个循环过程持续进行，直到整个网络中的

PageRank值趋于稳定。

图3-68展示了一个 PageRank 的示意图。每个节点代表一个网页，节点之间的连线表示连接关系，节点的大小则反映了网页的重要性。PageRank 算法通过节点间的信息传递和更新，逐步得到稳定的网页重要性估计。

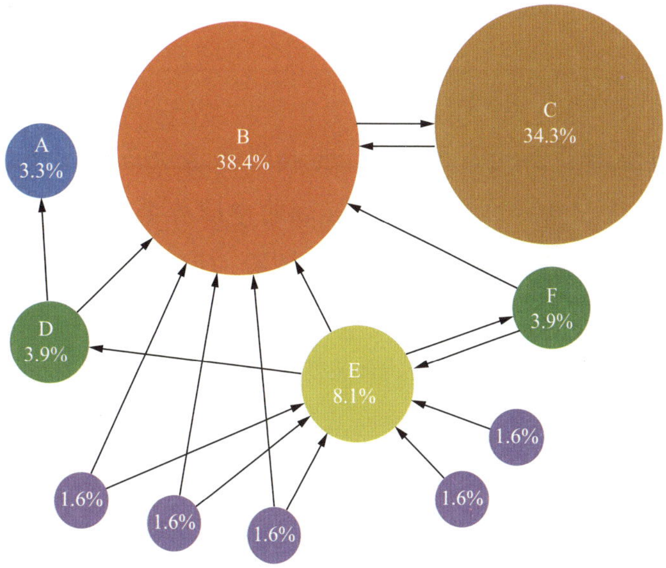

图3-68　PageRank算法

小结

搜索引擎是互联网时代不可或缺的工具，它让我们得以在信息的海洋中迅速找到所需要的内容。通过倒排索引技术，搜索引擎能够高效定位与查询词相关的网页，而像 PageRank 这样的排序算法则帮助我们对搜索结果进行排序，从而将最有价值的信息优先呈现给用户。这些技术的结合，不仅提升了搜索的准确性，还极大地改善了用户体验。

值得说明的是，本节所介绍的只是搜索引擎用到的最基础的算法。实际系统要复杂得多，包括查询纠错、用户意图分析、图像识别、语音输入、基于知识图谱的关联信息呈现等，甚至调用大语言模型工具直接回答用户的问题。现代搜索引擎是人工智能技术的一个集中展示平台。

3.10 比你更懂你的推荐算法

学习目标

（1）理解推荐算法的基本概念，明确推荐算法与搜索引擎在信息获取方式上的区别，认识推荐算法在现代互联网中的典型应用场景。

（2）掌握推荐算法的核心思想，理解基于用户和物品相似性的推荐逻辑，明确协同过滤算法的基本原理与应用特点。

（3）掌握基于深度神经网络的推荐算法原理，理解“对象嵌入”的基本概念与实现方法，明确深度神经网络在捕捉用户兴趣、提升个性化推荐效果中的优势。

（4）认识推荐算法可能带来的社会争议，理解“信息茧房”与“大数据杀熟”等现象的产生机制及社会影响，明确合理规范使用推荐技术的重要性。

（5）探讨推荐算法带来的机遇与挑战，明确其在提升用户体验、促进信息公平传播的同时，应注意防范隐私侵犯、价格歧视和信息偏见等潜在负面影响。

在互联网时代，推荐算法已经成为继搜索引擎之后的另一种重要的信息获得方式。无论是购物平台、短视频应用，还是新闻资讯服务，推荐算法每天都在为我们推荐各种内容。与传统的搜索不同，推荐系统能够在用户没有明确需求表达的情况下，通过分析用户的行为主动为其推送可能感兴趣的信息。

推荐算法的核心原理是基于用户与物品之间的相似性。这种相似性可以通过多个维度定义，如用户行为、物品属性等。本节将深入探讨推荐算法的工作原理，并讨论推荐算法可能引发的社会问题，如信息茧房和大数据“杀熟”现象等。

① 什么是推荐算法

推荐是继搜索之后另一种信息获取方式。与搜索引擎需要用户主动提出搜索请求不同，推荐算法不需要用户给出明确的意图，而是通过分析用户的历史行为，如浏览记录、购买记录、点赞与分享等，推测出用户的偏好，并智能地推荐可能感兴趣的内容。

图3-69所示为百度搜索“火星”的结果，右侧两图是微博和抖音自动推荐的关于火星的新闻。

图3-69　搜索“火星”后相关媒体平台的推荐内容

② 推荐算法的基本思想

总体来说，推荐算法的核心思想是用户或物品之间的“相似性”。例如，当用户购买了一部手机，系统可能会推荐手机壳或无线耳机，如图3-70所示。这是因为系统判断这些商品与手机存在相似性，它们都是常被一起购买的电子产品。再如，系统发现某用户是20岁的年轻女性，而许多同龄人都购买了遮阳帽，于是给这位用户推荐遮阳帽。这是因为系统判断这位女性和同龄人具有相似性。

上面的两个例子中，相似性是通过人或物的属性来定义的。此外，推荐系统还可以通过分析用户的行为数据来判断相似性。这种基于用户行为的相似性分析是协同过滤算法的核心。例如，系统发现两个用户A和B购买了相同的T恤、裤子和帽子，便认为这两个人有类似的消费习惯，具有相似性。因此，当用户A购买了某款皮鞋时，系统会给用户B推荐这款皮鞋，因为它推测用户B也可能感兴趣，如图3-71所示。

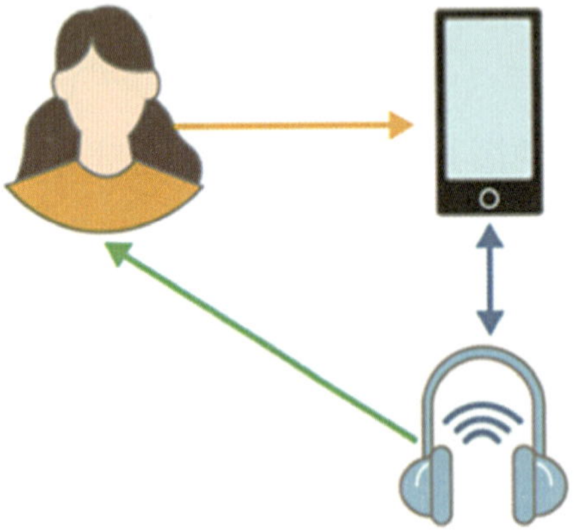

图3-70　基于物品属性的相似性

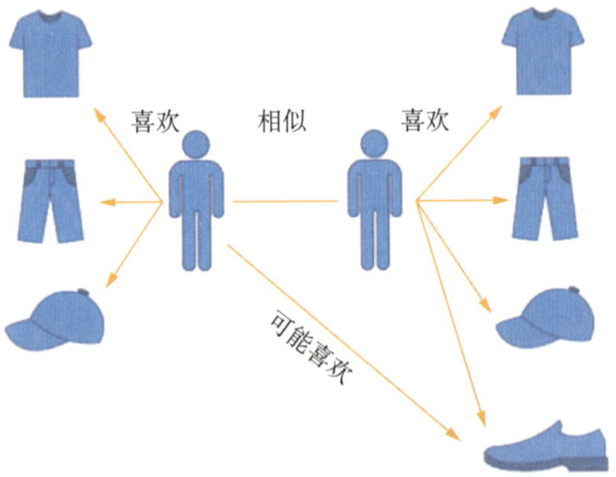

图3-71　基于用户行为的相似性

同样，如果商品A和B总是被同一用户同时购买，系统会认为这两个商品之间也具有相似性。因此，当某用户购买了商品A时，系统就会推荐商品B。这种通过分析用户行为来判断相似性的方式在推荐算法中应用广泛，例如电商、视频平台、社交媒体等场景。

③ 基于神经网络的推荐方法

近年来，随着深度学习技术的迅速发展，基于神经网络的推荐算法得到了广泛应用。与传统的推荐方法一样，这类方法本质上还是基于用户或物品之间的相似性。不同之处在于，深度神经网络具有更强大的学习能力，更擅长处理复杂的数据关系，挖掘隐含的数据表示，因此能够更准确地捕捉用户的潜在兴趣，给出更为精准的推荐结果。

神经网络推荐算法的核心思路是"对象嵌入"。具体而言，该方法将物品或用户映射到一个高维向量空间，在这个空间里，相似的物品或用户会被置于彼此接近的位置，而不相似的则相距较远。这些高维向量称为“物品向量”。基于这种向量表示，系统可以计算出物品之间的相似性，从而进行精准地推荐。

例如，在一个商品推荐系统中，神经网络模型可以学习用户的历史购物数据，将同一用户购买的商品映射到向量空间的邻近位置。如图3-72(a)所示，如果一个用户同时购买了高跟鞋和连衣裙，这两件商品在向量空间中会被拉近，因为它们在用户的购物习惯中存在较高的关联性。经过这样的训练，模型就会逐渐将相似的商品映射到向量空间的邻近位置。如图3-72(b)所示，每个点代表一种商品，每一种颜色代表一种商品类型。可以看到同类商品在向量空间中更为接近，便于推荐系统发现潜在的商品关联。

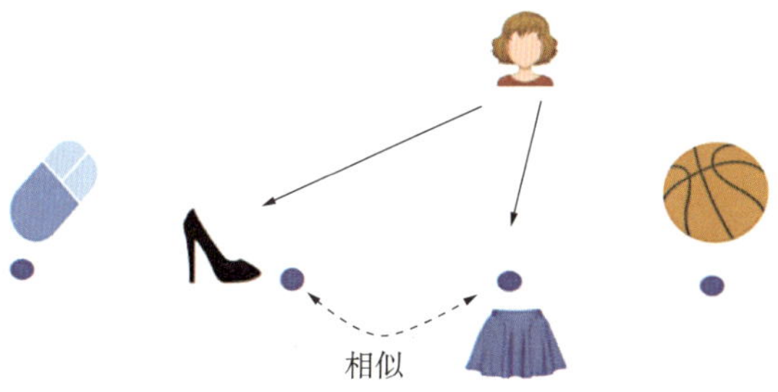

(a)

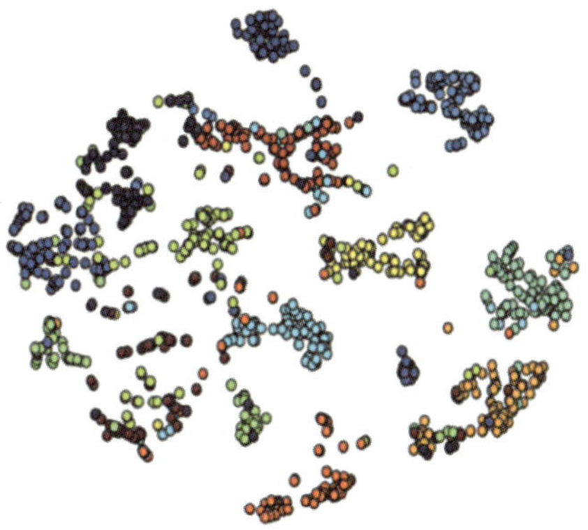

(b)

图3-72　基于用户购买行为将物品表示为物品向量

在获得物品向量后，推荐系统可以通过聚合用户历史互动过的物品向量来生成用户向量。一种常见的方法是将该用户历史上所购买或浏览的所有物品向量求平均，形成该用户的“偏好表示”。基于这个用户向量，系统不仅可以计算用户之间的相似性，还可以对用户进行聚类，如图3-73所示，例如将用户分为年

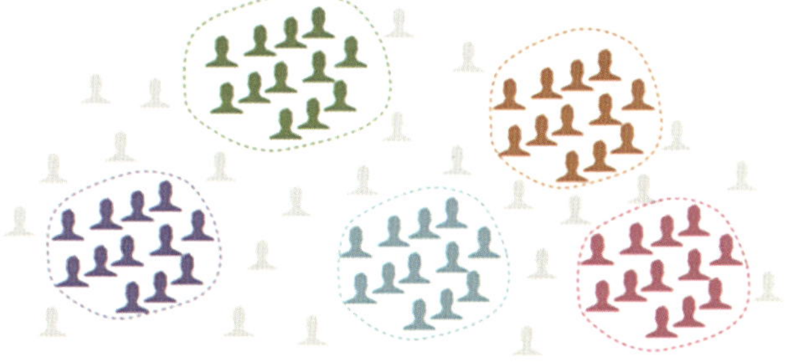

图3-73　基于用户向量将用户聚类成不同人群

轻人群、父母群体或老年人群。有了这个用户分组，系统就可以根据不同群体的特点设计更加精准的推荐策略。例如，向年轻人推荐运动器材，向老年人推荐健康食品，等等。

④ 推荐算法的社会争议

推荐算法极大降低了用户获取信息的时间成本，也有助于打破信息垄断。麻省理工学院（MIT）在2021年发布的全球十大突破技术中指出：“TikTok的推荐算法能够让普通人发布的内容获得与名人同等的关注，这是内容公平性的体现；而细分用户群体也能看到符合自己兴趣的内容，这是用户公平性的体现。”

然而，推荐算法也带来了数据隐私、信息偏见、信息茧房等社会问题。

首先，推荐算法会根据用户的行为数据进行个性化推荐，这种无孔不入的推荐让人们担心自己的隐私受到侵犯。例如，当你在某个购物平台上浏览了一件商品后，其他社交媒体和浏览器上很快就会出现类似商品的广告，如图3-74所示。这种现象反映了不同平台可能在用户不知情的前提下共享用户数据，从而对个人隐私构成威胁。

图3-74　当在搜索引擎上搜索云南白药时（左）购物网站也会出现相关推荐（右）

其次，推荐算法可能会被滥用，导致用户权益受损。一个典型的问题是大数据“杀熟”，即商家利用推荐算法对忠实用户收取更高的价格，以谋取更高利润。此外，推荐算法还可能被用来区分不同群体，针对特定用户群体进行有利于商家的信息推送，进一步加剧了不平等现象。

最后，推荐算法容易形成信息茧房效应。当算法过度迎合用户的兴趣和偏好时，用户接触到的信息会变得越来越单一，导致其视野变窄，甚至陷入片面和极端的观点中。例如，社交媒体往往会给用户推荐与自己观点相同的内容，逐渐去除与其立场不同的信息，结果让用户陷入封闭的“信息茧房”。《自然·机器智能》杂志在2023年11月发表的一篇文章指出：现有的推荐算法天然会导致信息茧房的形成，影响用户对信息的独立判断和多元信息的获取。

因此，虽然推荐算法在提高信息获取效率方面有着不可忽视的贡献，其负面影响也必须引起重视。面对这种技术，我们要保持理性和批判的态度，不盲从推荐结果，主动拓宽信息来源，提升对信息的选择力和判断力。

小结

推荐算法是继搜索引擎之后另一种主要的信息获取方式。它通过分析用户的行为主动将相关信息推送给用户，使信息获取过程更加便捷，也更加个性化。推荐算法的基础是相似性，既包括用户之间的相似性，也包括物品之间的相似性。把相似的物品推荐给同一个人，或把同一个物品推荐给相似的人，这是所有推荐系统的基本原理。

推荐算法让用户更便捷地获取自己感兴趣的信息，同时也带来了值得关注的社会问题。特别是信息茧房效应，它可能会加剧不同群体之间的认知隔阂，甚至滋生极端观点。面对这些挑战，我们需要提高对信息的辨识能力，保持多元化的信息接触，防止被算法的“偏见”所影响。

第 4 单元

人工智能前沿

4.1 和数学家做朋友

学习目标

（1）理解人工智能与数学的内在联系，认识人工智能如何促进数学研究，提高数学发现和验证的效率。

（2）掌握机器定理证明的基本思想，了解“逻辑理论家”、四色定理证明和AlphaGeometry等典型案例及其在数学研究中的影响。

（3）理解数学猜想证伪的基本原理，分析AutoGraphiX猜想的证伪案例，掌握如何利用机器学习生成和筛选反例，以高效验证猜想的正确性。

（4）理解人工智能生成新数学猜想的方法，认识拉马努金机的核心机制及其在数学创造性研究中的价值。

（5）理解数学知识发现的循环过程（生成猜想—证明或证伪—积累知识），认识人工智能在数学研究中的角色和前景。

人工智能与数学有着天然的紧密联系。“用计算模拟人类思维”是人工智能的基本理念，而这一理念正是源于对人类思维的数学分析。反过来，人工智能的进步也为数学家提供了强有力的工具，不仅提高了他们的工作效率，还启发了数学研究的新方向。本节将探讨人工智能在数学领域中的应用，特别是在数学定理的证明、数学猜想的证伪和生成数学猜想这三个方向的典型成果。

① 数学定理的证明

1）早期成就

机器定理证明早在人工智能诞生之初就取得了重要进展。1954年，普林斯顿高等研究院的数学家马丁·戴维斯（Martin Davis）在一台名为“大强尼”（JOHNNIAC）的电子计算机上实现了第一个定理证明程序，该程序证明了“两个偶数相加仍然是偶数”这一简单命题。

1956年，艾伦·纽厄尔和赫伯特·西蒙开发了一个名为“逻辑理论机家”（logic theorist）的定理证明程序。他们模仿人类解决数学问题的思路，发现人们通常将复杂问题分解为更简单的子问题，然后利用已知的定理、公理和解题规则进行推理，逐步解决各个子问题，最终解决原本较复杂的问题。逻辑理论家采用正向推理（从已知条件推导出结果）和启发式搜索（利用领域知识缩小搜索范围）相结合的方式，成功证明了罗素和怀特黑德《数学原理》一书第二章中52个定理中的38个。

2）经典案例：四色定理

在数学中，有些定理看似简单，但需要考虑的情况极其复杂，手工证明难以实现。计算机算得快、记得准，可以为数学家提供很大帮助。“四色猜想”的证明便是其中的经典案例之一。四色猜想的内容是：“任意一幅地图都可以用四种颜色完成染色，并确保相邻的区域不会使用相同的颜色。”如图4-1所示。四色猜想最初由英国制图

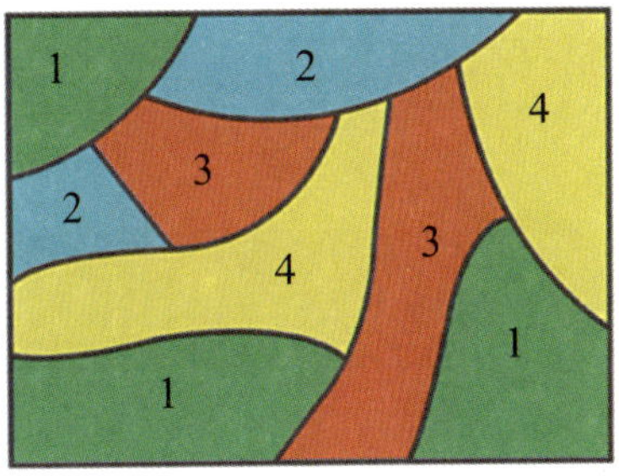

图4-1　四色定理示意图

员弗朗西斯·古斯里(Francis Guthrie)于1852年提出。在接下来的一个多世纪里,许多数学家都尝试过对其进行证明,却始终未能成功。

1976年,数学家肯尼斯·阿佩尔(Kenneth Appel)和沃尔夫冈·哈肯(Wolfgang Haken)借助计算机成功证明了这一猜想。他们使用两台计算机进行了1200小时的计算,完成了100亿次推理,最终证明了四色猜想的正确性,使其正式成为四色定理。这一成果是计算机在数学定理证明中的里程碑式贡献。

3)新进展:AlphaGeometry

2024年,DeepMind在《自然》杂志上发表了一篇论文,介绍了一个名为AlphaGeometry的几何定理证明程序。AlphaGeometry结合了神经语言模型和符号推理引擎,其中神经语言模型提供快速的直观判断,而符号推理引擎则负责严谨的逻辑推理。例如,如图4-2所示,当证明出现困难时,语言模型建议加入一条辅助线AD,以帮助推理引擎完成证明。经过大量数据训练以后,AlphaGeometry能够高效地发现几何问题的潜在解法。

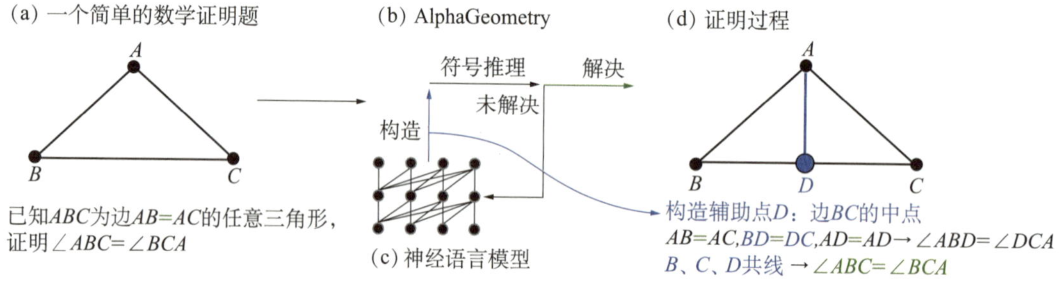

图4-2 AlphaGeometry的工作原理

在国际数学奥林匹克竞赛的几何题基准测试中,AlphaGeometry 解出了30道题中的25道,而人类金牌得主的平均成绩为25.9道。这一成就表明,人工智能在几何定理证明领域已经能够比肩人类顶尖学习者。

② 猜想证伪

除了数学定理的证明,人工智能在猜想证伪方面同样展现出巨大的潜力。

数学猜想是那些基于观察和直觉提出的、还没有经过严格证明的数学命题。一个猜想可能被证明也可能被证伪：证明困难一些，需要确保没有任何反例存在；证伪相对容易，只需找到一个反例命题就不成立。因此，证伪工作相对而言更适合让计算机来完成，因为计算机可以高速尝试大量可能的情况，从中寻找反例。

然而，单纯依靠"盲目尝试"并不足以应对复杂的数学问题。科学家们通过引入机器学习技术，生成大量"更有威胁性"反例的算法，大大提高了证伪的效率。例如，在证伪"所有天鹅都是白色"这一猜想时，可以训练一个深度生成网络，随机生成大量天鹅图片，并在生成的图片中筛选出颜色最深的天鹅作为更具威胁的反例 。这些反例用来更新网络，进一步增强生成反例的能力。经过多次迭代，网络最终生成了"黑天鹅"这一反例，从而成功证伪了这一假设，如图4-3所示。

(a)

(b)

图4-3　猜想证明与猜想证伪

我们用一个具体案例来说明这一证伪方法。这个案例称为AutoGraphiX 猜想（Wagner 2021），确切地表述是：在一个包含n个节点的图G中，$f=\lambda_1+\mu\geqslant\sqrt{n-1}+1$，其中，$\lambda_1$和$\mu$是描述图$G$结构属性的量，可以由$G$的结构直接计算出来。

首先，从一个初始神经网络开始生成一批图$\{G_i\}$，并对每个图样本计算f值。保留那些f值较小的图作为"危险样本"，因为这些样本更有可能成为反例。然后使用这些样本作为训练数据更新神经网络，使其在后续生成过程中更倾向于生成f值更小的图。经过多轮迭代，生成的样本f值越来越小，越有可能是AutoGraphiX 猜想的反例。

最后，人们发现，当$n\geqslant19$时，确实发现了AutoGraphiX 猜想的反例，从而证伪了 AutoGraphiX 猜想。当$n\leqslant18$时，计算机并没有发现反例，说明AutoGraphiX 猜想有可能是正确的。

图4-4中展示的是当n=19时，每次迭代训练后生成的f值最低的图样本。可以看到，神经网络通过学习很快发现那些分裂成两堆的图更容易成为反例。

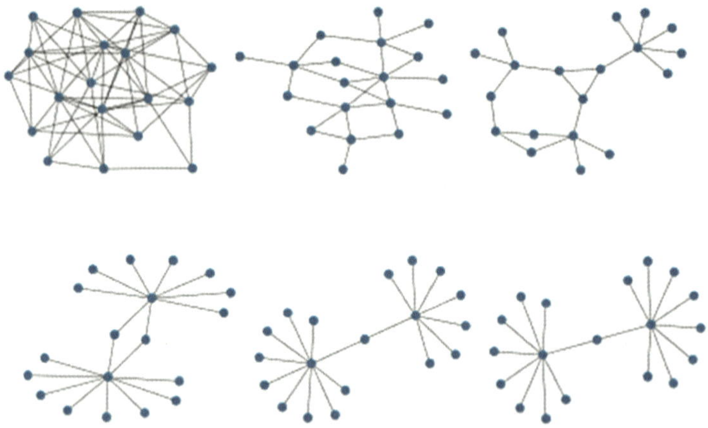

图4-4 当n=19时每次迭代后AutoGraphiX猜想中f值最低的图

通过生成和筛选反例，机器不仅可以高效地验证猜想的正确性，还能为数学家提供启发，提示猜想证明或证伪的思路。

③ 新数学猜想生成

1）历史上那些著名的猜想

历史上有许多著名的数学猜想，例如哥德巴赫猜想和费马大猜想，这些猜想推动了数学的发展，并激发了无数数学家的研究热情。

哥德巴赫猜想是由德国数学家哥德巴赫在1742年提出的。他在给欧拉的信中写道："任何一个大于2的偶数都可以表示为两个质数之和。"经过几个世纪的研究，这一猜想至今仍然没有被完全证明，但数学家们已经发现小于4×10^{18}以内的偶数是符合这个猜想的。1973年，我国数学家陈景润在哥德巴赫猜想证明方面取得了重大突破。他证明了任何一个足够大的偶数可以表示为一个素数与一个半素数（两个素数的乘积）之和，即"1+2"定理，也称"陈氏定理"。

费马大猜想由法国数学家费马在1637年提出。他在丢番图《算术》一书的空白处写道："将一个立方数分解成两个立方数之和，或将一个四次幂分解成两个四次幂之和，或更一般地，将一个高于二次的幂分解成两个同次幂之和，这是不可能的。”然而，费马并未给出详细的证明，他只是说“我确信我发现了一种美妙的证法，可惜这里的空白处太小，写不下”。在之后的300多年里，无数天才数学家们费尽了心思，也没有找到费马所说的“美妙证法”。直到1994年，英国数学家安德鲁·怀尔斯才成功证明了这一猜想，费马大猜想正式成为费马大定理。

2）拉马努金机

提出数学猜想需要深厚的数学功底和敏锐的洞察力，通常只能由顶尖的数学家才能做到。然而，随着人工智能的发展，机器也开始具备了生成数学猜想的能力。拉马努金机就是一个典型的例子。

2020年，以色列的一个研究团队在《自然》杂志上发表了一篇论文，介绍了他们开发的一款能自动生成数学猜想的程序，称为拉马努金机。拉马努金机以印度数学家斯里尼瓦瑟·拉马努金命名。拉马努金以其对数学常数的研究而闻名，特别是对圆周率 π 和自然对数e的研究。拉马努金机的设计目标也是在寻找这些常数的多项式表达。

拉马努金机通过不断试探各种可能的表达式来生成数学猜想。它首先将数学常数表示为连分数的形式，再通过修改连分数的参数生成大量候选表达式。之后，系统计算这些表达式的结果，并与已知的数学常数值进行比较。如果两者接近，则该表达式就成为一个新的数学猜想。很显然，这些表达式都是试出来的，正确与否并不知道，因此仅能作为猜想。目前，拉马努金机已经生成了多个有趣的猜想，并公开邀请数学家参与证明。

④ 知识发现

数学猜想的生成与验证（包括证实与证伪），构成了一个完整的知识发现闭环。在这个过程中，猜想的生成是为了从大量数据中提炼出潜在的规律，而验证则是通过证明或证伪对这些发现进行严谨的检验。这一循环不仅是数学家探索新知识的常规路径，也是人类积累科学知识的重要途径。

人工智能的数学探索过程再现了人类对知识的发现与积累过程。通过自我学习、自我归纳和自我验证，人工智能展现出了强大的知识发现能力。特别是在包含大量数据和复杂条件的问题中，机器的强大计算能力使它能够快速生成猜想，并高效地验证这些猜想。这种自动知识获取能力将是未来人工智能发展的一个重要方向。

小结

人工智能正在深刻地改变着数学研究的范式。从早期的定理证明程序到现代的AlphaGeometry，再到能够自主生成猜想的拉马努金机，人工智能逐步实现了从辅助工具到自主探索者的转变。通过生成新猜想、证明或证伪猜想，人工智能正在逐步构建一个完整的数学探索体系。这一体系不仅提高了数学研究的效率，还可能开拓数学研究的新方向。

未来，随着人工智能的学习与推理能力进一步提高，它在知识发现中的作用将更加显著。特别是当人工智能具有了物理身体之后，它或许能够在现实世界中自主探索，开辟新的知识疆域，显著加快人类文明前进的步伐。

4.2 模仿蝙蝠的耳朵

学习目标

（1）了解人类听声辨位的生理机制，认识双耳定位、耳郭频率响应及其在方向感知中的作用。

（2）认识蝙蝠听声辨位的生物机制，理解蝙蝠耳郭的特殊结构、耳郭运动与多普勒效应对声源定位精度的影响。

（3）掌握多普勒效应的基本原理，理解声波频率如何随声源运动变化，并分析蝙蝠如何利用该效应实现精准的声源定位。

（4）理解仿生耳朵装置的基本结构与工作原理，掌握如何模仿蝙蝠耳郭运动以产生多普勒效应，实现高精度的声源定位。

（5）理解深度学习在仿生耳朵中的应用，掌握卷积神经网络如何从复杂声音信号中提取方位信息，并比较其相较于传统方法及自然生物（蝙蝠、人类）的定位精度优势。

本节将介绍人工智能在仿生学中的应用，重点讲述如何让机器模仿蝙蝠的听声辨位能力，实现高精度的声源定位。蝙蝠在黑暗中飞行并捕捉猎物，靠的是一双灵敏的耳朵。受此启发，科学家们设计了一种仿生装置，模仿蝙蝠的耳朵，期望机器也能像蝙蝠一样灵敏地判断声源方向。然而，仿生耳朵捕捉到的声音信号非常复杂，从中判断出声源的具体位置并不容易。为了解决这一问题，科学家们借助深度学习技术，通过大量数据进行训练，让机器学会从复杂的声音信号中提取出方向信息。

① 生活中的听声辨位

人的耳朵有听声辨位的能力，例如头上有飞机飞过，你很容易判断飞机的方位。那么，我们是如何进行判断的呢？

首先要感谢我们有两只耳朵，这样声音到达双耳的时间和产生的压强存在微小差异。如图4-5所示，若声源位于人的右上方，声音会先到达右耳，并且在右耳产生的声压更大。不同方位的声源在双耳间产生的时间差和压强差不同，基于这一信息，我们的大脑可以快速判断出声源的方向，尤其在水平定位上更为准确。

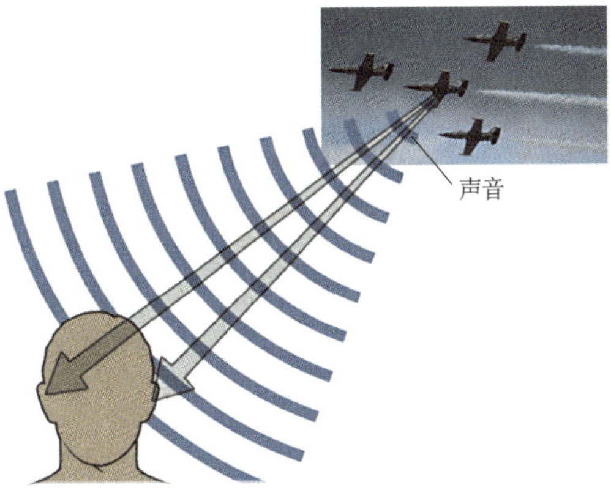

图4-5　声音在两耳间产生时间差和压强差

此外，我们的耳郭形状并不对称，这也导致不同方向的声音经过耳郭传导后会产生微小的差异，进而改变声音的频率响应。所谓频率响应，是指声音经过耳郭传进外耳时在不同频率上产生的强弱变化。如图4-6所示，来自不同方向的声音（绿、红、蓝）经过耳郭传导后，其频率响应是不同的。我们的大脑经过长期的学习可以识别出这些差异，从而判断出声源的方向。这一机制在垂直方向上的定位尤为重要。

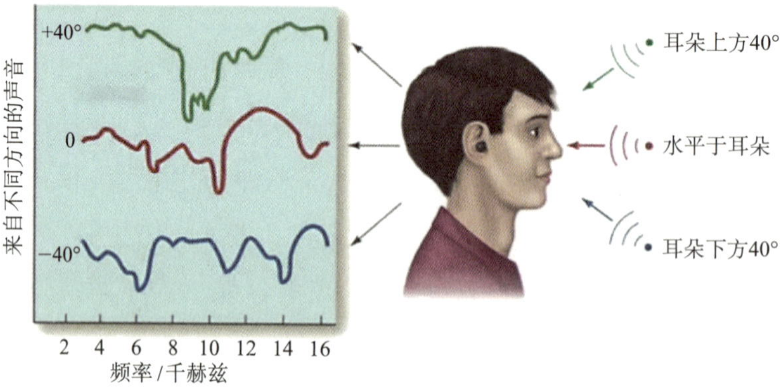

图4-6　声音传入耳朵时不同的频率响应

凭借双耳的时间差、压强差和在频率响应上的差异，人类可以在水平方向和垂直方向上分别达到2°和3.5°左右的定位精度。

② 蝙蝠的听声辨位

蝙蝠主要在夜间活动。虽然视觉受限，但它们依然能够在黑暗中灵活飞行，并精准捕捉猎物。这种超强的定位能力来源于蝙蝠的耳朵对超声波的分析和处理能力。蝙蝠通过喉咙发出超声波，并通过嘴巴和鼻子传播出去，再用耳朵接收反射回来的回声，如图4-7所示。研究表明，蝙蝠每秒钟可以发出超过250组超声波，同时准确接收并分析这些回声，从中确定障碍物或猎物的大小、质地、距离和方向。

蝙蝠能够实现如此精确的声源定位，与它们特殊的耳部结构密切相关。蝙蝠通常拥有非常大的外耳郭，如大耳蝠的耳朵长度几乎达到其体长的四分之三，这在哺乳动物中是独一无二的。此外，许多蝙蝠的耳朵还配备了耳屏，这是一种特殊的结构，可以增强对回声的接收和处理能力。

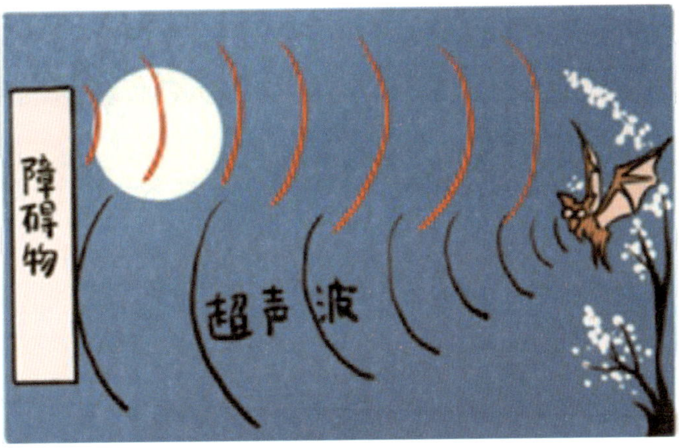

图4-7　蝙蝠通过分析反射回来的超声波来感知障碍物

除了耳朵的形态特征，蝙蝠的耳郭还能灵活运动（图4-8）。以马蹄蝠为例，它们的外耳可以在100毫秒内产生相当于耳朵总长度20%的形变。这种运动使耳郭与声源之间产生了相对速度，从而形成一种称为“多普勒效应”的物理现象。利用多普勒效应，蝙蝠可以更加精准地判断障碍物的位置和状态。

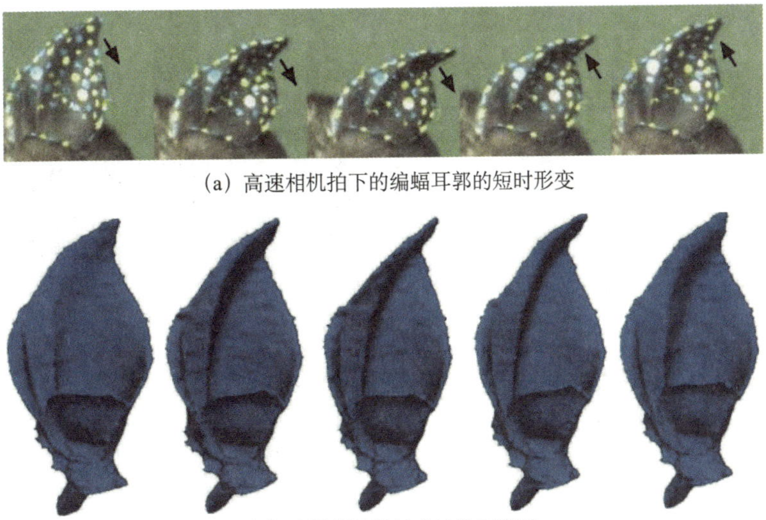

（a）高速相机拍下的编蝠耳郭的短时形变

（b）由视觉图片转成的数字模型

图4-8　蝙蝠的耳郭

研究表明，借助这些机制，蝙蝠能够实现1.6°的水平定位精度和3°的垂直定位精度。这一能力使它们在完全黑暗的环境中也能精确导航，找到猎物。

③ 多普勒效应

如果你站在迎面驶来的火车前，会发现火车汽笛声听起来越来越尖锐；当火车驶离时，汽笛声则逐渐变得低沉。这种频率随着相对速度发生变化的现象称为多普勒效应，由奥地利物理学家克里斯蒂安·多普勒（Christian Doppler）在1842年首次提出。

多普勒效应的原理很简单：如图4-9所示，声音在空气中传播的速度是恒定的，当声源向你靠近时，声波的波长会变短，因此频率升高，声音听起来更尖锐；反之，当声源远离时，波长变长，频率降低，声音变得低沉。

蝙蝠的耳朵在捕捉声波时同样会产生多普勒效应。特别是当蝙蝠的耳郭发生运动时，不同位置的耳郭与声源之间的相对速度不同，因此产生的频率偏移也不同。图4-10显示了在蝙蝠耳郭的不同位置所产生的多普勒频率偏移，颜色越深的地方频率偏移越大，说明该位置的相对速度更快。蝙蝠通过解析耳郭各处的多普勒频率偏移，能够更精确地定位声源的位置和运动状态。

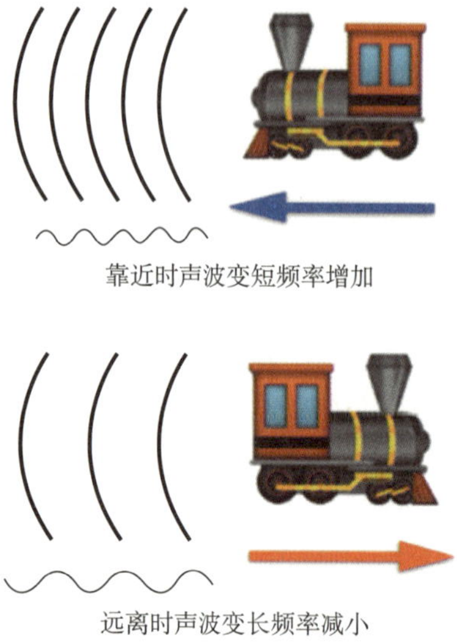

图4-9　多普勒效应示意图

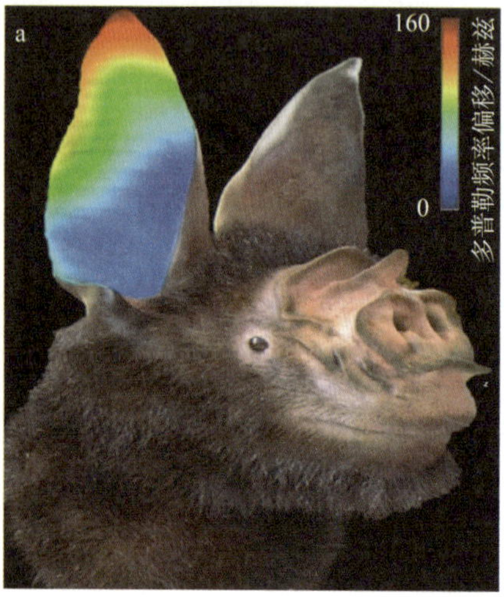

图4-10　蝙蝠耳朵不同位置处的多普勒频率偏移

多普勒效应帮助蝙蝠实现了对周围环境的高精度感知，是蝙蝠在黑暗中能够精准导航和捕猎的关键技术之一。

④ 仿生耳朵

2021年4月，《自然·机器智能》杂志上发表了一篇论文，报告了一款仿生耳朵，可以实现超过蝙蝠耳朵的高精度声源定位。

1）结构与运行方式

这款仿生装置仿制了一个类似蝙蝠耳郭的人造耳郭，并通过马达驱动它来模拟蝙蝠耳朵的快速摆动，从而实现高精度的声源定位。如图4-11所示，马达通过一根绳子牵动人造耳郭。当马达转动时，绳子带动耳郭产生周期性振动，从而模拟出蝙蝠耳朵的运动效果。耳郭下方安装了一个麦克风，用于接收声波信号，相当于人耳的外耳道。

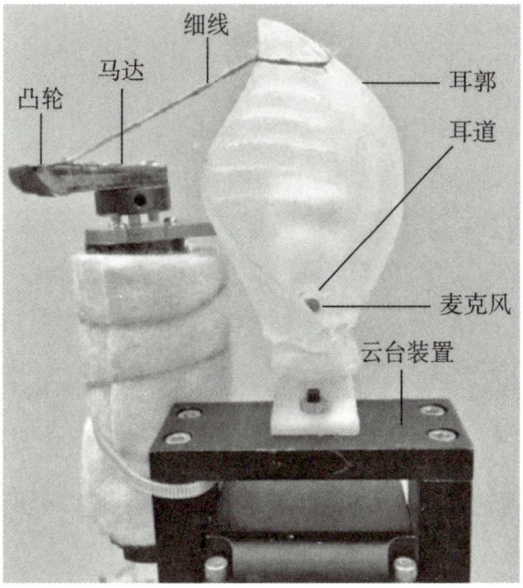

图4-11　仿生耳朵

这款仿生耳朵的工作原理类似于蝙蝠。通过马达产生的振动，耳郭上形成了多普勒效应，从而产生了频率偏移。与蝙蝠类似，这些频率偏移携带了声源的方位信息，如果能够解析这些信息就可以确定声源的方向。

2）AI声源定位

尽管仿生耳朵能够捕捉到丰富的声音信号，但这些信号往往非常复杂，难以直接用于判断声源的具体方向。图4-12所示为仿生耳朵记录下来的不同方向的声音信号，可以看到这些信号很杂乱，从中直接判断出声音的方向是非常困难的。

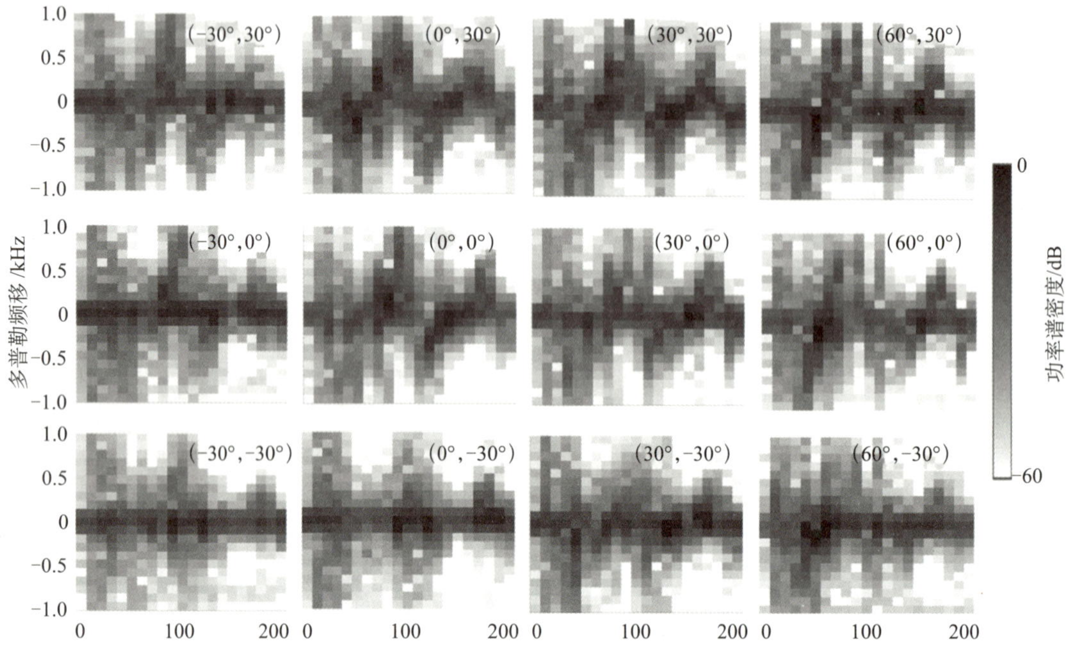

图4-12　仿生耳朵记录的不同方向的声音信号

为了解决这一问题，研究者引入了深度学习技术，通过训练卷积神经网络（CNN），让机器学会从复杂的声音信号中自动提取出方向信息。具体来说，仿生耳朵接收到的声音信号首先经过频谱分析得到频谱特征，再将这些频谱特征输入CNN进行处理。CNN 通过层层计算，提取出与声源方向相关的特征，并最终预测声源的方位角度。

实验表明，即使只使用一只仿生耳朵，结合深度学习方法，系统依然能够达到0.5°左右的定位精度。这一结果不仅超过了人耳的定位精度（2°～3°），甚至超过了蝙蝠的定位能力（1°～3°）。

这一研究成果展示了深度学习在复杂信号处理中的强大能力。通过将仿生学与人工智能相结合，科学家们可以模拟甚至超越自然界中的生物感知系统，为高灵敏感知设备的研制提供了新思路。

小结

蝙蝠凭借其独特的听觉感知系统能够在黑暗中精准定位猎物，这种听声辨位的能力启发了科学家设计出仿生耳朵。通过模仿蝙蝠耳郭的结构和运动模式并结合深度学习技术，研究人员成功实现了高精度的声源定位。这一仿生学应用展示了如何将从动物那里获得的灵感与人工智能技术相结合，解决复杂的实际问题。这一成果表明，人工智能不仅可以模拟大自然的精巧设计，还有可能在特定任务中超越自然，从而为未来的技术发展开辟更多可能性。

在仿生耳朵的研究中，声源定位采用的并非传统信号处理技术，而是机器学习技术，通过数据学习获得从复杂信号中提取方位信息的能力。这表明，在面对复杂数据时，传统的信号分析与处理工具难以满足需求，而人工智能正在成为解决这些问题的新范式。

4.3 破解蛋白质结构之谜

学习目标

（1）认识蛋白质在生命活动中的核心作用，掌握蛋白质的组成、结构层次及其空间结构如何决定生物功能。

（2）了解传统蛋白质结构解析方法（核磁共振、X射线晶体学、冷冻电镜）的原理及其局限性，明确蛋白质结构解析的技术挑战。

（3）理解安芬森理论，掌握氨基酸序列如何决定蛋白质的最终结构，认识计算预测蛋白质结构的可能性。

（4）掌握AlphaFold的基本原理，理解AlphaFold2的模型框架，认识其在蛋白质结构预测中的突破性贡献。

（5）了解AlphaFold3的最新进展，掌握其在生物分子相互作用预测中的作用，认识其在药物研发、疾病研究和个性化医疗中的应用前景。

作为生命活动的基础，蛋白质的功能由其空间结构决定，而准确解析这些结构一直是生物学领域的重大挑战。传统实验方法虽能揭示蛋白质结构，但过程费时且成本高昂。AlphaFold2 的出现，极大提高了蛋白质结构预测的速度和精度，推动了生命科学的发展。

本节将介绍人工智能在破解蛋白质结构中的应用，重点探讨AlphaFold2这一革命性技术如何帮助科学家揭开生命的奥秘。我们还将讨论AI与传统科学相结合的巨大潜力，以及这一变革对未来科学发展的深远影响。

① 关于蛋白质的知识

1）蛋白质的重要性

蛋白质是生命活动的基础，参与了人身体内几乎所有的生理活动。从结构上看，蛋白质是细胞的重要组成部分。以人体为例，皮肤、肌肉、骨骼、神经、血液等组织中都含有大量的蛋白质，如图4-13所示。它们约占人体总重量的16%～20%。

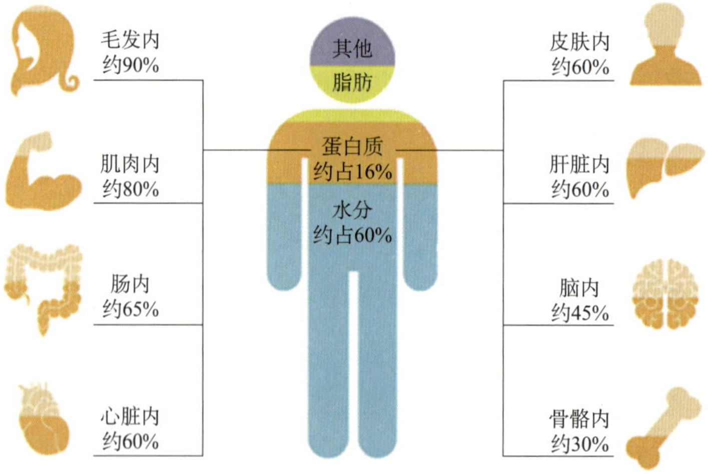

图4-13　人体内组成成分和各部位的蛋白质比例

从功能上看，蛋白质在维持生命体正常运行中起到了关键作用。例如，血红蛋白帮助我们的红细胞运输氧气，酶类蛋白质催化生化反应以促进新陈代谢，免疫球蛋白能够识别和抵御病原体，视锥细胞中的光感受蛋白帮助我们感知颜色。

可以说，没有蛋白质的参与，生命体就无法完成基本的生理过程，无法维持正常的生命活动。因此，蛋白质被称为生命的基础，是生物学研究中至关重要的研究对象。

2）蛋白质的组成、结构和功能

氨基酸是蛋白质的基本组成单元，由碳、氢、氧、氮四种元素构成，如图4-14所示，有些氨基酸还含有少量的硫、磷、铁、锌等元素。尽管地球上已知的化学元素超过100种，但构成蛋白质的元素不到其中的十分之一。

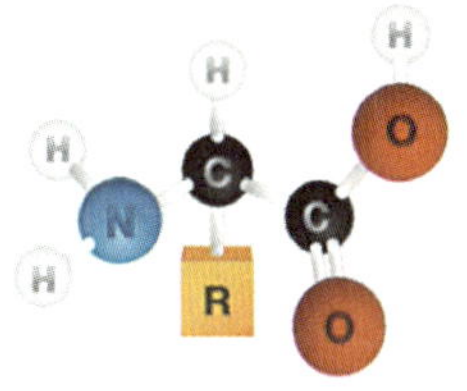

图4-14　氨基酸

在细胞内，氨基酸通过脱水缩合反应互相连接，形成一条链状结构，称为肽链。一般情况下，10个以上的氨基酸组成的肽链称为多肽，由50个以上氨基酸组成的肽链被称为蛋白质。蛋白质的独特功能主要取决于肽链的空间结构，这种结构是由肽链经过一系列折叠后形成的，如图4-15所示。蛋白质的结构通常可以分为四个层次。

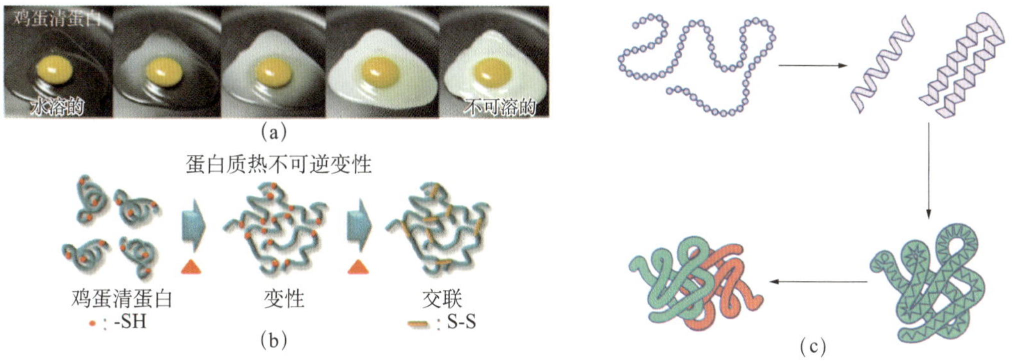

图4-15　蛋白质的结构

- 一级结构：氨基酸在肽链中的排列顺序。
- 二级结构：肽链进行局部折叠，常见的包括 α 螺旋和 β 折叠。

- 三级结构：二级结构在三维空间中继续折叠，形成独特的形状。
- 四级结构：有些蛋白质由多条肽链构成，这些肽链彼此结合形成更加复杂的结构。

蛋白质的结构与其功能密切相关。某些蛋白质在高温或化学作用下会发生变性，失去其原有的结构，进而丧失功能。例如，鸡蛋加热后会变凝固，是因为其中的蛋白质结构发生了变化。正因为蛋白质结构与功能的高度相关，解析蛋白质的空间结构对于理解其生物功能至关重要。例如，蛋白质的空间结构决定了它能与何种分子结合、可以参与哪些生理过程。

科学家们长期以来依赖核磁共振、X射线晶体学和冷冻电镜（图4-16）等技术手段来解析蛋白质结构。然而，这些技术不仅需要昂贵的设备，还需要复杂的操作和大量时间。例如，解析一种膜蛋白结构，科学家们花费了10年时间。经过半个多世纪的努力，人们已经确定了约17万种蛋白质的结构，但还有2亿种已知蛋白质等待检测。显然，当前的进展还远远不足。因此，如何快速准确地预测蛋白质结构对生物学研究具有重要意义。

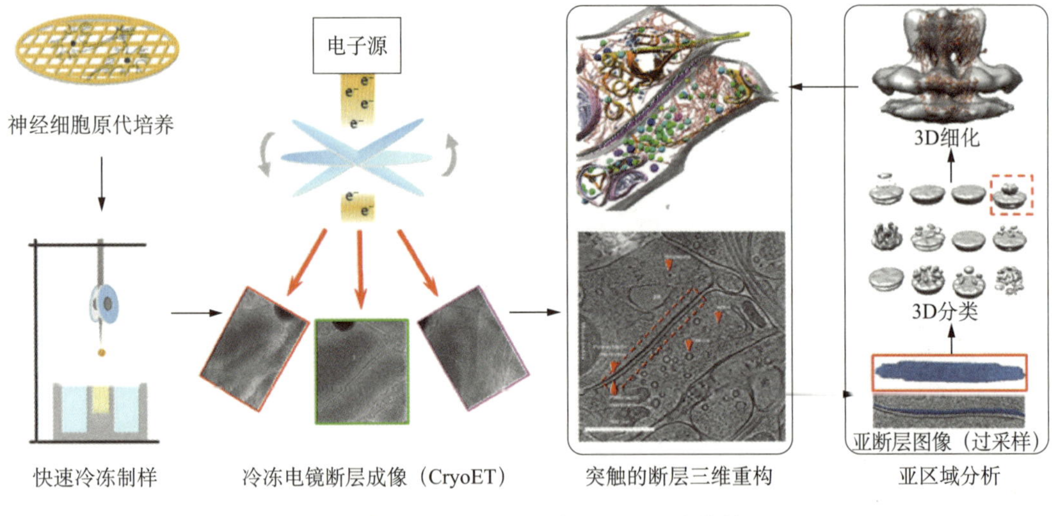

图4-16　冷冻电镜法解析蛋白质结构

② 安芬森理论

1961年，诺贝尔化学奖得主克里斯蒂安·安芬森提出了一项重要理论，揭示了蛋白质的空间结构与其氨基酸序列的关系。

安芬森通过实验发现，当蛋白质在特定条件下变性(即其空间结构被破坏)后，若重新提供适当的环境，蛋白质有可能自行恢复到其原有的功能性结构，如图4-17所示。基于这一观察，安芬森提出了一个理论，认为蛋白质的氨基酸序列决定了蛋白质的“原生结构”，这种结构是该序列所能形成的最稳定、能量最低的状态。当温度、pH值、溶液成分等发生变化时，蛋白质的结构有可能发生变化，形成特定条件下的特殊结构。

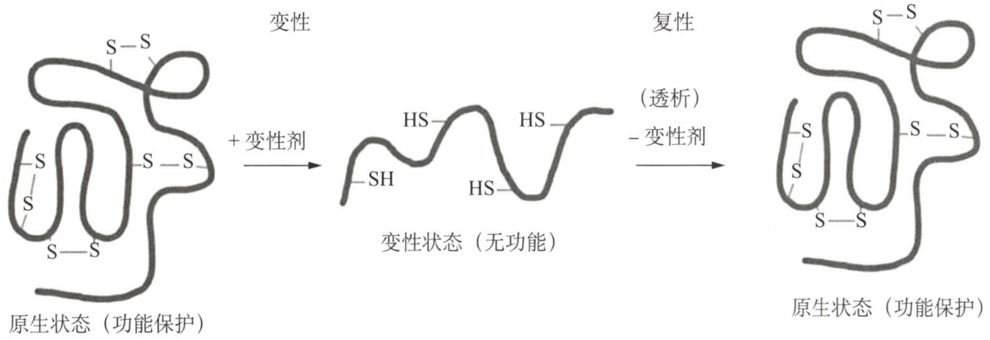

图4-17　蛋白质的变性与重建过程

如图4-18所示，同样的氨基酸序列可以折叠成不同的空间结构。这些结构处于不同的能量状态，而最底部能量最低的结构就是这种蛋白质的“原生结构”。安芬森理论的重要性在于，如果我们知道蛋白质的氨基酸序列，理论上就能够预测其原生结构。

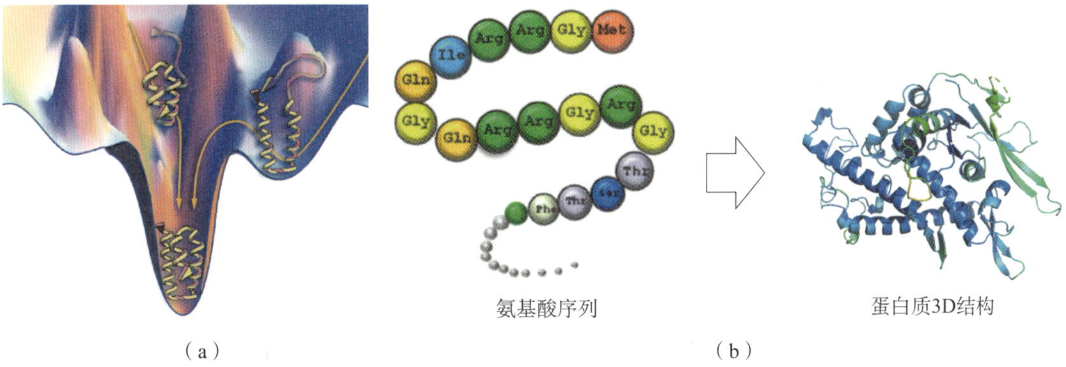

图4-18　蛋白质的氨基酸序列与其三维结构

安芬森理论为解析蛋白质结构提供了一种完美的解决方案。因为氨基酸测序技术已经比较成熟，如果安芬森理论成立，我们就可以通过氨基酸序列来预测蛋白质的原生结构，从而大大提高蛋白质结构解析的效率。这一突破将对生物学研究产生深远影响。

③ AlphaFold

1）从AlphaFold1到AlphaFold2

2018年，谷歌旗下的DeepMind团队开始尝试使用人工智能技术来预测蛋白质结构。在前人工作的基础上，他们开发出了第1代系统，称为 AlphaFold1。这一系统通过分析蛋白质的氨基酸序列，再结合已有的生物学知识对其结构进行预测，取得了不错的效果，但仍未达到科学研究中的实用标准。然而，这一尝试为后续的研究奠定了基础。

2020年，AlphaFold2的问世标志着蛋白质结构预测领域的重大突破。AlphaFold2的预测误差达到1.6Å（约为一个原子的直径），达到了接近实验精度的水平。图4-19所示为AlphaFold2预测的几个蛋白质结构，其中绿色是真实的蛋白质结构，蓝色是 AlphaFold2的预测结果。

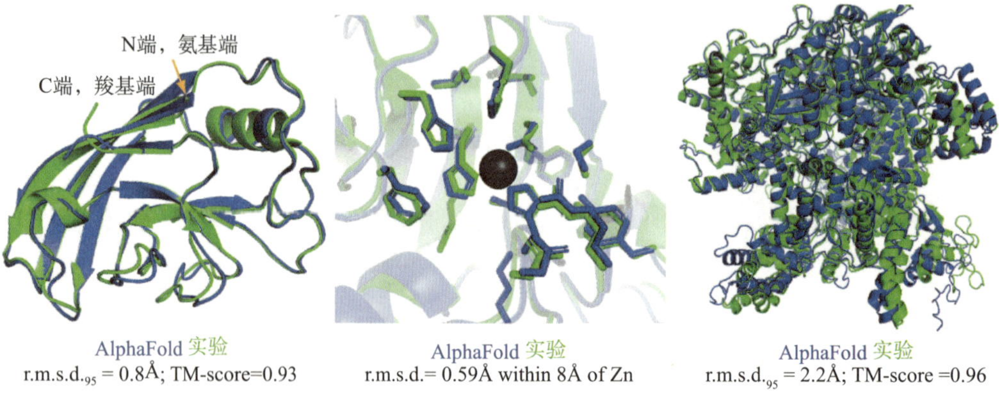

图4-19　AlphaFold2预测的几种蛋白质结构

整体上，AlphaFold2采用了一种端到端神经网络模型（参见2.9节）。如图4-20所示，输入是一个蛋白质的氨基酸序列，输出为它的空间结构。在预测过程中，利用了两个额外信息源：基因数据库和蛋白质结构数据库。前者用于查找输入序列的同源序列，发现氨基酸分子之间的共变关系，为预测提供条件约束；后者提供相似蛋白质的空间结构，为预测提供参考结构。

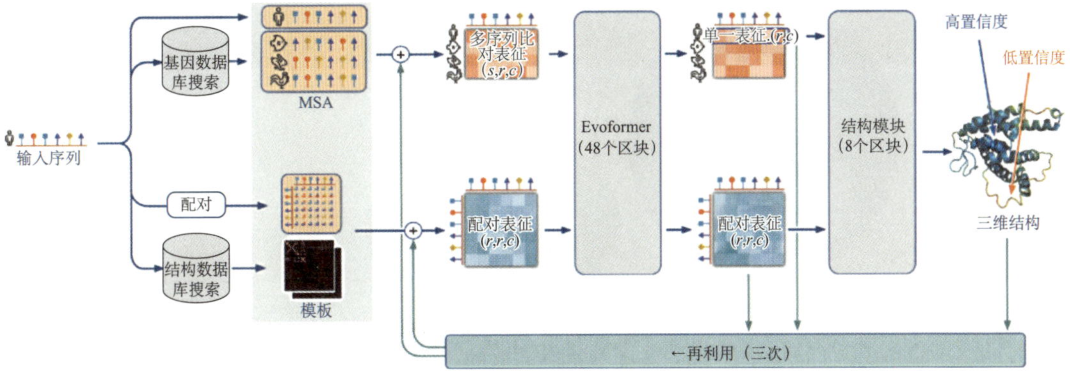

图4-20 AlphaFold2的模型框架

AlphaFold2 的成功不仅验证了安芬森理论，还为科学家们提供了一种强大的工具，使他们能够在短时间内解析大量蛋白质的结构。这一突破为众多领域的高速发展打开了大门。例如，精确预测病毒蛋白质的结构可以加速疫苗的研发；深入了解癌细胞的蛋白质结构也有助于开发更有效的个性化治疗方案。据DeepMind官方报道，截至2022年，来自全球190多个国家的50多万名科学家将AlphaFold 作为他们的日常研究工具，用于药物设计、疾病机制研究，甚至探索生命活动本身的奥秘。

2）解析蛋白质宇宙

2022年7月，DeepMind宣布已经完成了对两亿种蛋白质的结构预测，覆盖了数百万个物种，包括动物、植物、细菌和真菌等，如图4-21所示，几乎囊括了人类目前能接触到的所有蛋白质。这些预测结果被免费发布在AlphaFold数据库中，供全球研究者使用。

3）AlphaFold3

2024年5月8日，DeepMind 发布了AlphaFold3，这一版本能够自动预测各种生物分子的结构及其相互作用，为揭示生命的奥秘打开了全新的大门。与AlphaFold2相比，AlphaFold3不仅能够预测蛋白质、核酸等生物分子的三维结构，还可以预测它们之间的相互作用。例如，它能够分析蛋白质和核酸如何结合（图4-22），药物分子和离子如何作用于特定蛋白质等复杂的生物过程。

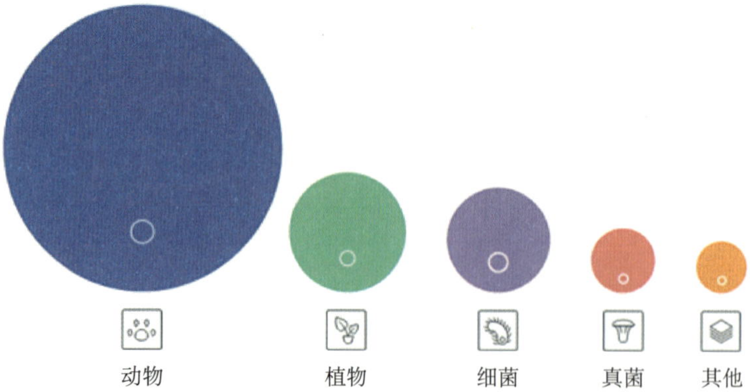

图4-21 AlphaFold 数据库中不同类型蛋白质及其占比

图4-22 核酸与蛋白质结合

生命活动的核心在于蛋白质、核酸和离子等分子之间的相互作用。理解这些微观过程，就能深入揭示生命的本质。另外，许多疾病也是由于这些分子活动出了问题所引发的。AlphaFold3 的出现为科学家提供了强大的工具，使人类能够更加精准地解析生命过程，加速对发病机理的研究和个性化治疗方案的开发。

小结

破解蛋白质的空间结构一直是生物学领域的关键任务之一。传统的结构解析方法耗时久、成本高，安芬森提出的“氨基酸序列决定蛋白质原生结构”理论为计算机预测蛋白质结构奠定了理论基础。

基于这一理论，AlphaFold 借助深度学习算法不仅实现了高精度的蛋白质结构预测，还可以预测生物分子的相互作用，极大地推动了生命科学的进程。如今，AlphaFold 已经成为生物学研究的重要工具，它正在帮助科学家深入理解生命现象、探索疾病的致病机理、研发针对性的治疗方案。可以预期，未来人工智能将与生物学和生命科学更加紧密地结合，为人类的健康保驾护航。

4.4 重构材料微观三维结构

学习目标

（1）认识材料微观结构的重要性，理解其对材料性能的决定性影响。

（2）理解材料三维结构解析的挑战，了解二维切片的局限性，以及直接获取完整三维形貌的技术难题。

（3）掌握SliceGAN的基本原理，理解生成对抗网络如何利用二维切片数据推测材料的完整三维结构。

（4）掌握SliceGAN的训练方法，理解其如何通过对三维结构进行切片、随机采样判别正负样本进行训练，即使在缺乏完整三维数据时仍可有效学习。

（5）了解人工智能在材料科学中的应用前景，认识SliceGAN在新材料设计、微观结构优化、材料疲劳预测等领域的潜在价值。

在材料科学领域，解析材料的微观结构对研究其性能和设计新材料至关重要。然而，直接获取材料的三维结构往往面临巨大的技术挑战。这是因为我们只能通过显微镜观察到二维切片的图像，而无法直接获取完整的三维信息。为了解决这一问题，科学家们开发了一种名为SliceGAN的人工智能模型，可以从二维图像中推测出材料的三维微观结构，为材料学研究提供了新的工具。本节将带领大家学习SliceGAN的工作原理，并讨论人工智能在材料科学中的应用前景。

① 微观结构的重要性

我们所生活的物质世界之所以如此丰富多彩，是因为构成世界的材料千变万化。决定这些材料性质的除了化学成分，还有它的微观结构。材料的微观结构指的是在微米或更小尺度下结构单元的排列组织方式，这种结构决定了材料的物理、化学和机械性能。例如，碳元素可以以不同的微观结构排列：当碳原子排列成平面层状结构时，得到的是黑色且柔软的石墨；而当碳原子呈网状排列时，得到的则是透明且坚硬的金刚石。

1）微观结构：过滤膜

过滤膜的功能高度依赖其微观结构。即使使用相同的材料，不同的微观结构也会产生截然不同的过滤效果。例如，图4-23中显示的GF过滤膜（右下角）与其他结构有显著不同，它具有大量的纤维状结构，能够在表面和内部吸附粒子，特别适合进行粗过滤，从而保护其他过滤膜免受颗粒堵塞的影响。

2）微观结构：纳米金

在纳米材料领域，微观结构的变化常常带来独特的性能。例如，科学家通过特定工艺制造了纳米级的金颗粒，这些具有特殊微观结构的金颗粒展现出特有的生物相容性、低毒性以及独特的光学特性。图4-24展示了利用纳米金颗粒将抗癌药物运送到癌细胞内部，进而消灭癌细胞的过程。

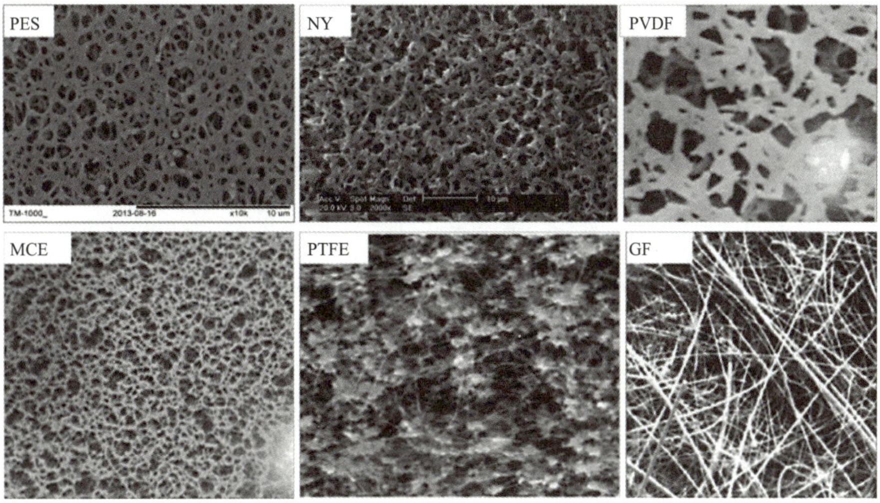

图4-23　各种微观结构的过滤膜

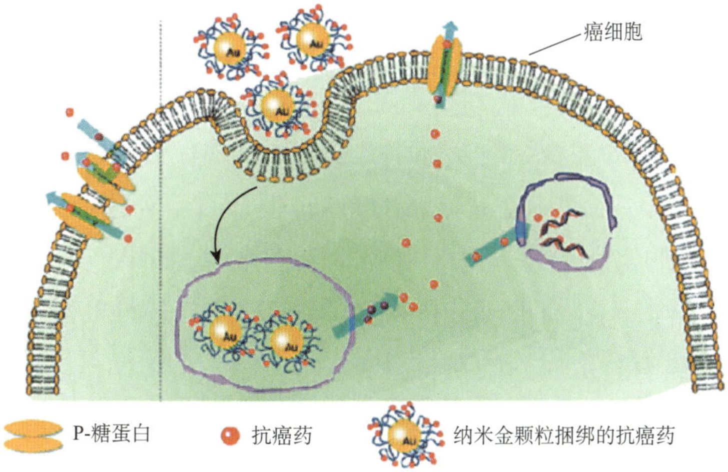

图4-24　纳米金颗粒将抗癌药物运送到癌细胞内部

3）微观结构：金属疲劳

微观结构的变化同样会导致金属疲劳。例如，长期飞行可能会导致飞机机翼内部的微观结构发生变化，出现微小的裂纹，从而增加疲劳断裂的风险。通过显微镜观察这些微观结构的变化，科学家可以评估可能存在的断裂风险，从而及时采取预防措施，避免飞行事故的发生。2018年4月17日，美国西南航空公司一架波音737飞机的一台发动机桨叶脱落，调查发现是因为金属疲劳导致的事故。图4-25展示了金属在疲劳状态下可能出现的微观结构上的变化。

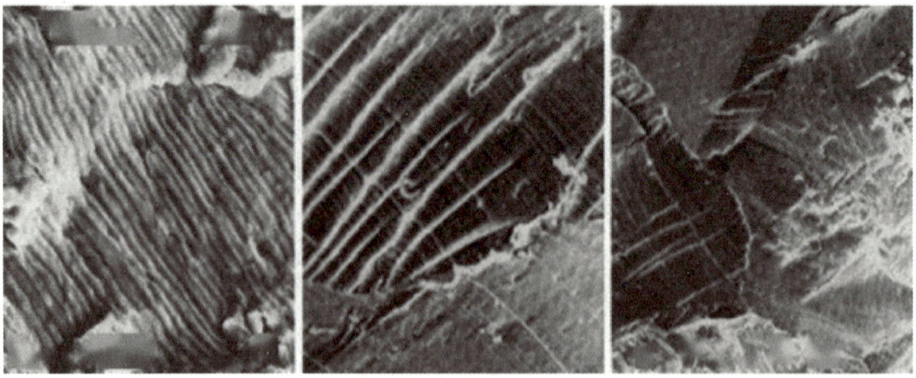

图4-25 金属在疲劳状态下可能出现的微观结构上的变化

② 微观结构三维重构

通过显微镜，我们可以观察到材料的微观结构，但通常只能看到二维切片图像。问题在于，材料的微观结构实际上是三维的，只有二维切片无法完整反映整体结构。这就像从一张地图上看城市的布局，但却看不到建筑物的高度，因此无法全面掌握城市的空间形态。对于材料学家们来说，如果能够从二维图像重建出材料的三维结构，不仅有助于分析材料的物理特性，还可以帮助他们设计新的加工工艺，生产具有特定属性的新材料。

③ SliceGAN 三维重构

2021年3月，《自然·机器智能》杂志发表了一篇论文，提出了一种名为SliceGAN 的深度学习模型，可以利用二维图像重构材料的三维微观结构。SliceGAN 的设计基于对抗生成网络（GAN），并针对三维重构任务的关键困难进行了改进，解决了二维观测图像与三维微观结构之间的维度不对等问题。

1）回顾 GAN 模型

在 GAN 模型中，如图4-26所示，生成器（G）负责生成图片，判别器（D）则负责判断生成的图片是否合理。对生成器和判别器进行联合训练，让生成器不断改进生成图片的能力，而判别器不断提升辨别真伪的能力。最终，生成器能够生成让判别器真假难辨的逼真图片（参见2.10节）。

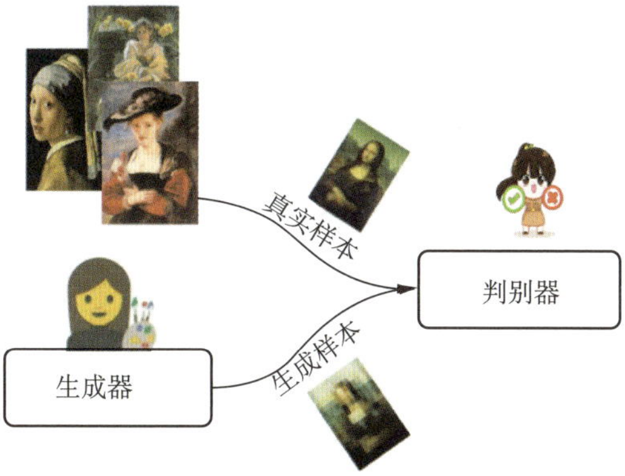

图4-26　生成对抗网络（GAN）示意图

2）SliceGAN 模型

SliceGAN的工作原理与GAN类似，如图4-27所示。生成器用来生成材料的三维结构，而判别器则判断这些生成的三维结构是否合理。然而，SliceGAN 面临的一个关键问题是：我们通常并没有材料的三维结构数据，如何在训练样本缺失的情况下进行训练呢？

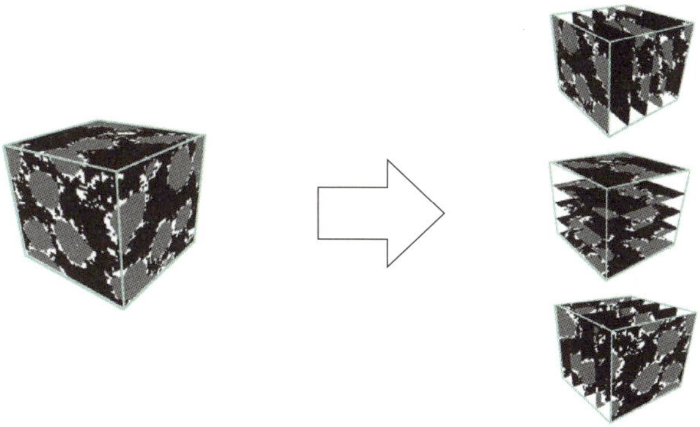

图4-27　对三维结构进行二维切片

研究人员提出了一个巧妙的解决方案：他们将生成器所生成的三维结构进行切片，得到一组二维图像。判别器将这些切片图像与真实的二维图像进行比较，从而间接评估生成的三维结构是否合理。

换句话说，虽然我们没有实际的三维结构来指导模型训练，但通过将生成的三维结构的二维切片与观测到的二维图像进行对比，同样可以评判生成的三维结构是否合理。虽然这种判断是间接的，但依然可以提供训练信号，让生成器所生成的三维结构趋向合理。

为了进一步提高模型的性能，SliceGAN 在训练时还使用了随机采样技术。具体来说，判别器不是对整个二维图像进行评估，而是随机选取图像中的局部区域进行学习。这种策略使模型能够更好地捕捉材料中微观结构的细节，提高重构精度。

3）SliceGAN 的学习过程

SliceGAN 的学习过程，如图4-28所示，可以概括为以下几个步骤。

（1）对真实采集到的二维图片进行随机采样，作为判别器的正样本。

（2）对生成器生成的三维结构进行切片，再进行随机采样作为判别器的负样本。

（3）训练判别器，使其能够有效区分正负样本；训练生成器，使其生成的三维结构切片越来越接近真实的二维图像。

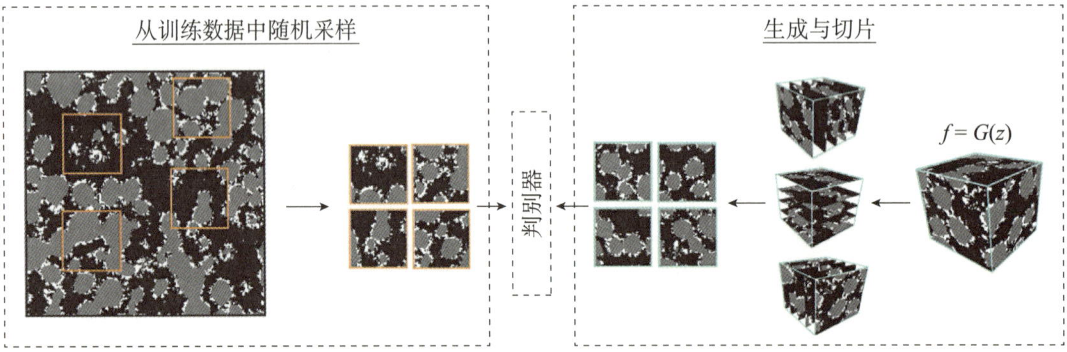

图4-28　SliceGAN 的学习过程

图4-29展示了SliceGAN 应用在各种结构上的实验结果，其中每一行展示了一种材料。第一列是真实的二维图像，第二列是通过SliceGAN 重构的三维结构，后几列是从重构的三维结构中切片得到的二维图像。可以看到，SliceGAN 生成的二维切片显示出与实际材料高度一致的纹理，说明这一模型可以较好地重构材料的微观结构。值得说明的是，如果材料的结构在各个方向不是同质的，

则需要在多个方向进行二维扫描，如第C、D两行所示。

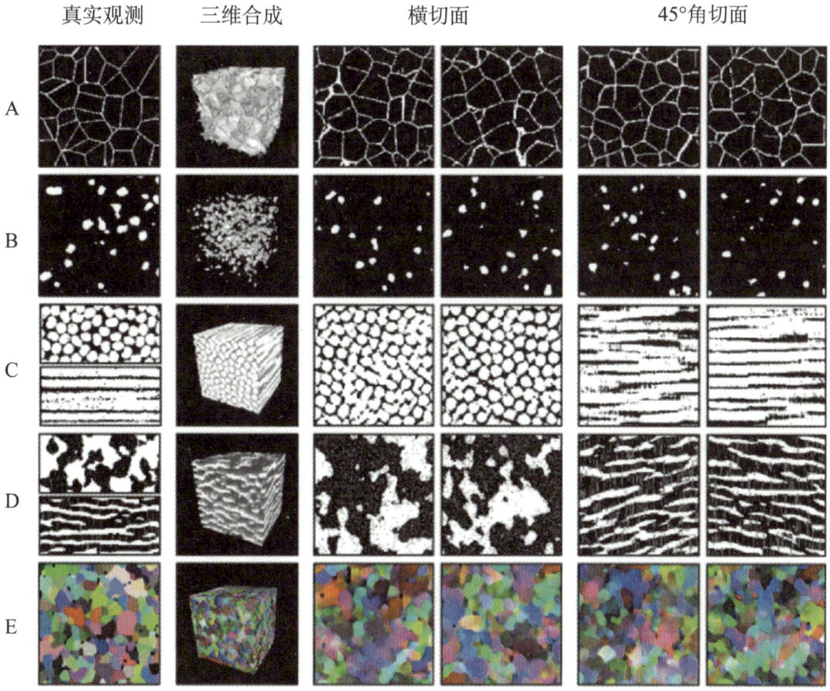

图4-29 SliceGAN应用在各种结构上的实验结果

小结

材料的微观结构在很大程度上决定了材料的功能特性。然而，在实际研究中，我们通常只能通过显微镜观察到材料的二维切面结构，无法直接获取完整的三维结构。借助人工智能技术，我们能够从有限的二维图像中重建三维结构。这一方法突破了传统方法的限制，为材料科学研究提供了强大的新工具。

SliceGAN是一种GAN模型，它的创新是将生成的三维结构切片成二维图像后得到训练信号，从而解决了材料科学里无法直接观察到三维结构的难题。SliceGAN的成功告诉我们，人工智能虽然强大，但要应用到具体科学问题上，还需要领域专家做特别的设计。没有一种通用的人工智能方法可以包打天下，必须和领域知识相融合，才能充分发挥人工智能的价值。

4.5 预测化学反应类别

学习目标

（1）了解化学反应的基本概念及其在工业生产、医学、能源等领域的广泛应用。

（2）认识人工智能在化学研究中的应用，掌握AI在化学反应分类、反应条件预测、实验方案优化等方面的作用和价值。

（3）掌握BERT模型在化学反应分类中的原理，并理解如何利用自然语言处理技术解析化学反应方程；掌握SMILES格式的基本概念，并理解如何将化学反应序列化处理以适应深度学习模型。

（4）认识人工智能在跨学科研究中的潜力，探讨深度学习模型的通用性及其在科学研究中的广泛适用性。

本节将介绍如何利用人工智能技术对化学反应进行分类。随着科学技术的发展，化学家积累了大量实验数据，利用这些数据可以训练一个机器学习模型，对化学反应类型进行自动分类。具体而言，我们将探讨利用一种名为BERT的自然语言处理模型对化学反应进行分类的方法。以此为例，我们还将讨论如何将科学问题形式化为机器学习问题，从而发挥人工智能在数据学习上的优势，为科学的发展提供新的方法和工具。

① 化学反应简介

1）化学反应的重要性

化学反应在我们的生活中无处不在。无论是我们呼吸时体内氧气与血红蛋白的结合，还是食物在烹饪过程中发生的化学变化，化学反应维持着生命的正常运作，并深刻影响着我们的日常活动。不仅如此，对化学反应的研究在整个社会发展的进程中也起到了巨大的推动作用。例如，20世纪初的合成氨技术实现了氮肥的大规模生产，极大地提高了全球农业产量，有效缓解了发展中国家的饥荒问题。再如，2021年中国科学院首次在实验室成功将二氧化碳合成淀粉，为解决全球粮食问题提供了新希望。

图4-30展示了二氧化碳合成淀粉的过程。在催化剂的作用下，二氧化碳与氢气经过一系列化学反应最终生成淀粉。这一成果有望解决自人类诞生以来靠天吃饭的被动命运。

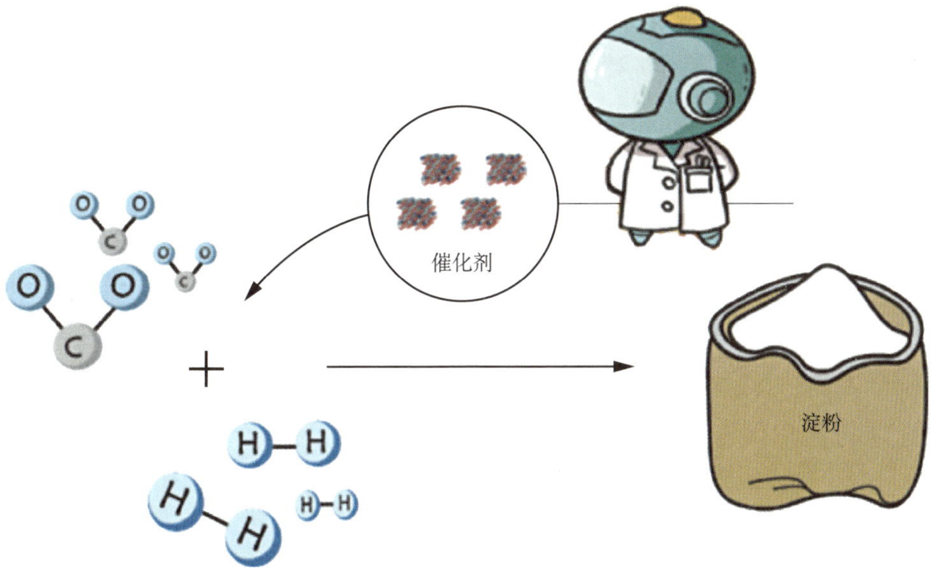

图4-30　二氧化碳合成淀粉的过程

随着技术的进步，我们已经能够控制和利用很多化学反应，创造出了各种新材料、新药物，极大地改善了人类的生活质量。化学反应的广泛应用和深远影响，使其成为人类文明进步的重要推动力量。

2）扑朔迷离的化学反应

虽然化学反应无处不在，但许多反应过程极其复杂，科学家们要完全理解和掌握它们并非易事。以氨的合成为例，氨（NH_3）是一种简单的含氮化合物，可以由氮气和氢气反应生成。尽管反应所需的原料很简单，但要实现工业化量产却经历了漫长而艰难的探索过程。

从19世纪末开始，科学家们就开始尝试各种方法，如高压电弧、各种催化剂、高温加热等，但均未能成功实现氨的量产。有人甚至认为直接合成氨是不可能的。直到20世纪初，德国化学家弗里茨·哈伯（Fritz Haber）通过理论计算，确定了在高温高压下使用铁催化剂的最佳反应条件，才成功实现了氨的合成。随后，哈伯法被广泛应用于工业生产，标志着氨工业的诞生。

氨的合成成功不仅解决了农业生产中氮肥短缺的问题，还奠定了现代化学工业的重要基础。这一经典案例也揭示了化学反应的复杂性：即使是看似简单的反应过程，也往往需要经过大量试验才能掌握相关技术。

② 人工智能能够帮助化学家做什么

化学反应的复杂性意味着探索新方法和新工艺非常困难，往往需要投入大量时间和资源。人工智能的兴起为化学家们提供了新工具。通过学习大量实验数据，人工智能可以帮助化学家快速分析反应条件、预测反应结果，从而减少实验成本，加速科研进展。具体的，人工智能可以在如下方面帮助化学家。

- 判断化学反应的属性：人工智能可以通过分析化学反应方程，预测该反应属于哪一类，如化合反应、分解反应等。同时，人工智能还能判断该反应能否成功完成，以及在操作过程中是否存在潜在的安全风险。
- 推断化学反应的条件：针对特定反应，人工智能能够建议适宜的反应条件，如最佳催化剂、适当的温度和压力等。人工智能在这方面的优势在于可以迅速筛选大量组合，找到最优的反应条件，而这些组合在以前往往需要化学家花费大量时间进行试验。
- 设计实验方案：人工智能不仅可以验证已有理论，还可以帮助化学家设计全新的实验方案。例如，人工智能可以根据既有的化学规律和实验数据，提出新的假设，并生成实验步骤以验证这些假设。

总的来说，人工智能正在改变化学研究的基础范式。借助人工智能强大的学习能力，化学家们能够更快、更准确地解决问题，从而在探索未知领域时事半功倍。

③ 人工智能预测化学反应类型

1）化学反应类型预测

化学反应是反应物的分子打散并重新组合的过程。为了更好地理解和掌握化学反应，科学家们对化学反应进行了分类。例如，我们熟知的反应类型有化合反应、分解反应、置换反应和复分解反应等。而在有机化学中，反应分类则更加具体，如硝化反应、卤化反应、酯化反应等。

每种反应类型都有其特定的特性和规律，这为化学家们的研究提供了重要的指导。例如，了解某种反应的类型，可以帮助化学家预测该反应的反应条件、反应生成物和可能的副反应。正确判断反应类型不仅能够提高实验的成功率，还能更好地设计出符合目标的化学合成路线。

随着化学研究的深入，化学反应的分类也逐渐细化。通过对反应类型进行深入研究，化学家们能够揭示不同反应背后的原理和机制，为新材料的开发、新药物的研制提供理论支持。因此，准确分类化学反应在化学研究中具有重要意义。

2021年，IBM和伯尔尼大学的研究人员在《自然·机器智能》杂志上发表了一项研究成果。他们利用一种称为BERT的深度神经网络，成功实现了对化学反应的分类。

2） BERT模型简介

BERT（bidirectional encoder representations from transformers）是一种深度学习模型，最初被应用于自然语言处理领域。这一模型的核心思想在于对输入的句子进行双向编码，从而提升模型对上下文语义的理解能力。

具体来说，BERT 是一个基于Transformer 结构的预训练模型（参见2.9节），能够对输入序列进行层次性编码。在每一层编码时，序列中的每个元素都可以参考序列中其他元素的信息，从而实现上下文信息的有效聚合。BERT 模型的特殊之处在于它能够同时考虑序列的前后文，使其对序列的理解更加完整和准确。

在BERT模型中，如图4-31所示的特殊符号CLS用于表示整个序列的语义，SEP 符号则用来分隔具有相关性的两段文本。例如，在问答系统中，SEP符号用于分隔问题和答案，从而帮助模型判断两者之间的语义关联。经过训练后，CLS符号所对应的输出向量可以用来代表整个序列的含义。基于这一向量，可以训练一个分类器（如线性分类器或神经网络分类器），实现对序列数据的分类。

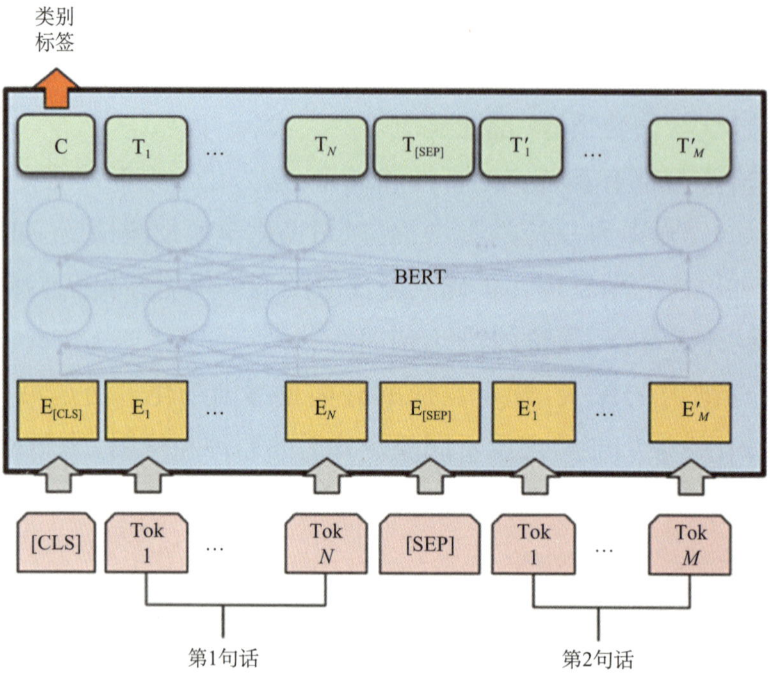

图4-31　BERT模型

3）反应方程序列化

为了将BERT模型应用于化学反应分类任务，研究人员采用了一种称为 SMILES（simplified molecular input line entry system）的符号表示法，目的是将化学反应方程式转化为一个符号序列。图4-32展示了一个化学方程式如何转化为 SMILES格式的符号序列。经过这一转换后，化学反应方程的表达形式与自然语言中的句子非

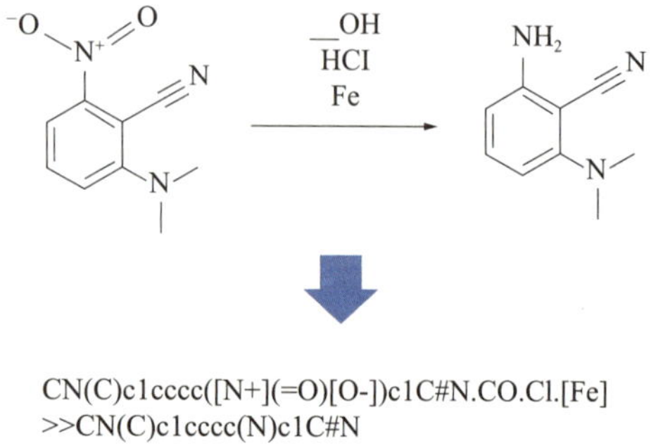

图4-32　化学分子式转成SMILES格式

常相似，因此可以应用 BERT 模型来完成学习和分类。

4）基于BERT的化学反应分类

将化学反应方程式序列化为SMILES格式后，我们就可以像处理文字串那样来处理化学反应了。图4-33所示为将BERT模型应用于化学反应分类的系统结构图。整个系统流程如下。

（1）输入序列生成：将化学反应方程转换成SMILES格式，并在序列开头添加CLS符号，表示整个反应方程。序列中间的>>符号用于分隔反应物和生成物，类似于 BERT 中的 SEP 符号。

（2）序列编码：将生成的SMILES序列输入BERT模型。通过多层 Transformer 编码，模型能够捕捉到序列中的上下文信息。模型输出的CLS向量代表整个反应方程的特征。

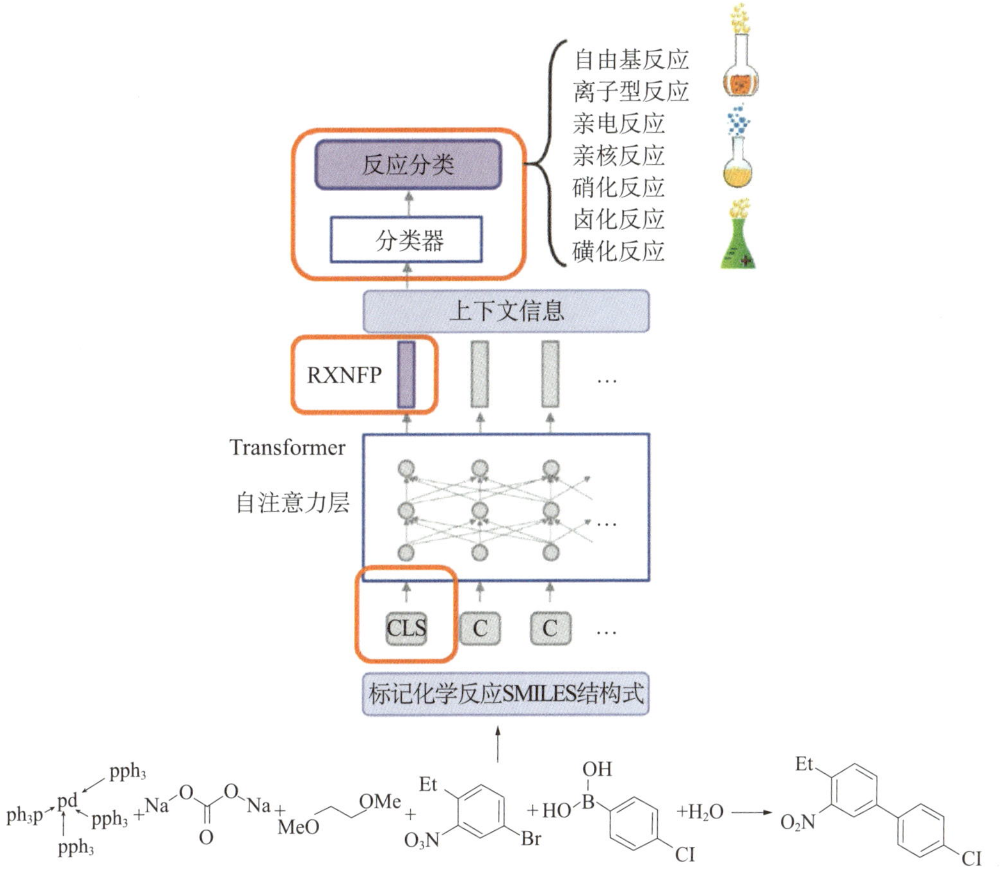

图4-33　将BERT模型应用于化学反应分类的系统结构图

（3）分类器训练：将CLS向量与已知化学反应的代表向量做对比，参考和它最相近的几个化学反应的类型即可判断出该反应的类型。

研究人员在13.2万个化学反应上进行了测试。结果显示，基于BERT的分类器达到了98.2%的分类准确率，而此前的方法只有41.0%。这意味着BERT模型在捕捉复杂化学反应规律方面具有显著优势。

不仅如此，BERT 模型还能够指出对化学反应分类影响最大的成分。图4-34中，阴影部分标识了BERT模型认为对分类结果起关键作用的化学成分。这为化学家分析反应机理和特性提供了有价值的信息。

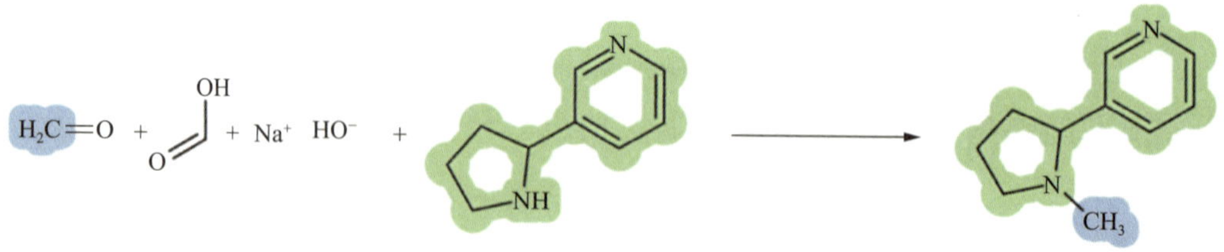

图4-34　类预测可以定位化学反应中的关键成分

注：图中蓝色和绿色阴影部分对化学反应类型的判断起到关键作用。

小结

化学反应在我们的日常生活中无处不在，从食品加工到药品生产，随处可以见到化学反应对我们生活的影响和贡献。为了更好地理解和应用化学反应，化学家们需要准确理解反应的类型。传统方法依赖经验和实验，非常耗时耗力。人工智能带来了成本更低、效率更高的新方法。

通过将化学反应方程序列化并借助 BERT 模型进行特征提取和分类，研究人员成功实现了对化学反应类型的高精度预测。这一方法不仅可以准确预测反应类型，还可以通过分析反应中关键成分，揭示化学反应的机理和特性。有趣的是，BERT模型本来是用于自然语言处理的工具，但在化学反应预测中取得了意想不到的效果。这是因为人工智能中绝大部分模型都具有通用性，只要数据符合模型假设，就可以应用到任何领域。这也是人工智能和各个学科交叉融合的基础。

4.6 天文学家的助手

学习目标

（1）了解天文学研究的历史发展，掌握从肉眼观测到现代望远镜（光学、射电、红外等）的演变。

（2）认识天文数据的爆炸式增长及挑战，理解传统计算方法在海量数据处理上的局限，以及人工智能如何助力天文数据分析。

（3）了解人工智能在射电频率干扰检测中的应用，掌握深度卷积神经网络在射频干扰检测中的原理及实际效果。

（4）了解人工智能在星系定位与分类中的应用，掌握YOLO目标检测模型的核心机制及其在星系自动识别中的作用。

（5）探讨人工智能在未来天文学中的发展方向，思考人工智能如何进一步提升天文观测能力，探索宇宙中的未知现象。

人工智能正在成为天文学家的得力助手。随着观测技术的进步，天文学家们能够捕捉到越来越多来自宇宙深处的信息，随之也带来了数据量的爆炸式增长。处理和分析这些快速增长的数据不仅超出了人类的极限，也超出了传统计算方法的能力范围。

人工智能，特别是深度学习技术，凭借其强大的数据学习能力，正在逐渐成为天文学研究中的新生力量。本节将介绍人工智能在天文学中的应用，包括射电频率干扰检测和星系定位与分类。这些技术极大地提升了观测效率，拓展了人类对宇宙的认知。

① 观察浩瀚星空

人类对星空的观测已经有几千年的历史。最初，人们依靠肉眼仰望星空，记录星体的位置和运动。后来，科学家们发明了望远镜，极大地拓展了观测视野，使我们能够看到更遥远的天体和更细致的宇宙结构。最初的望远镜是折射式望远镜，首次被伽利略用于观测太空。1668年，艾萨克·牛顿制造了第一台实用的反射望远镜，采用光的反射原理来放大成像，物镜可以做得更大。

目前世界上最大的反射式望远镜是位于美国夏威夷的凯克望远镜（W. M. Keck observatory），它实际上由两台望远镜组成，分别称为 凯克Ⅰ和凯克Ⅱ。每台望远镜的口径均为10米，并使用先进的分段镜技术。

不仅如此，人们还将观测范围从可见光拓展到无线电和亚毫米波、红外线、紫外线、X射线、伽马射线等各个波段。坐落于我国贵州省平塘县的500米口径球面射电望远镜（FAST）是全球最大的单口径射电望远镜，工作范围50～3000兆赫兹，被称为“中国天眼”，如图4-35（a）所示，为搜寻宇宙中的脉冲星、探测引力波和研究星际分子提供了强有力的工具。

此外，天文学家们还通过组建天线阵列进行联合观测。例如，位于智利查南托高原的阿尔玛射电望远镜阵列由66座天线组成，如图4-35（b）所示，利用协同观测获得更高的空间解析度。

(a)

(b)

图4-35 “中国天眼”和阿尔玛射电望远镜阵列

为了进一步提高观测精度，科学家们甚至将望远镜送入了太空，以摆脱大气层的干扰，获得更加清晰的观测数据。

哈勃空间望远镜（Hubble space telescope，HST）便是其中的代表，如图4-36（a）所示。它以美国天文学家埃德温·哈勃的名字命名，于1990年4月24日成功发射，是首个在地球大气层之外进行观测的光学望远镜。哈勃望远镜不受大气湍流和光污染的干扰，获取到了前所未有的高精度影像，使人类对宇宙的理解取得了革命性进展。

在哈勃之后，科学家们继续追求更高的观测精度和灵敏度。2021年12月25日，詹姆斯·韦伯太空望远镜（James Webb space telescope）成功发射，这一望远镜的红外观测能力远超哈勃，能够探测到宇宙深处暗弱、古老的天体。2022年7月12日，韦伯望远镜公布了首张全彩色宇宙图片。这张图片展现了宇宙深处的壮丽图景，轰动了全世界，如图4-36（b）所示。

现代望远镜的不断升级，极大地提升了人类探测宇宙的能力，使我们得以观测到更深远的宇宙结构和更微弱的天体信号。

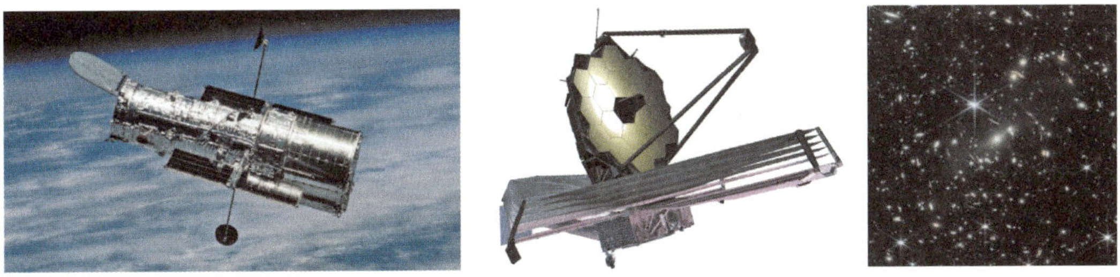

（a）哈勃空间望远镜　　（b）詹姆斯·韦伯太空望远镜及其拍摄的首张全彩宇宙图片

图4-36　太空望远镜

② 天文数据“爆炸”

随着观测设备的不断进步，天文学家能获取到的数据量呈爆炸式增长。像“中国天眼”这样的大型射电望远镜，每天采集到的天文数据高达150TB，相当于约3万部高清电影的存储容量。虽然这些数据中包含着丰富的天文信息，但庞大的数据量已经远远超出了人类靠肉眼能分析和处理的极限。

以哈勃望远镜传回的图像为例（图4-37），这些图像中包含了大大小小各种天体的痕迹。科学家需要从众多星光中分辨出130亿光年外微弱的星系信号，这样的任务靠传统手段几乎不可能完成。

面对天文数据“爆炸”带来的挑战，人工智能，尤其是深度学习技术，开始受到天文学家的青睐，因为深度学习算法最擅长的就是处理海量数据并从中学习规律。目前，无论是光谱分析、新星检测，还是星系归类，人工智能已经成为天文学家不可或缺的助手。

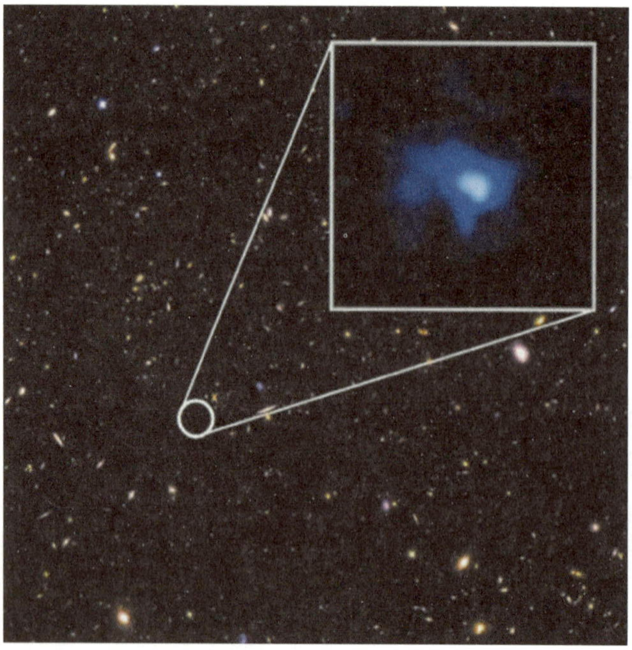

图4-37 哈勃望远镜拍摄到的130亿光年以外的星系

③ 检测射电频率干扰

为了探测来自遥远太空的微弱信号，射电望远镜的灵敏度不断提升。然而，随着人类活动的增加，地面通信设备和通信卫星所发射的电磁波正在成为严重的射频干扰（radio frequency interference，RFI）。这是因为RFI 在频率上与射电望远镜的观测范围重叠，使望远镜难以区分来自外太空的真实信号和人类活动产生的噪声。

例如，图4-38中的左上图展示了一颗星星的射电观测图像，而右下图显示的是同一颗星星的观测结果，但当时正有一颗以25°角掠过的卫星。可以看到，人造卫星发出的信号对观测数据产生了极大的干扰。

2019年5月，英国皇家天文学会月刊发表了一项研究，介绍了一种利用深度卷积神经网络（CNN）检测 RFI的技术。这项技术采用了一个称为“全卷积网络”的神经网络模型，对望远镜采集的数据进行实时分析。当某一频段出现RFI时，网络能够准确识别并标记这些干扰信号。

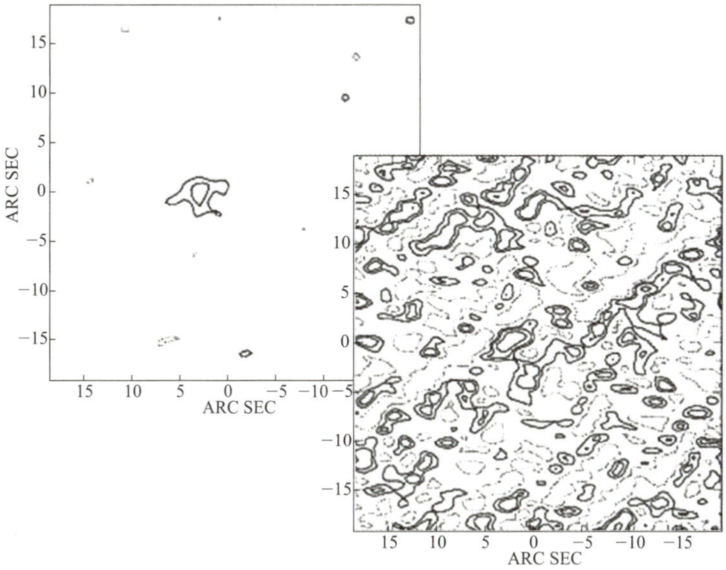

图4-38　人造卫星发出的信号对观测数据产生干扰

图4-39展示了深度卷积神经网络检测RFI的效果。黄色区域表示正确检测出的干扰，白色区域表示误判的干扰（即本来没有干扰被误判为有干扰），红色区域则是未被检测出的干扰。可以看到，该CNN网络模型能够有效地分辨出真实信号与干扰信号。

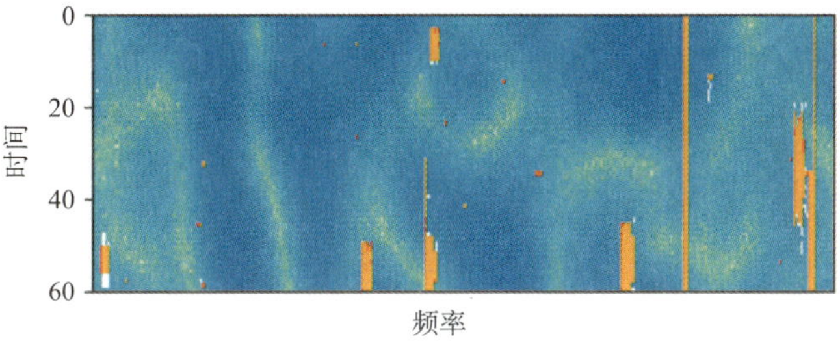

图4-39　深度卷积神经网络检测RFI的效果

图4-40是这一检测系统的结构图。它将输入数据分别转化为幅度谱和相位谱，分别送入上、中、下三行网络中的第一行和第三行进行编程。在编码过程中，数据自左向右流动，视野逐渐扩大，依次提取出更加高层次的特征。随后，这些特征在中间层进行拼接，并自右向左经过解码器进行重建，最终输出干扰检测的结果。在解码过程中，每一层解码器都会接收来自对应编码层的特征输入。这样的设计有助于同时保留图像的细节信息和全局信息。

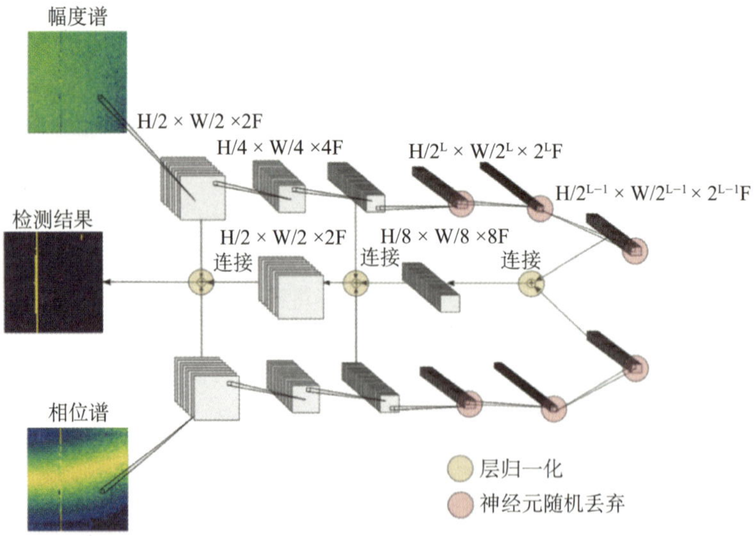

图4-40　射频干扰检测所用的神经网络模型

④ 星系定位与分类

随着望远镜的观测能力越来越强，天文图像中包含的天体越来越多，要准确定位每个天体的位置并识别它的属性，用肉眼几乎不可能完成。人工智能可以帮助天文学家完成这个艰巨的任务。例如，在《天文与计算》杂志2018年发表的一篇文章中，研究人员采用一种名为YOLO（you only look once）的神经网络模型成功实现了星系的自动定位和分类。

1）YOLO模型

YOLO是一种用于目标检测的深度学习算法，它能够同时对多个目标进行定位和分类，如图4-41所示。它的工作流程可以分为以下几个步骤。

（1）图片分成小格子：首先，YOLO会把整张图片分成很多小格子。每个格子就像一个小窗口，它会负责检查自己区域内是否有感兴趣的目标对象。

（2）框出目标的位置：每个格子都尝试在它的区域里“画”出目标的位置。它会猜测目标对象的中心在哪里，范围有多大。有了这些信息，就可以用一个小方框把目标对象圈出来。

（3）判断目标是什么：每个格子同时还要预测目标对象的类别，例如，“这个目标是狗、自行车还是小轿车？”。

（4）选择最佳结果：有时候，多个格子都对同一个目标做了猜测。为了避免重复，YOLO 会选择最可靠的那个框作为最终结果，从而确定目标对象的位置。

YOLO 模型的特别之处在于，它可以在一次处理过程中同时找到多个目标，而不是像传统方法那样对图片进行扫描，把目标一个个找出来。因此，YOLO可以更快地完成检测任务。

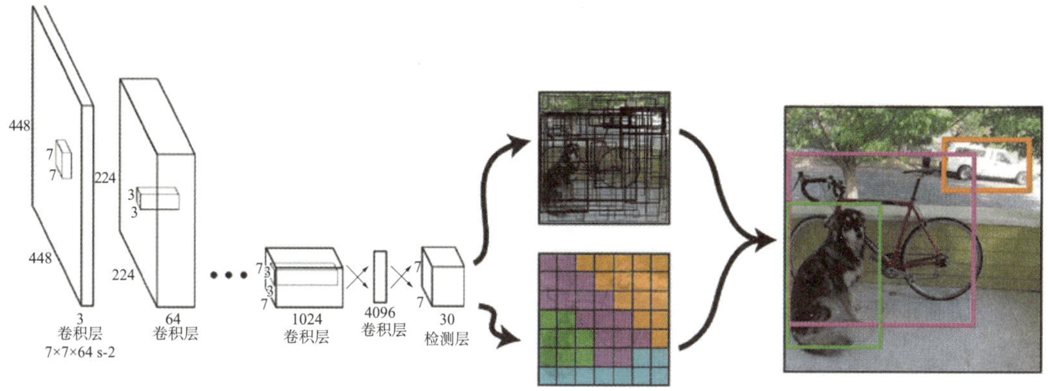

图4-41　YOLO示意图

注：卷积神经网络（左）预测每个格子包含的对象位置（中上）和类别（中下）。来自不同格子的预测被合并成最终预测（右）。

2）YOLO在星系分类中的应用

在《天文与计算》杂志2018年的文章中，研究人员利用 YOLO 模型来定位和分类天文图像中的星系。例如，把哈勃望远镜传回的图像送给YOLO模型，它可以迅速找到其中包含的所有星系，标记它们的位置并判断它们的种类，如螺旋星系、椭圆星系、不规则星系等。

小结

随着天文观测设备的升级，天文学已经进入了大数据时代。然而，海量数据也带来了前所未有的挑战。人工智能，特别是深度学习技术，凭借其强大的数据处理能力，正在成为天文学家们的得力助手。

本节介绍了AI在天文学中的两个典型应用：①过深度卷积神经网络检测射电频率干扰；②应用 YOLO 网络对星系进行定位与分类。人工智能在天文学领域的这些应用显著提高了数据分析的效率，大大拓展了人类探索宇宙的能力。

4.7 人工智能作曲家

学习目标

（1）认识音乐创作的复杂性，了解莫扎特的“音乐骰子游戏”以及第一首由计算机创作的音乐《伊利亚克组曲》的作曲方法。

（2）理解基于符号方法和统计学习方法在音乐创作中的应用，并分析这些方法的局限性。

（3）认识深度学习在AI作曲中的应用，理解循环神经网络、LSTM和Transformer模型如何提升音乐生成的连贯性和流畅度。

（4）了解AI作曲的最新进展，认识谷歌MusicLM、Suno等先进音乐生成系统的特点及其对音乐创作的影响。

（5）了解谷歌Magenta项目，探讨人工智能在艺术创作中的未来潜力。

作曲是一项非常需要灵感的创造性活动，一首好的曲子往往花费作曲家大量精力。随着人工智能技术的发展，特别是深度神经网络的兴起，现在计算机也可以生成优美的音乐作品了。通过学习大量乐谱，人工智能可以掌握人类作曲的方式，进而创作出符合人类审美的旋律。本节将介绍人工智能谱曲的基本原理、发展历程，以及它在音乐创作中的实际应用。人工智能谱曲不仅可以帮助作曲家进行创作，也让我们重新思考音乐创作的本质，进而为技术与艺术的结合提供新的视角。

① 饱受折磨的作曲家

音乐创作一直以来都是对作曲家们的巨大挑战。为了激发创作灵感，早在1757年，作曲家约翰·克恩伯格（Johann Kirnberger）就发明了一种用掷骰子来辅助作曲的方法。

在接下来的半个世纪（1757—1812），作曲家们发明了至少20种类似的掷骰子作曲法，其中最著名的要数莫扎特的音乐骰子游戏。即使是大作曲家也不得不依赖这种方法来生成旋律，可见写一首能打动人的新曲子多么艰难。

读一读

莫扎特的音乐骰子游戏

莫扎特的音乐骰子游戏是一个随机音乐创作游戏，通常被认为是莫扎特的发明。莫扎特从他的音乐中选取了176条小步舞曲小节。这176条舞曲小节被列在11×16的数字方阵中，用来做16次选择，每次选择的可能性为11种。选择的方式是掷骰子：共有两个骰子，加起来的点数为2～12的随机数，即一共有11种选择。选择完成后，将选中的小节前后连接起来，就成了一首小步舞曲。理论上，这个游戏可以生成4 594 972 986 357 216（11^{16}，约4亿亿）首不同的曲子。

② 人工智能“第一曲”

随着计算机的诞生，作曲家们对其充满了期待，希望利用计算机来获得音乐创作的灵感。1956年，正值人工智能的先驱们聚在一起召开达特茅斯会议之时，伊利诺伊大学厄巴纳-香槟分校的两位学者勒哈伦·希勒（Lejaren Hiller）和伦纳德·艾萨克森（Leonard Isaacson）开始尝试使用一台名为ILLIACI的计算机进行音乐创作，如图4-42所示。

图4-42　勒哈伦·希勒和伦纳德·艾萨克森用ILLIACI计算机进行音乐创作

希勒和艾萨克森的方法基于马尔可夫链。马尔可夫链是一个描述状态跳转的概率模型，如图4-43所示。

图4-43　马尔可夫链

在这个模型中，每个音符被视为不同的状态，音乐创作的规律体现在音符之间的状态转移概率上。运行马尔可夫链时，基于状态转移概率可以随机选择下一个音符。这一随机选择过程反复进行，就可以生成无限长的音符序列。值得说明的是，马尔可夫链的转移概率决定了音乐的特点。因此，通过设定不同的状态转移概率就可以生成各种不同风格的音乐。

他们把生成的音乐命名为《伊利亚克组曲》（图4-44），这也是历史上第一首用计算机生成的音乐。

有趣的是，希勒原本是一名化学博士，他曾发明了第一个有效的腈纶染色方法。然而，他从小热爱音乐，擅长钢琴、双簧管和萨克斯管。在《伊利亚克组曲》问世后，希勒全身心投入音乐领域，后来培养出了一大批作曲家。

图4-44　人工智能第一曲《伊利亚克组曲》

③ AI 谱曲技术的发展历程

希勒和艾萨克森的工作引起了极大关注，越来越多的研究者投身到人工智能谱曲中。首先加入的是音乐家，后来更多人工智能研究者也参与进来。

1）符号方法

早期研究主要集中在符号方法上。这种方法将音乐视为一种特殊的语言，其中文字是音符，语法是音乐规则，而一部音乐作品就相当于一篇文章（图4-45）。音乐家们把音乐创作的理论和经验总结成一条条语法规则。有了这些规则，计算机就掌握了基本的创作技巧，可以像生成段落篇章那样来生成音乐作品。

图4-45　音符

2）统计机器学习方法

随着机器学习技术的发展，研究者开始采用统计模型来描述音乐中的时序关系。马尔可夫链、隐马尔可夫模型（HMM）以及早期的神经网络方法，逐渐成为主流。这些方法通过大量乐谱数据训练统计模型，目的是描述从一个音符到另一个音符的跳转概率。有了这些模型，就可以依据音符间的跳转概率对下一个音符进行随机选择。这种选择迭代进行，即可生成任意长度的音符序列。

3）神经网络方法

随着深度学习的兴起，基于神经网络的人工智能谱曲技术取得了显著进步，成为当前的主流方法。循环神经网络（RNN），尤其是长短期记忆网络（long short term memory, LSTM），因其拥有时序记忆能力，可以捕捉前后音符之间的依赖关系，被广泛应用于音乐生成（图4-46）。与传统统计模型相比，深度学习模型能够捕捉更复杂的音符关联性，生成的音乐更加自然流畅。

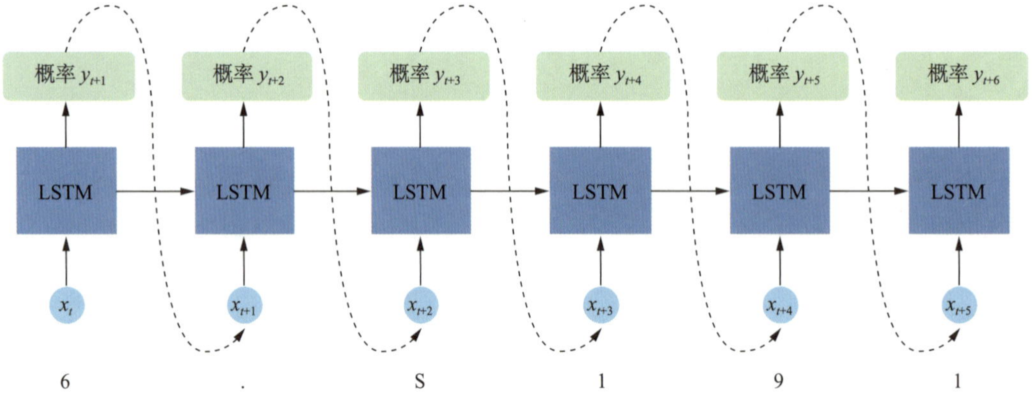

图4-46　基于LSTM/RNN的音乐生成模型

注：隐藏层的神经元信息被累积起来，每次生成的音符也会被送入输入层，用于下一个音符的生成

4）基于Transformer的音乐大模型

当前，基于Transformer的音乐生成模型成为主流。和之前的模型相比，Transformer 模型通过“注意力机制”可以有效捕捉音符间的远距离依赖关系，而且更适合用大数据进行训练。不仅如此，这些基于Transformer的音乐大模型还可以直接生成音乐文件，而不是音符序列。

例如，2023年，谷歌的研究者提出MusicLM模型，训练数据集包含20万～30万小时的音乐文件，不仅可以生成流畅的音乐，而且可以通过自然语言来控制音乐的风格。

一款称为Suno的音乐生成系统引发人工智能谱曲新热潮。和之前的工作不同，Suno可以生成首尾完整的曲子。在现代流行音乐中，我们一般把一首歌分为引子、主歌、副歌、桥接部和结尾。Suno生成的音乐包含一首歌的全过程，听起来有始有终。不仅如此，Suno还可以为歌词谱曲并用人声演唱出来，让每个人都能成为歌曲创作者。

④ Magenta：人工智能与艺术

2016年6月，谷歌宣布启动 Magenta 项目。这一项目旨在探索人工智能在艺术创作中的应用，特别是在音乐、绘画和其他艺术形式中的潜力。Magenta项目不仅专注于技术的开发，还力求推动计算机科学家与艺术家之间的跨界合作。人工智能谱曲是 Magenta 项目的重要研究方向之一。通过机器学习和深度神经网络，Magenta 推出了多个创作工具，能够生成多样化的音乐作品。

除了自动谱曲，Magenta 还具备了将非音乐元素转化为音乐的功能。例如，它可以根据输入的文字创作旋律，将手绘的图像转化为音符，甚至能将日常生活中的声音（如鸟鸣、风声）转化为独特的音乐片段。这些功能展示了人工智能在艺术创作中的灵活性和多样性，激发了艺术家和音乐人的创作灵感。

小结

作曲需要灵感，而创作出一首全新的曲子往往是一个艰难而复杂的过程。计算机擅长生成随机序列，如果它生成的音符序列能够符合人类的审美，就可以在一定程度上为音乐家提供创作帮助。这是AI谱曲的基本思路。那么，如何让AI生成的音符序列符合人类审美呢？目前最成功的是大数据学习。通过学习大量人类乐谱，机器就能够发现符合人类审美的音符跳转规律，从而创作出悦耳的旋律。

与人工智能作画一样，人工智能谱曲从一开始就伴随着争议。很多人认为机器缺少人的情感，因此无法生成打动人心的音乐。也有人认为，机器只能学习音乐中的通常模式，无法产生艺术性的创新。然而，人工智能在绘画、作文等任务上已经可以生成打动人心的、具有创新性的作品。另外，如果让人工智能与人协同创作，机器负责激发灵感，人类作曲家负责判断艺术性，或者人类作曲家负责创新，机器负责对曲子进行补全，也许可以克服人工智能作曲的很多局限性。无论如何，今天的人工智能已经成为作曲家们的重要工具，未来我们听到的音乐也许都会有人工智能的贡献。

4.8 检测炭疽芽孢

学习目标

（1）了解炭疽病的病理特点及其对公共卫生安全的威胁，认识其作为生物武器的风险。

（2）了解传统炭疽检测方法（涂片镜检、分离培养、动物实验）的原理及其局限性。

（3）掌握全息显微成像技术的基本原理，理解如何通过记录光的相位信息提高细菌成像清晰度，为自动化检测提供数据支持。

（4）理解深度学习在炭疽检测中的应用，掌握神经网络如何通过学习大量全息显微图像实现高效、精准的炭疽杆菌检测。

（5）探讨人工智能在公共卫生和生物安全中的应用及潜力。

炭疽病是由炭疽杆菌引发的急性传染病，对人类的健康构成严重威胁，还曾被用作生物武器，对公共安全造成了巨大威胁。传统炭疽检测方法耗时较长且精度有限，在应对突发危机时难以实现快速检测，无法及时控制疫情。本节将介绍一种基于深度学习的快速炭疽检测方法，并讨论人工智能技术对公共安全的重要意义。

① 炭疽病与炭疽杆菌

炭疽病是一种由炭疽杆菌引起的急性传染病，具有极强的传染性和致命性。炭疽病的临床症状主要包括皮肤坏死、溃疡，并可能引发肺、肠和脑膜的急性感染，甚至导致败血症。炭疽可以通过消化道、呼吸道、皮肤接触等途径进入人体。由于其传播迅速且致死率高，炭疽病被列为高度危险的传染病之一。

炭疽杆菌是导致炭疽病的主要病原体。这种细菌呈棒状，如图4-47所示，是一种革兰氏阳性菌，长度为1～6μm。炭疽杆菌通常以芽孢形式存在于土壤中，具有极强的生存能力，能够在恶劣环境中存活数十年。一旦牲畜不慎摄入这些芽孢，细菌就会在体内大量繁殖，导致牲畜发病甚至死亡。即使在宿主死亡后，炭疽杆菌依然可以继续繁殖，直到养分耗尽，再次形成具有强大抵抗力的芽孢，进入休眠状态。这种周期性休眠过程使炭疽杆菌难以根除，并增加了防控难度。

图4-47 炭疽杆菌

② 可怕的炭疽感染

炭疽曾被列为头号生物武器，其可怕的感染力让人谈之色变。历史上，炭疽多次被用于军事目的，造成了严重后果。例如，日本731部队曾在中国进行炭疽实验，犯下了滔天罪行。

第二次世界大战期间，英国在苏格兰的格鲁伊纳岛进行了一次炭疽武器试验，将大量炭疽芽孢释放到环境中，并投放了一群羊进行测试。结果该岛被严重污染，几十年内变成了无人区。直到1986年，英国政府才决定大规模清理，向岛上喷洒了280吨甲醛，并移除污染严重的土层。即便如此，公众依旧对其敬而远之，该岛虽然风景优美却无人敢问津。

炭疽并非只存在于过去，直到今天，每年全球多个地区都有病例报告，特别是一些畜牧业发达的国家和地区，炭疽病屡见不鲜。在我国也时有零星病例报道，每次都会引起社会的广泛关注和警惕。

炭疽的致命性在于其感染速度快，症状严重，且治疗效果与早期发现密切相关。对于炭疽病患者而言，早期诊断和及时治疗是挽救生命的关键，一旦延误，后果将非常严重。

③ 传统检测手段的局限

面对炭疽杆菌这种极具危险性的致病菌，快速检测显得尤为重要。然而，传统的检测方法存在许多局限性。常用的检测手段包括涂片镜检、分离培养和动物实验等。

这些方法虽然有效，但各有不足。

- 涂片镜检：通过显微镜观察涂片样本，可以识别炭疽杆菌的形态。但这种方法需要样本中细菌的浓度达到一定程度，灵敏度较低，容易漏检。
- 分离培养：通过培养基分离炭疽菌并进行生化鉴定。这种方法虽然较为准确，但培养过程缓慢，通常需要几天时间。在面对可能的大规模疫情时，时间上的延误可能带来灾难性后果。
- 动物实验：将疑似炭疽样本接触实验动物，通过观察动物的感染症状来判断是否存在炭疽感染。该方法具有较高的准确性，但操作复杂，耗时较长，不适合快速检测。

总体而言，这些传统方法或者检测精度有限，或者耗时较长。当紧急情况发生时，依赖这些传统手段可能会错失控制疫情的最佳时机。

④ AI 炭疽杆菌检测

2017年,《科学进展》杂志发表了一篇论文,报告了一种可以快速、准确检测炭疽杆菌的人工智能方法。这一方法结合了全息显微成像技术和深度学习算法,即使是在极低浓度情况下,也能有效检测出炭疽菌。

1)全息显微技术

传统显微镜观察的是物体在光源下的明暗变化,这事实上是记录了光的强度信息。然而,由于炭疽菌等微生物体积小,在常规显微镜下难以清晰成像。为了解决这一困难,科学家们研制出了全息显微镜。这种显微镜不仅记录光的强度信息,还记录光在通过物体时的相位改变。这种显微镜称为"全息"显微镜。

透射光成像与全息成像原理如图4-48所示。入射光束分为两路,上边一路照射目标物体(灰色物体),记录透射光的相位变化;下边一路作为参考光束。最终,这两束光相互干涉形成全息图(右上角)。通过对比两束光波的相位差异,能够构建出目标物的三维图像。这种方法不仅提高了成像的清晰度,还能够精确捕捉到细菌的微小细节,使细菌在显微镜下无所遁形。如图4-49所示,在全息图像中,每种细菌的样子都可以清清楚楚地显示出来。

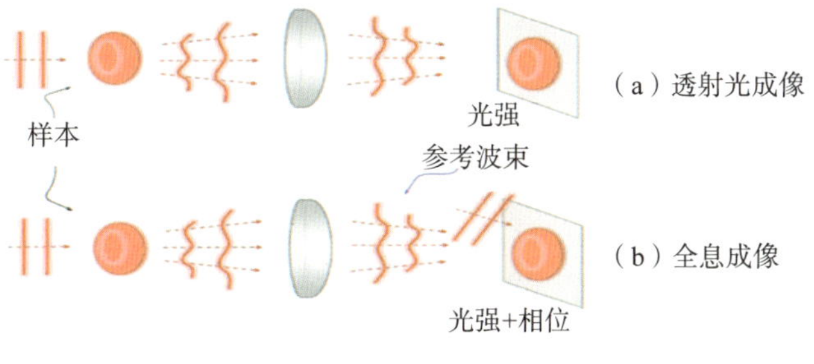

图4-48 透射光成像与全息成像原理

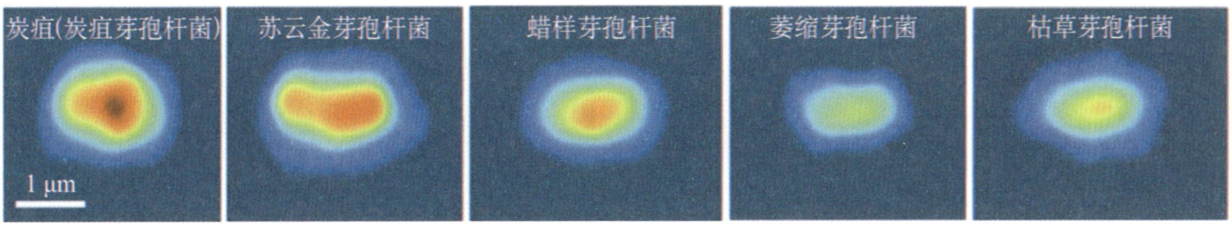

图4-49 细菌的全息图

2）深度学习检测炭疽菌

虽然全息显微技术可以生成高分辨率的图像，但从这些图像中如何准确区分出哪些细菌是炭疽杆菌仍然是一个挑战。为了解决这个问题，科学家们训练了一个深度神经网络。该网络通过学习大量细菌的全息显微图片，可以将炭疽杆菌和其他细菌精确地区分开。

具体地，这个深度神经网络的输入为全息图片，输出为属于不同细菌类别的概率，如图4-50所示。根据这些概率值，系统可以自动判断图像中是否包含某种细菌，如炭疽杆菌。

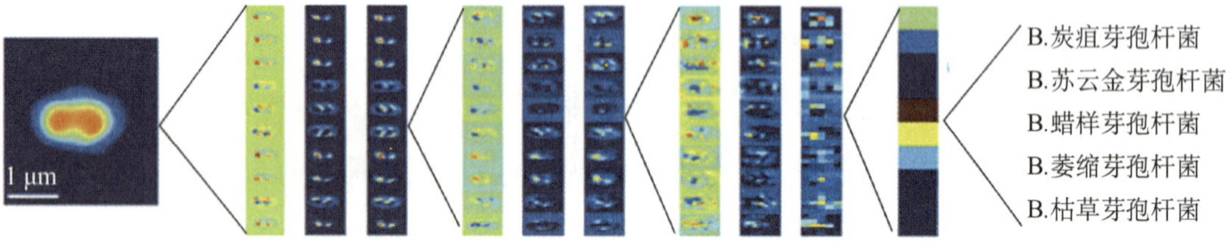

图4-50　深度神经网络对细菌种类进行识别

实验结果显示，即使样本中只有极少量的炭疽杆菌，该方法对炭疽的检出率依然可以达到96.3%，而误检率仅为1.7%。所谓检出率，是指有多少比例的炭疽菌被检测出来；所谓误诊率是指其他细菌被误认为炭疽菌的比例。图4-51是对炭疽组和非炭疽组两类细菌进行检测的结果。炭疽组的红杠代表检出率，而非炭疽组的红杠代表误检率。

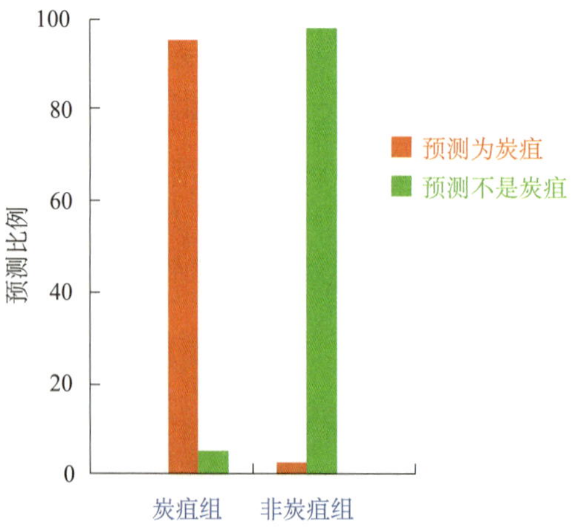

图4-51　炭疽组和非炭疽组细菌检测结果

小结

炭疽作为一种高度危险的致病菌，不仅威胁人类健康，还可能被用作生物武器，造成大范围感染。因此，快速而准确地检测炭疽芽孢至关重要。传统的检测方法虽然有效，但存在耗时长、灵敏度低的问题。结合全息显微成像技术和深度学习算法，科学家们成功突破了这些局限，实现了对炭疽芽孢的高效、精准检出。

人工智能技术与生物检测的结合体现了跨学科创新的巨大潜力，推动了传统检测手段的革命性升级。事实上，类似的技术不仅可以用于炭疽检测，也可以用于各种常规病理检测，守护我们的健康。

4.9 开发癌症疫苗

学习目标

（1）了解免疫系统在疾病防御中的作用，理解疫苗如何通过激活免疫系统帮助机体建立免疫记忆。

（2）了解癌症免疫疗法的基本概念，认识癌细胞如何逃避免疫攻击，理解新生抗原在精准癌症治疗中的重要性。

（3）理解个体化免疫疗法的原理和挑战，认识人工智能在新生抗原预测中的应用。

（4）掌握深度学习在质谱数据分析中的应用，理解DeepNovo模型如何精准识别癌细胞特异性抗原。

（5）探讨人工智能在癌症疫苗开发、个性化医疗等医学领域中的前景。

免疫系统是人体对抗疾病的主要防线。如果让免疫系统能够识别癌细胞，就可以彻底治愈癌症，这就是免疫疗法的基本原理。目前，免疫疗法已成为癌症治疗的前沿方向。然而，由于癌细胞伪装成正常细胞，如何让免疫系统精准地识别癌细胞，同时避免伤害正常细胞，一直是个巨大的挑战。近年来，人工智能在这一领域取得了长足发展，为快速制定个性化的癌症疫苗带来了希望。

① 免疫系统和疫苗

人体免疫系统是对抗各种疾病的关键防线，它通过识别并消灭入侵的病原体让我们保持健康。以细胞免疫为例，如图4-52所示，当细胞受到感染时，感染细胞会将病原体的部分蛋白质分解成小片段（称为抗原），并通过一种称为“主要组织相容性复合体”（MHC）的蛋白质将这些抗原片段呈现在细胞表面。T细胞在识别到这些抗原片段后，会被激活并开始复制，进一步召唤杀手T细胞一起消灭被感染的细胞。

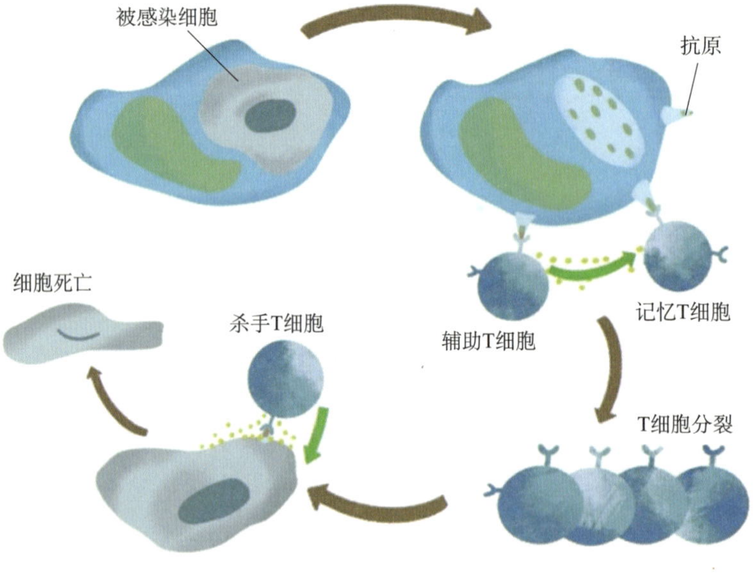

图4-52　人体细胞免疫

基于这一原理，科学家发明了疫苗，通过注射弱化或灭活的病原体或其代谢产物来定向刺激免疫系统，帮助人体产生特定的免疫反应。疫苗中的抗原充当“训练靶标”，让免疫系统识别并记住它，以便在未来遇到真正的病原体时能够迅速做出反应并消灭它。

② 癌症免疫疗法

疫苗在激发免疫系统对抗外来病原体方面非常有效，那么，是否可以用它来对抗自身的癌细胞呢？这一想法催生了免疫疗法，它通过激活人体自身的免疫系统来识别和攻击癌细胞。相关研究已经持续了很久，目前已经有一些免疫疗法投入临床应用，例如预防人乳头状瘤病毒（HPV）的疫苗和治疗前列腺癌的疫苗（Sipuleucel-T）。

然而，癌症治疗中的一大难题是癌细胞的伪装能力。癌细胞会通过改变表面蛋白质，使自己看起来像正常细胞，从而逃避免疫系统的攻击。因此，寻找能够精准识别癌细胞的特异性抗原，成为免疫疗法的关键。一种常用办法是将癌细胞和正常细胞进行对比分析，寻找那些能够激发免疫反应的特异性蛋白片段。找到这些片段后，可以设计疫苗，定向激活免疫系统中的T细胞，使其专门攻击癌细胞。特别是那些因为基因变异产生的抗原，具有高度的肿瘤特异性。这些因为基因变异产生的抗原被称为“新生抗原”。

例如，CAR-T疗法（图4-53）便是基于这一思路，基于识别到的新生抗原设计嵌合抗原受体（CAR），使之可以识别癌细胞表面的新生抗原。嵌合抗原受体与T细胞结合，形成CAR-T细胞。通过大量复制这些改造过的T细胞并注入体内，让它们成为精准打击癌细胞的“生力军”。

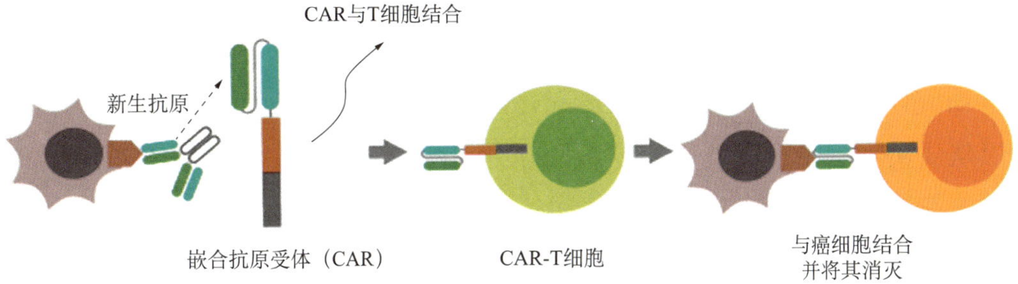

图4-53　CAR-T疗法示意

③ 抗原的个异性与个体化免疫疗法

基于新生抗原的免疫疗法在部分癌症的治疗中已经取得了初步成功。然而，科学家们发现，即使是同一种癌症，不同患者的新生抗原也会有所不同。也就是说，每位患者体内的癌细胞可能拥有独特的“标识”，这意味着很难找到一种适合所有人的抗癌疫苗。

为了解决这一问题，科学家们提出了个体化免疫疗法的思路，即针对每位患者的具体情况定制专属的抗癌疫苗。这个过程首先需要采集患者的癌细胞样本，与正常细胞对比，找出那些异常的蛋白质片段。经过筛选，可以被呈递到细胞表面从而激发免疫反应的片段就成为新生抗原，用于制作个性化疫苗。

然而，这项技术面临的挑战在于如何筛选出真正有效的新生抗原。虽然基因测序可以揭示蛋白质的突变，但并非所有突变片段都能被呈递到细胞表面并成为新生抗原。因此，单纯依赖基因测序是不够的，还需要更加精准的筛选技术来确定哪些变异片段能够作为新生抗原的候选。

④ 人工智能预测新生抗原

2020年，《自然·机器智能》杂志发表了一项研究，介绍了一种人工智能方法，直接观察细胞表面的免疫肽组（细胞中蛋白质被降解后呈现在细胞表面的肽段），从中发现可能的新生抗原。这种方法相比传统的基因测序技术更加精准，能够更直接地定位细胞表面的肽段，从而避免了“基因转录→蛋白质→细胞表面呈现”这一复杂路径带来的误差。

研究团队采用了一种名为 DeepNovo 的深度学习模型（图4-54），这一模型可以从质谱数据中预测肽段的氨基酸序列。质谱技术是一种通过测量离子的质量和电荷比来分析蛋白质成分的方法。DeepNovo 模型利用质谱数据，结合卷积神经网络和循环神经网络，可以生成目标蛋白质的氨基酸序列。

DeepNovo 模型的工作流程如下：

（1）模型通过卷积神经网络提取质谱数据中的重要特征，这些特征帮助模型理解肽段的组成。

（2）循环神经网络（RNN）根据这些特征逐个生成肽段的氨基酸序列。

（3）将生成的氨基酸序列与现有的数据库（如 PEAKS 数据库）进行比对，找出那些与正常细胞表面的氨基酸序列不同的片段。这些特别的氨基酸片段有可能就是癌细胞的变异片段，可以作为新生抗原候选。

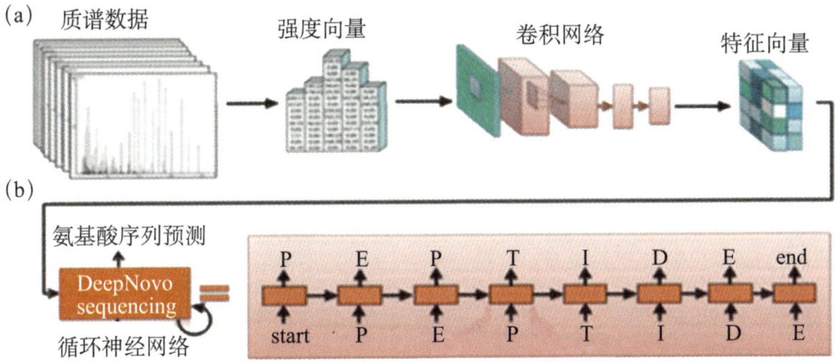

图4-54　DeepNovo模型

小结

人工智能为个性化癌症疫苗的开发带来了新希望。免疫疗法的原理是激活患者自身的免疫系统，精确识别并攻击癌细胞，从而避免传统疗法中对正常细胞的伤害。深度学习技术可以精准地预测癌细胞表面的新生抗原，为个性化癌症疫苗的定制提供了可能性。

可以预期，人工智能将在医疗健康领域大显身手，不仅可以帮我们设计新药，还可以诊断病情、制定个性化治疗方案，甚至直接操作手术刀，成为真正的医疗专家。

4.10 走向未来

学习目标

（1）认识人工智能的发展历程，理解当前人工智能浪潮的特点及其对科技和社会的影响。

（2）了解人工智能如何推动生物学、材料科学、医学、天文学等领域的研究创新，成为跨学科发展的关键力量。

（3）认识第三代人工智能、类脑计算、光计算、量子计算等前沿技术，理解其在突破现有人工智能局限方面的潜力。

（4）认识算法偏见、数据滥用、人工智能武器等问题，思考如何通过法律与伦理框架规范人工智能的发展。

（5）探讨如何确保人工智能成为人类的助手而非威胁，实现人与人工智能的协同共存。

本节将和读者一起展望人工智能的未来。随着人工智能在社会各个领域的广泛应用，特别是与各个基础学科的交叉融合，人工智能正在形成一股革命性的推动力量。未来，人工智能必将重塑人类社会的发展范式。讨论人工智能的未来，不仅要考虑技术进步的方向，也要考虑由此引发的社会影响。

① 智能化是历史趋势

自1956年达特茅斯会议以来，人工智能的发展（图4-55）经历了数次高潮与低谷，每一次技术的突破往往伴随着过高的期望，而失望往往随之而来。这次人

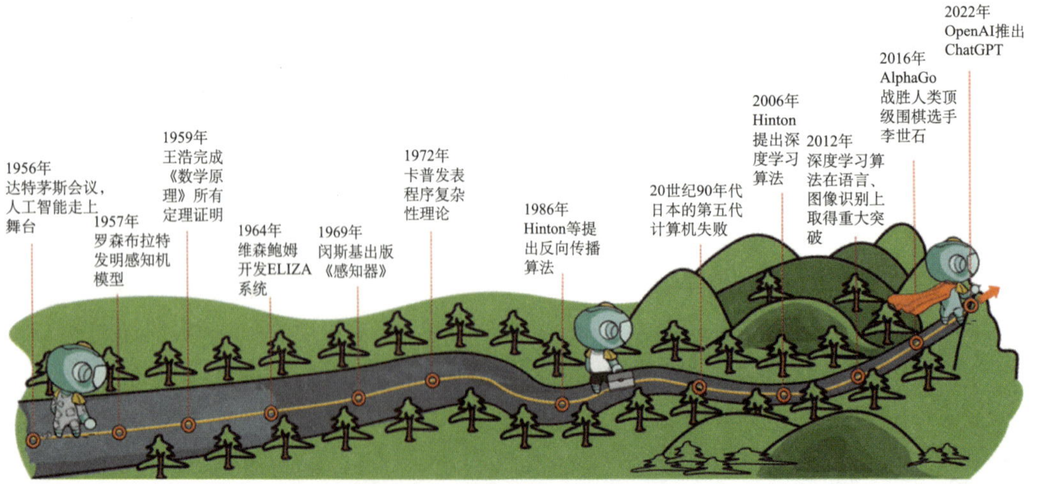

图4-55 人工智能的发展历程

工智能的浪潮是否也会像之前那样最终消退，成为历史上的一朵浪花？尽管存在争议，多数研究者认为，这一次的人工智能浪潮与以往不同。

首先，当前的人工智能已经在多个领域取得显著进展，并衍生出了很多成熟的商业产品，如人脸识别、语音识别、机器翻译和推荐系统等，真正融入了我们的日常生活。

其次，当前以大模型为代表的人工智能技术具有了走向通用人工智能（artificial general intelligence, AGI）的潜力。通过对语言的理解，人工智能打通了人类的知识壁垒，极大地丰富了自己的知识储备。同时，以OpenAI o1、DeepSeek为代表的推理模型的出现让AI模型有了更强的推理能力，达到了人类专家水平。这是以往的人工智能难以企及的成就。

更为重要的是，人工智能已经不再局限于传统人工智能的研究范畴，而是逐渐与基础学科深度融合，改变了很多学科的研究范式。在本书中，我们探讨了人工智能与传统学科交叉融合的诸多例子，这些例子正是这一历史趋势的生动体现。因此，不应该将人工智能单纯理解成制造智能机器的工具，而是应该将它视为像数学那样的基础学科。人工智能正在成为一种基础性的推动力量，帮助人类更好地认识自然、改造自然。

正因如此，科学家们普遍认为，这次人工智能浪潮不仅不会消退，还会产生越来越强大的推动力量，引领人类迈向一个崭新的智能社会。

② 人工智能研究方向

随着技术的发展，以深度神经网络为代表的人工智能技术在取得突破的同时也逐渐暴露出一些基础性问题。这些问题促使科学家们思考人工智能的下一步发展。我们从几个方面讨论几个重要的研究方向。

1）透明可信的第三代人工智能

首先，人工智能的可信性与可控性问题。深度学习虽然在许多任务中表现出色，但其“黑箱”特性使人们很难理解模型的决策过程。

其次，对抗样本（图4-56）的存在也暴露了机器和人在感知和认知行为上的差异，而这种差异性可能带来不可预期的风险。

图4-56　对抗样本举例

注：在一张狗的照片上加入一些人眼难以查觉的噪声，深度学习模型就会将其错误识别成厕纸。这种人眼无法感知，但会让机器产生错误判断的样本称为“对抗样本”。

最后，当前的大模型技术虽然很强大，但其表现出的“幻觉”问题（图4-57）让研究者深感忧虑。因为幻觉的存在，我们不能保证大模型生成的内容是正确的，也不能保证它拥有了身体以后不会给人类社会带来难以承受的风险。

我：清华的校歌是什么？

ChatGPT：

作词：吴宓 作曲：萧友梅

西山苍苍/东海茫茫/吾校庄严/巍然中央

东西文化/荟萃一堂/大同爰跻/祖国以光

莘莘学子/来赴沧海/桃李芬芳/薪火相传

自强不息/厚德载物/巍巍清华/万世其昌

真正的清华校歌

作词：汪鸾翔 作曲：张丽珍曲

西山苍苍/东海茫茫/吾校庄严/巍然中央

东西文化/荟萃一堂/大同爰跻/祖国以光

左图右史/邺架巍巍/致知穷理/学古探微

图4-57　大语言模型ChatGPT回答错误举例

注：该例为2024年6月28日与GPT-4o对话的结果。

为应对这些问题，以清华大学的张钹教授为代表的研究者提出了第三代人工智能方案。这一方案的基本思想是融合知识驱动（第一代人工智能）方法和数据驱动（第二代人工智能）方法，综合利用知识、数据、算法和算力四个要素，以克服前两代人工智能的局限性，实现透明、可信的人工智能系统。目前，这一建议得到很多学者的认同，对人工智能的未来发展具有重要的指导意义。

2）类脑计算

当前以深度学习为基础的人工智能方法对计算资源的消耗极大。特别是在大模型的发展中，计算需求呈指数级增长。图4-58中的数据显示，近年来计算资源的消耗每两个月就会翻一倍。如果按这一趋势发展下去，发展人工智能将会对能源和环境产生重大影响。未来的人工智能必须朝着低能耗、高效率的方向发展。

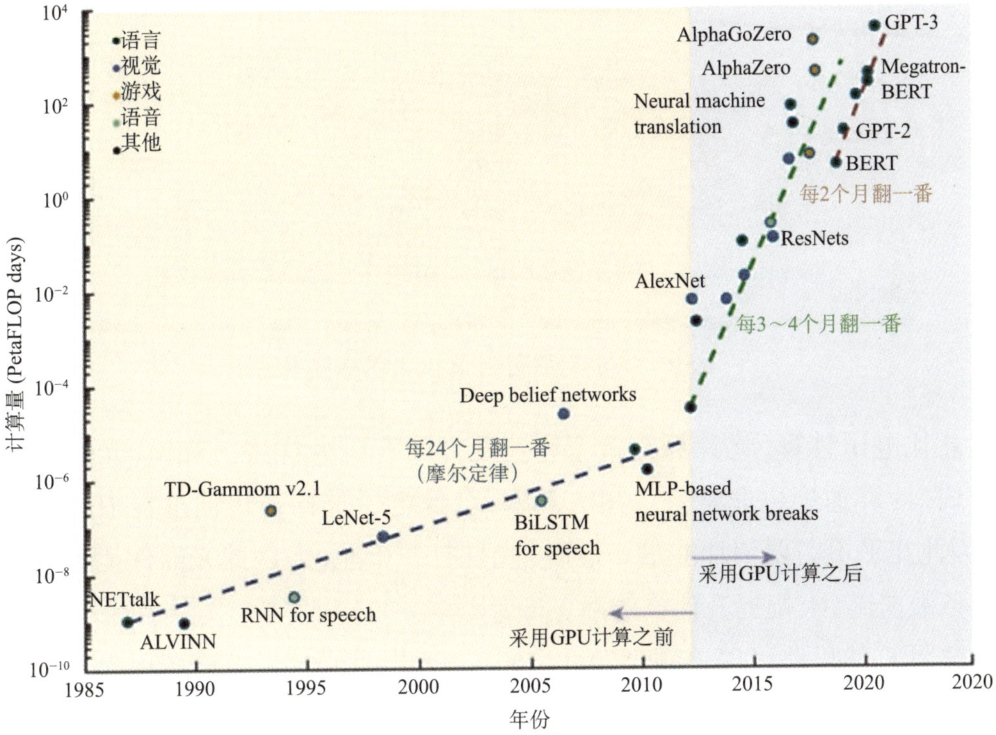

图4-58 过去40年里人工智能系统对计算量的需求

注：横轴是时间，纵轴是需要的计算量，单位是 PetaFLOP days，表示每秒执行10^{15}次浮点运算（即1 PetaFLOP）持续一天所完成的总计算量。

相比计算机，人的大脑在处理信息时极为高效，功耗仅为20瓦左右。研究者因此提出了类脑研究计划，试图通过模拟人脑的工作机制提高计算效率。2019年，清华大学类脑计算中心研究团队开发的类脑计算芯片“天机芯”登上了《自然》杂志封面，标志着中国在类脑计算领域的重大突破。2023年10月，IBM发布NorthPole类脑芯片，其在ResNet50图像识别基准测试中，比GPU的能量效率提高了25倍，速度快了22倍。

3）光计算

光计算利用光子而非电子进行信息处理。光计算的核心原理是通过光在传播过程中展现出来的物理特性来实现计算过程。例如，在光学系统中，光波的衍射现象可以用来计算矩阵乘法（图4-59）。可以这样理解光计算：虽然我们看到的是光传播这一简单的物理现象，但其传播路径是特别设计的。当光通过这一路径后自然就完成了计算，计算结果包含在接收到的光束中。

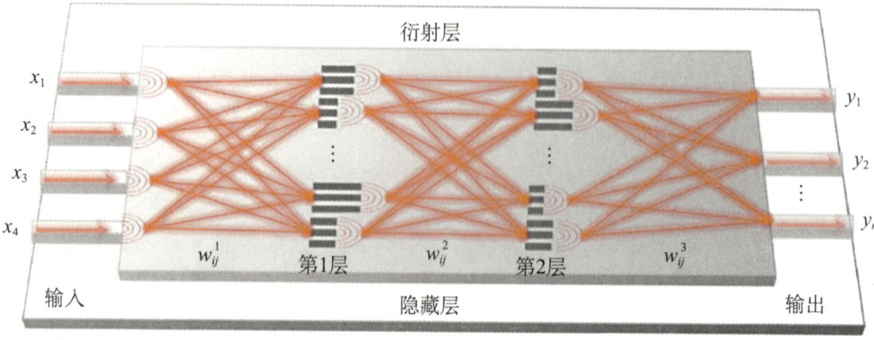

图4-59 基于光的衍射效应实现矩阵乘法

相比电子计算，光计算在效率和速度方面有巨大优势。首先，光的传播速度极快，计算速度也非常快。其次，光不会像电子那样在传输过程中产生热损耗，因此几乎不需要消耗能量。最后，光具有并行能力，因此光器件能够同时处理多条数据流，大幅提升计算效率。

光计算的思路可以追溯到20世纪60年代，当时研究者就试图用光成像系统来实现卷积计算。经过半个多世纪的发展，光计算从方法到设备都有了长足进步。然而，制造一台完整的光计算机还是很困难的。这是因为光学系统体积较大，难以实现大规模集成。另外，光计算元件要和电子元件进行交互，这种光电混合架构设计复杂，不容易优化。

虽然光计算机还在研究中，但将光计算用于特制的计算设备是完全可行的，其中最成功的是光神经网络（optical neural networks, ONN）。神经网络需要大量简单的并行计算，而这正是光计算所擅长的。近年来，随着光学器件（如相控阵、光学波导和光调制器）的快速发展以及深度学习的兴起，ONN成为研究热点。研究者提出了完全基于光学元件的ONN架构，其中包括光学卷积层和光学池化层。这一纯光学架构避免了光电交互的效率损失，计算性能得到极大提升。

近年来，ONN的训练算法也取得了突破。2024年6月，清华大学的研究者在《自然》杂志发表论文，提出了一种新的ONN训练方法。该方法利用光学系统的对称性和洛伦兹互易性，完全基于正向传播来计算梯度，使基于ONN 的大规模深度学习成为可能。光神经网络芯片如图4-60所示。

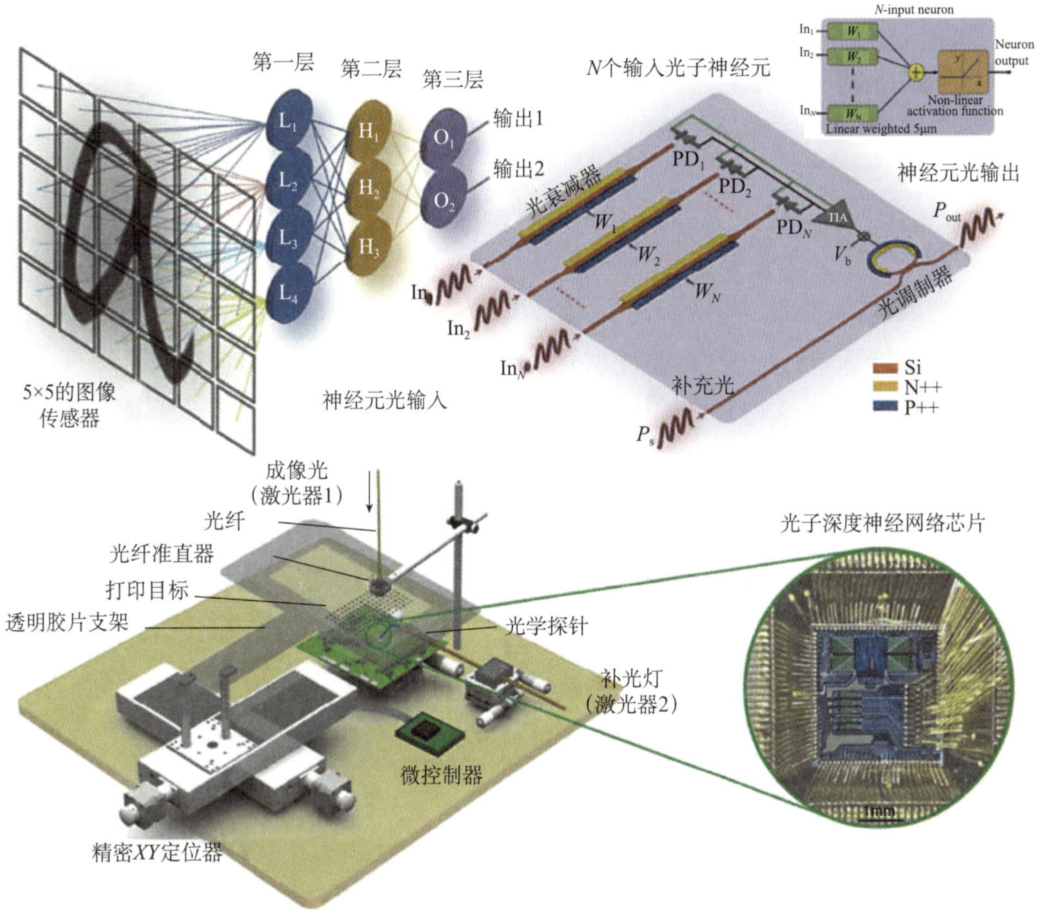

图4-60 光神经网络芯片

4）量子计算

量子计算是另一种有望改变未来计算格局的颠覆性技术。与传统计算机不同（基于0/1的二进制系统），量子计算机（图4-61）利用量子比特存储和处理信息。量子比特可以同时处于0和1的叠加状态，从而实现并行计算。这使得量子计算在特定问题上具有巨大优势，如密码学中的大数分解问题。

（a）中国科学技术大学的九章三号　　（b）谷歌的Willow

图4-61　量子计算机

2024年12月，谷歌推出了最新的量子芯片“Willow”，是量子计算领域的一次重大突破。据报道，Willow在不到5分钟内完成了一项基准测试任务，而目前最快的超级计算机Frontier需要耗费约10^{25}年才能完成同样的计算。

Willow的意义不仅在于它的计算速度，更重要的是它第一次实现了通过增加量子比特来提高系统鲁棒性。在Willow之前，增加量子比特都会增加错误率。谷歌团队打破了这一局面，在增加量子比特的同时降低了错误率，从而实现了计算能力和计算稳定性的同步提高。这一突破为大规模量子计算机的研发铺平了道路。

虽然取得了显著进展，但目前量子计算的优势还只局限于特定问题。要想将量子计算大规模应用于人工智能任务，还有很长一段路要走。

③ 人与人工智能

智能时代的到来是不可逆转的趋势。我们不得不承认一个现实：在某些领域，人工智能已经超越了普通人的能力，而且这一趋势正在加速。那么，人与人工智能的关系未来将如何演变？是竞争，还是共存？人工智能有一天是否会反抗，甚至取代人类？这些问题曾是科幻小说家们热衷的话题，现在也渐渐进入学术讨论和政策制定者的议题。目前来看，关于人工智能取代人类的担忧也许还为时尚早，但AI所带来的伦理问题和社会挑战确实已经迫在眉睫。

人工智能的负面影响已经初露端倪。例如，算法可能对老年人或某些特定群体（如性别或种族）存在偏见；大数据技术可能被用于“杀熟”（即对忠诚度高的用户给出更高的价格）；推荐算法可能让用户陷入信息茧房中。更严重的是，人工智能武器引发了全球性的关注，有可能在未来给人类带来致命伤害。未来，随着人工智能能力的进一步提升，可能会出现更为复杂的道德和法律问题。我们必须积极应对这一变化，确保人工智能永远是我们的朋友而不是敌人。

无论如何，未来社会一定是人与人工智能共存的社会。基于这种共存关系，如何合理规范人工智能的使用、确定人工智能带来的利益归属，以及在出现问题时如何进行责任认定，都是社会学家和政策制定者需要认真思考的问题。

小结

人工智能的发展历程充满了曲折与挑战。在这一过程中，无数科学家贡献出了他们的青春与智慧，才成就了今天人工智能的辉煌，这是人工智能引以为傲的奋斗历程。今天的人工智能风华正茂，没有人能精准地预测它会走向何方，就像十年前没人能预测到它今天的样子。然而，可以肯定的是，人工智能技术在可以预见的未来只会更强大，并与各个基础学科互相渗透，成为人类社会进步的基础动力。

目前，人工智能确实有让人担忧的地方，特别是在可解释性和可控性上还有严重漏洞，需要新的理论框架来支撑它走得更远。同时，对计算资源的巨大消耗也是人工智能进一步发展的瓶颈。科学家们正在积极寻找新的计算方案，包括类脑计算、光计算和量子计算等。这些探索将为未来人工智能几十年的发展打下基础。

同时，也需要清醒地认识到技术进步带来的社会问题，如隐私的泄露、算法的偏见、系统失控的隐患等。特别是智能社会里人与机器的伦理关系问题，需要严肃而深入地探讨。

尽管面临挑战，我们有理由相信，人工智能必将成为人类的朋友和伙伴，与我们携手共同建设一个更加美好的智能社会。